VITAMINA B$_2$

CURSO DE ESPAÑOL

VITAMINA B₂

Celia Díaz **Pablo Llamas** **Aída Rodríguez**

Español Lengua Extranjera

SGEL

CONTENIDOS

Índice de actividades de preparación al DELE B2

A lo largo del libro hay actividades específicas que corresponden a las diferentes tareas de las cuatro pruebas del examen DELE. En las tareas te facilitamos estrategias para ayudarte a preparar el examen; en las de Comprensión auditiva, podrás escuchar los audios con los tiempos que separan la primera escucha de la segunda o los que se dan para leer las preguntas. Aquí tienes el índice de las páginas donde puedes encontrar todas las tareas tipo del examen DELE B2.

1 SEÑAS DE IDENTIDAD

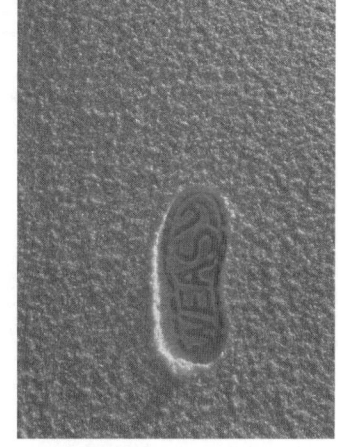

A DIME TU NOMBRE

1 Lee estas frases extraídas del texto "La importancia de nuestro nombre" de la página 10 del libro del alumno y sustituye las palabras subrayadas por las del recuadro en su forma adecuada.

> instruido / formado - tratar con la importancia que merecen - hijo / retoño / vástago - ~~dar mucha información~~ valor e importancia - recibirse de los progenitores - característica diferenciadora - descubrir / revelar

El nombre <u>dice mucho</u> de nosotros. *El nombre da mucha información sobre nosotros.*

1 El nombre es nuestra primera <u>seña de identidad</u>.

2 Aquello que nos identifica y nos da <u>entidad</u>.

3 El apellido <u>es hereditario</u> y ya se sabe, toca lo que toca.

4 <u>Delatará</u> nuestros gustos culturales y origen social.

5 Tendrán más posibilidades de que los <u>tomen en serio</u>.

6 Los más <u>cultos</u> buscan nombres más literarios o singulares.

7 Los Beckham llaman a sus <u>criaturas</u> Brooklyn, Romeo, Cruz y Harper Seven.

2a Lee el título y la entradilla del artículo de la siguiente actividad y responde a estas preguntas.

1 ¿Crees que hay nombres típicos de un país o de una lengua? ¿Qué nombres dirías que son típicos del español?

2 ¿Qué crees que puede llevar a un pueblo a decidir poner nombres raros a sus habitantes?

2b Lee ahora el artículo completo y comprueba si tus hipótesis son correctas.

BURGUNDOFORILANDIA, **el reino de los nombres raros**

En Huerta de Rey (Burgos) viven los últimos hijos de una tradición única y ancestral que ha convertido este pueblo en récord del mundo

RAFAEL J. ÁLVAREZ / ALBERTO DI LOLLI

[...] Filadelfo, Iluminada Ninfodora, Canuto, Baraquisio, Austiquiliniano, Filogonio, Virísima... y hasta Digna Marciana. Todos son nombres reales de personas verdaderas. [...] Todos vienen de Huerta de Rey (Burgos), el pueblo con el récord mundial de nombres raros. [...]

A principios del siglo XX, en Huerta de Rey muchos de sus 1400 habitantes se repartían no más de tres o cuatro apellidos. El cartero se volvía loco para acertar con las misivas que llegaban a distintos vecinos que compartían apellido... y nombre: Pedro, Juan, Carmen, María... Así que, dada la imposibilidad de cambiar los apellidos de la gente, el secretario del Ayuntamiento planteó cambiar los nombres. O sea, identificar a las personas por su nombre de pila.

Y como no se podía hacer con los ya nacidos, hacerlo con los que empezaran a venir a este mundo. Para ello, deberían ser nombres diferenciadores, verdaderamente propios. Lo planteó en el pueblo y todo el mundo aceptó. «Y no se les ocurrió otra cosa que tirar del Martirologio Romano. Y allí ves al secretario, que era tío de mi padre, liándose todo el día a poner nombres raros. Yo mismo tenía cuatro tías: Hono, Neo, Bati y Oti». ¿Cómo dice? «Sí, hombre, Honoria, Neomisia, Batilia y Otilia». [...]

La costumbre del Martirologio bautismal cuajó durante varias décadas y ha dejado medio millar de nombres insólitos para la Historia. La tradición ha muerto porque «nadie quiere que le apedreen», dice con ironía Alfredo, el cura del pueblo [...]. Así que casi todos los seres únicos son ya gente mayor, personas con toda la vida por

2c Busca en el artículo anterior palabras o expresiones que puedan utilizarse como sinónimos de las siguientes.

1 nombre propio: _____

2 tener efecto: _____

3 raro, extraño: _____

4 dirigir, administrar: _____

5 muy antiguo: _____

6 utilizar algo: _____

7 carta: _____

8 hacer algo con mucho ánimo: _____

2d Ahora vuelve a leer el artículo y contesta a las siguientes preguntas.

1 ¿Cuándo apareció la tradición de los nombres en Huerta de Rey?

_____

2 ¿De dónde sacan los nombres del pueblo? ¿Qué tipo de documento es? Busca la información en internet.

_____

3 ¿Crees que la tradición era obligatoria?

_____

4 ¿Por qué es Julián "uno de los raros del pueblo"?

_____

5 ¿En qué estado se encuentra la tradición en la actualidad? ¿Por qué razón?

_____

3a Existen palabras relacionadas con los nombres, como por ejemplo "apodo" y "seudónimo". ¿Sabrías relacionar cada palabra con su definición?

1 apodo

2 seudónimo

a Nombre que un artista utiliza en sus actividades en lugar de su nombre real.

b Nombre por el que se suele referir a una persona, a veces relacionado con su aspecto físico o alguna otra característica propia.

Extraído de *www.elmundo.es*

detrás y que ahora habitan con calma Huerta de Rey, donde darse un paseo es vivir un bombardeo sonoro.

Uno va por la calle y se encuentra con Plautila, dobla una esquina y ve a Onesíforo, hijo de Parisio, escala un asfaltado y pregunta por Ercilio, torero y pintor, bordea el río Arandilla y sabe de la casa de Marceonila. [...] También se puede entrar en un bar y jugar a las cartas con Filadelfo. [...]. Junto a Filadelfo se ríe Julián, uno de los raros del pueblo.

- ¿Pero cómo se le ocurre a usted llamarse Julián?

- Ya ve, qué le vamos a hacer. Pero yo también aporto, eh. Mi mujer se llama Meuris. [...]

El bar. La zona cero. El Pentágono de este imperio nominal. [...]. Lo regenta [...] Filogonio. «Mi nombre impacta». Tiene 70 años y nos invita a café y asombros. «Yo no tengo apodo, con mi nombre basta. Pero me llaman Filo. A todo el mundo le extraña mi nombre: ¿cómo ha dicho?, ¿perdón? Todo el día así. Nunca lo escriben bien, Filogenio, Felogonio, Filogirio...[...]

- ¿Y a usted por qué le pusieron Filogonio?

- No estaba yo allí.

- Y en su familia, ¿cómo anda la cosa?

- Mi mujer se llama María Inés, pero eso no es llamarse, ni es ná.

3b Mira ahora las siguientes frases y decide si se trata de un apodo (A) o de un seudónimo (S). Puedes buscar en internet si es necesario.

	A	S
1 Uno de los goles más recordados de Diego Armando "el Pelusa" Maradona es el que metió con la mano contra Inglaterra en el Mundial de fútbol de 1986.	☒	☐
2 La cantante y bailarina española Lola Índigo, que saltó a la fama con "Ya no quiero ná", se llama en realidad Miriam Doblas Muñoz.	☐	☒
3 "Puedo escribir los versos más tristes esta noche…". Así comienza el que quizás sea el poema más famoso de Pablo Neruda. Lo que muchas personas no saben es que el nombre de pila de este escritor chileno era Ricardo Eliecer Neftalí.	☐	☒
4 Amaya Valdemoro es una de las mejores jugadoras de baloncesto de la historia de España. En el mundo del deporte también se la conoce como Torete, debido a su fortaleza física.	☒	☐
5 Aunque ya era sobradamente conocido en México por ser el líder del cártel de Sinaloa, el Chapo Guzmán se convirtió en una figura internacional gracias a la serie que Netflix hizo sobre su vida.	☒	☐
6 Detrás del controvertido cantante conocido como C. Tangana se esconde Antón Álvarez Alfaro, natural de Carabanchel y graduado en Filosofía por la Universidad Complutense de Madrid.	☐	☒

¡Fíjate!

- Generalmente, los apodos y los seudónimos se escriben en letra redonda, sin ningún tipo de marca especial, y con mayúscula: Che Guevara.
  Una figura muy importante de la Revolución cubana fue el Che.

- No obstante, cuando el apodo se encuentra entre el nombre y el apellido, pueden utilizarse la cursiva o las comillas para señalar que no se trata del nombre real:
  Ernesto *Che* Guevara / Ernesto "Che" Guevara.

---

4 Además de los casos derivados de las reglas de puntuación, hay ciertos tipos de palabras que se escriben siempre con mayúscula, y otras palabras en las que se debe utilizar minúscula. Organízalas en la siguiente tabla.

> nombres propios - días de la semana - siglas - marcas
> nombres de religiones - apellidos - seudónimos - apellidos con preposición
> apodos - gentilicios - idiomas - apellidos con artículo
> épocas y acontecimientos históricos - notas musicales - meses del año

MAYÚSCULAS		MINÚSCULAS	
nombres propios	Apodos, apellido	días de la semana	gentilicios
siglas	épocas históricas	marca ✱	meses del año
marca ✱	pseudónimos	religiones	notas musicales
apellidos		apellido con preposición	
apellidos con artículo		idiomas	

5a En español hay ciertos nombres propios y apellidos de personajes famosos que han pasado a utilizarse en la lengua cotidiana. Busca información en internet sobre los diferentes personajes y, después, une cada nombre con su significado.

1 celestina *e*	**a** hombre seductor y mujeriego
2 quijote *c*	**b** persona que traiciona o conspira contra alguien
3 judas *b*	**c** hombre que es idealista y desinteresado
4 donjuán *a*	**d** hombre casado que se queda trabajando mientras su familia se va de vacaciones
5 adonis *g*	**e** persona que ayuda a establecer relaciones amorosas
6 rodríguez *d*	**f** persona o animal que sirve de guía a alguien
7 lazarillo *f*	**g** hombre, normalmente joven, muy atractivo

5b Ahora completa las frases con el nombre del ejercicio anterior que mejor encaje.

1 Leti nos hizo de _celestina_ a Alejandro y a mí; gracias a ella estamos juntos.

2 No confíes en Luis, que es un _judas_: en cuanto pueda, te va a traicionar.

3 No me extraña que te guste Javi: es muy atractivo, un auténtico _adonis_.

4 Mi amigo Goyo es el _quijote_ del grupo, siempre defendiendo causas justas.

5 Ayer Adrián me dijo que su familia se ha ido a Benidorm, así que está de _rodríguez_.

6 A Toni lo he visto con cinco chicas diferentes la última semana: es un _donjuán_.

7 Lourdes, que tiene problemas de visión, tiene un perro que le hace de _lazarillo_.

6a Las expresiones idiomáticas también son otro campo del español en el que los nombres propios tienen un papel importante. ¿Sabrías relacionar cada expresión con su significado?

f 1	Tener más cuento que Calleja
e 2	No haber ni el Tato
a 3	Estar / Andar como Pedro por su casa
c 4	Por el interés, te quiero Andrés
d 5	Donde dije digo, digo Diego
b 6	Ser de los tiempos / del año de Maricastaña

a Sentirse cómodo en un lugar desconocido

b Indica que algo es muy antiguo

c Sentir o mostrar afecto por una razón interesada

d Utilizado para desdecirse o rectificar

e Indica que no hay apenas gente

f Exagerar la verdad o inventarse cosas

6b Completa las siguientes frases con la expresión adecuada del ejercicio anterior.

1 El conferenciante se llevó una decepción porque _____ : estuvimos prácticamente solos durante toda la charla.

2 María no sigue las modas; todavía usa camisas de su abuela, que _____.

3 Desde que dejé de invitarle a los cafés, Óscar casi no me habla. Ya sabes, _____.

4 Lola siempre se inventa excusas cuando llega tarde al trabajo: _____.

5 El Gobierno dijo que este año subirían las pensiones, pero nada; _____.

6 Aunque yo no lo conocía de antes, nada más entrar en mi piso el amigo de Pepe fue a la cocina, cogió una cerveza y se sentó en el sofá. Vamos, que _____.

¿Sabías que...?

Algunos de los nombres de pila que aparecen en expresiones españolas se refieren a personas reales: por ejemplo, Saturnino Calleja fue un escritor español de cuentos infantiles que fundó su propia editorial; María Castaña se hizo famosa por haberse rebelado contra el cobro de impuestos en Lugo, en el siglo XIV; y el Tato fue un torero que participaba en todas las corridas posibles e iba a todas las ferias taurinas que podía, incluso después de perder una pierna.

Saturnino Calleja

7 Lee el siguiente texto sobre los límites a la hora de poner nombres a los hijos en España. Después, escribe en tu cuaderno qué opinión tienes al respecto, qué te parece la ley española y cómo es la situación en tu país.

Los nombres proscritos

Ion Fernández

A la hora de elegir el nombre de su hijo no todo vale. En la intimidad le podrá llamar como quiera, con algún apodo o diminutivo; pero en el momento de acudir al Registro Civil se va a encontrar con límites. [...] Entonces, ¿hasta qué punto unos padres son libres para ponerle el nombre a su hijo? Se trata de un debate abierto en España a raíz de la decisión reciente del Registro Civil de Fuenlabrada, en Madrid, de no permitir a una pareja llamar Lobo a su bebé. [...] La Administración dispone de 'derecho a veto' en esta materia e incluso puede acabar convirtiéndose en el encargado de ponerle un nombre al niño o la niña, aunque su decisión no sea del agrado de los progenitores. La Dirección General de los Registros y del Notariado estatal establece dos requisitos básicos a la hora de aceptar los nombres: no pueden ser denigrantes y no deben inducir a confusión entre si la persona es un hombre o una mujer.

Extraído de www.diariovasco.com

B NAMING, EL NOMBRE DE MARCA PERFECTO

8 Lee el siguiente texto sobre una de las marcas comerciales españolas de más éxito y marca las informaciones como verdaderas (V) o falsas (F).

Chupa Chups,
el exitoso caramelo con un palito

Los caramelos suelen ser bastantes pringosos. Y más si los niños andan metiéndoselos y sacándoselos de la boca para hablar con sus amigos, para ocultarlos de sus padres o para guardarlos en el bolsillo para después. De la observación cotidiana de estas situaciones nació una gran idea, la de añadir al dulce un simple palo. Una pequeña invención que se le ocurrió a Enric Bernat en 1958. Veían así la luz los Chupa Chups. Tanta ha sido su fama que el nombre de la marca se ha convertido en el genérico para referirse a este dulce [...] que primero bautizó como Gol y luego, solo como Chups. El nombre del caramelo se acabó por concretar en 1961, gracias al anuncio que la empresa emitía en las ondas radiofónicas: "Chupa un dulce caramelo, chupa chupa chupa un Chups". [...] Tan famoso se hizo este producto que en 1969 Enric Bernat pudo convencer al genial Salvador Dalí para que diseñara el logotipo de la marca. Eso sí, hubo de pagar una tarifa millonaria para conseguirlo. Bernat debió pensar que la gran inversión merecía la pena. Andaba ya dándole vueltas a la expansión internacional de su marca. Cuentan que el artista solo tardó una hora en dibujar la nueva insignia de la marca. Y aunque, si bien puede parecer que en tan poco tiempo Dalí no debió hacer gran cosa, sí introdujo cambios sustanciales. La primera novedad fue el uso de un solo color, rojo sobre fondo amarillo. En segundo lugar, incluyó uno de los elementos más fuertes de la identidad de Chupa Chups: la forma de flor que envuelve al logotipo. El último aporte, y quizás el más relevante, fue colocar el logotipo en la parte superior del envoltorio, lo que favoreció su visibilidad y dotó al producto de una personalidad propia. Tanta que no ha cambiado desde entonces. Lo que sí varió es el palito. En sus inicios era de madera. Ahora es de plástico.

Extraído de https://cincodias.elpais.com

		V	F
1	El creador de la marca se fijó en cómo se manchaban los niños al comer caramelos.	☐	☐
2	Hoy, el nombre de la marca hace referencia a cualquier caramelo con palo.	☐	☐
3	El logo de la marca tuvo un coste elevado que pagó el artista que lo diseñó.	☐	☐
4	El nombre Chupa Chups no está relacionado con la acción de saborear un caramelo.	☐	☐
5	El pintor Dalí puso el nombre del caramelo en un lugar estratégico del producto.	☐	☐
6	En los años 60, E. Bernat no pensaba aún en la proyección de su marca.	☐	☐

9 Piensa en alguna marca exitosa de tu país para escribir una breve historia, o en un logotipo que te guste y descríbelo en tu cuaderno.

10a Relaciona estas palabras y expresiones con su significado. La mayoría aparecen en la infografía y los comentarios de la página 12 del libro del alumno.

1	atemporal	a	Cualidades adquiridas que se valoran en una empresa.
2	valor de la marca	b	Trae algo a la imaginación por asociación de ideas o con el pasado.
3	coherente	c	Empresas que venden el mismo producto y se dirigen al mismo cliente.
4	sencillo	d	Único, que no se refiere a cualquier otro de su grupo o clase.
5	connotaciones	e	Encabeza una clasificación o destaca entre todos los de su área.
6	sugerente	f	Lógico y consecuente con lo que expresa.
7	competencia	g	Su valor no se pierde con el paso de los años.
8	evocador	h	Sentidos que adquieren las palabras en un contexto más allá de su significado literal.
9	exclusivo	i	Capaz de inspirar ideas o despertar emociones.
10	líder en el sector	j	Claro y comprensible, sin complejidad.

10b ¿Cuál es tu nombre de marca favorito? Lee las respuestas de algunos especialistas en *Naming* y complétalas con el vocabulario de la actividad anterior según el contexto.

Need Supply, Co. es una tienda en línea de ropa y productos de diseño. A pesar de estar conformado por palabras existentes y comunes, este nombre **(1)** _____ claramente transmite el propósito de comunicar el principal **(2)** _____. ¿Lo necesitas, lo quieres? Ellos están para proveerte.

Me gusta mucho **Cielito Querido** (café), creo que logra comunicar superbién su identidad: remite sin duda a lo mexicano, a las mañanas, al cariño, a lo acogedor y a lo positivo. Es muy **(3)** _____, agradable al oído y muy fácil de recordar.

Aquí cerca del estudio (en la colonia Narvarte de la Ciudad de México) hay una heladería que se llama **Bigotes de Leche**, ¡qué bonito nombre para una heladería! Un nombre **(4)** _____, porque es para siempre, lleno de **(5)** _____ positivas.

Mi nombre favorito es **Volaris**, un nombre **(6)** _____ creado para una aerolínea *low-cost* mexicana. No solo es **(7)** _____ y **(8)** _____ con la oferta, sino que, además, rompió el paradigma de los nombres de la **(9)** _____ y empresas **(10)** _____ ("aero", "jet").

Fuente: *www.canva.com/es*

11a En estas series de adjetivos hay uno que no pertenece al grupo. Recolócalos escribiendo cada adjetivo intruso en su lugar.

1 informativo - explicativo - aclaratorio - recordable

2 memorable - pronunciable - evocable - rememorativo

3 comprensible - corto - claro - inteligible _____

4 insinuante - original - nostálgico - sugerente

5 único - especial - singular - descriptivo

6 evocador - escueto - breve - conciso _____

11b 🔊 1 Escucha el audio y marca en la actividad anterior los adjetivos que indican atributos de un buen nombre de marca. Después, escríbelos al lado de su explicación según el audio.

1 Que vaya al alma de la gente. _____

2 Que cuente un poquito de qué va ese producto. _____

3 Que no produzca extrañeza aunque sea nuevo. _____

4 Que el cliente lo tenga y retenga en su mente. _____

5 Que no tenga demasiada extensión. _____

6 Que al cliente no le dé vergüenza pronunciarlo.

12a Lee estas frases y selecciona la opción correcta en cada caso.

1 _____ diseñadores de marca le dan más importancia al logo que al nombre.

a Cualquiera   b Todos   c Algunos *(circled)*

2 En la reunión había _____ especialista en *branding* que no estaba de acuerdo.

a cualquier   b una *(circled)*   c ninguna

3 Es difícil que _____ pueda crear un logo tan diferente al resto.

a cualquier   b cualquiera *(circled)*   c algún

4 Si piensas en tu marca, _____ logo no te servirá.

a ningún   b cualquiera   c cualquier *(circled)*

5 Los nombres que te han propuesto me gustan, _____ podría valer.

a cualquiera *(circled)*   b algunos   c todos

6 Este estudio de diseño gráfico es el mejor, resuelven _____ situación de tu marca.

a alguna   b cualquier *(circled)*   c ninguna

7 El diseñador del logo de Chupa Chups no era un diseñador _____.

a cualquiera *(circled)*   b alguno   c cualquier

8 Algo falla en este resultado. No hemos tenido en cuenta _____ punto importante.

a ninguno   b cualquier   c algún *(circled)*

12b Completa la información gramatical sobre el uso de *cualquier / cualquiera* con los ejemplos adecuados de la actividad anterior.

- *Cualquier* es un adjetivo indefinido que se refiere a una persona o cosa no determinada. Puede significar "totalidad" o "parcialidad" y va antepuesto al nombre femenino o masculino.

- *Cualquiera*, como pronombre (no acompaña al nombre), tiene el mismo significado de indeterminación referido a personas o cosas y frecuentemente adquiere el sentido generalizador de "todo el mundo". Como adjetivo, *cualquiera* siempre va pospuesto al nombre. Ejemplos:

CUALQUIER = todos/as
Nosotros nos encargamos de solucionar cualquier duda.

1 *Yo podría comer cualquier comida que tengas porque no hay nada que no me guste.* ✓
(Después de completar esta clase, cualquiera podría enseñar la asignatura.)

CUALQUIER = algún / alguna, algunos/as
El logotipo estará listo en cualquier momento.

2 *Si cualquier estudiante no aprueba, todos tenemos que empezar otra vez* ✓

CUALQUIERA = indefinido pospuesto
Vamos a analizar un producto cualquiera de la marca y luego pensamos en el nombre.

3 *Podemos comprar un coche cualquiera.* ✓

CUALQUIERA = pronombre
A. *No le des tanta importancia, eso le puede suceder a cualquiera.* (cualquier persona = todos)
B. *Hay muchas ideas para la marca, pero es pronto para elegir cualquiera.* (cualquier idea = alguna de ellas)

4 A. *Es tan amigable y gracioso, puede hacer reír a cualquiera* ✓
B. *Aunque todos cantaron bien, solo cualquiera puede ganar la competición.*

¡Fíjate!

Cualquiera con *un / una* delante es sustantivo y, en algunas expresiones, tiene un significado concreto que afortunadamente hemos dejado de percibir como actual:

"ser un cualquiera" = ser una persona (hombre) de poca importancia (en relación con la relevancia social, de poder)

"ser una cualquiera" = ser una persona (mujer) de conducta "relajada" (en relación con la conducta moral, de sometimiento a unas normas)

13 Aquí tienes una lista de errores comunes en *Naming*. Relaciona cada uno de ellos con el texto explicativo correspondiente. Además, identifica cuál de ellos no es un error, sino un acierto.

1 Dejarte seducir por las modas más actuales.

2 Utilizar anglicismos si tu público no es internacional.

3 Decidirte por un nombre relacionado con la cultura.

4 Aceptar denominaciones interminables.

5 Considerar superficialmente fonética y asociación.

Fuente: *https://brandeame.es*

a Sin ganas de ofender a los habitantes de Guarromán, nadie escogería un nombre así para un producto de limpieza, ¿verdad? Mejor: "Don Limpio". Si una marca o producto tiene proyección internacional, hay que tener cuidado con cosas del tipo "Nissan Moco". Pese a que el coche no se vendió en España, su campaña publicitaria, con una unidad de color verde como protagonista y un eslogan que decía: "El Moco lo puedes guardar en cualquier parte", dibujó algunas sonrisas dentro de nuestras fronteras.

b Utilizar tu propio nombre más una descripción en el propio nombre de la marca puede estar bien, pero muchas veces puede no ser buena idea: "Fernando Urgantemendía – Consultor Seo Online". Imaginemos dar esta complejidad en un dominio web o dirección de email: hola@fernandourgantemendiaconsultorseoonline.com.

c Existe la creencia de que "en inglés suena mejor y más profesional", cosa que no es ni cierta ni está bien argumentada y puede crear problemas de pronunciación, de escritura y no resultar ni fácil de recordar ni de captar de manera rápida y simple: "Express Support Solutions", "Best friends around the world", "Winner generation"…

d Asignar un nombre consiste en definir, evocar y, por supuesto, diferenciar, por lo que sumarse a la corriente no resulta nada favorecedor: "T-viste", "T-lavo", "Cuida-T", "Regala-T"… Hay tendencias que se repiten con tanta frecuencia que caer en la repetición causa más aburrimiento que atracción.

e La evocación de un discurso creativo no sería una desventaja para la marca. Para asignarle un nombre al automóvil pequeño, alegre y joven de *Renault*, pareció ideal trabajar con diferentes tipos de bailes combinando sus sonidos: "Twingo" es la suma de twist y tango. Y "Volaris" dice claramente "volar"; señala exactamente lo que hace la marca, además de remitir a la estrella Polaris o estrella del Norte, que sirve de guía a los navegantes.

14 📄 DELE Lee este texto de un blog dedicado al *Naming* y escribe en tu cuaderno una entrada como respuesta a los puntos propuestos.

Tu texto debe tener entre **150-180 palabras** y en él debes:
- exponer si estás de acuerdo o no con las ideas del texto;
- exponer dar algunos ejemplos de marcas conocidas para apoyar tu opinión;
- mencionar algunos recursos lingüísticos útiles para el *Naming*.

Extraído de *https://www.dinamicbrain.com*

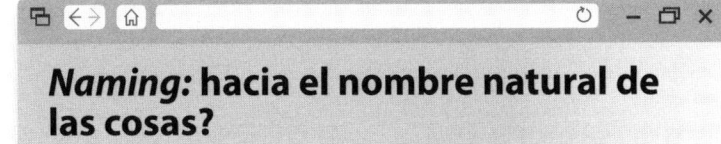

Naming: hacia el nombre natural de las cosas?

Por Fran Sánchez

Siempre uso la misma metáfora cuando un cliente nos solicita la creación del nombre de marca. Si le preguntaras a un padre o una madre cuál será el nombre de su futuro hijo, la respuesta puede ser apoteósica. El asunto es de tal importancia y relevancia de cara a toda una vida que barajan durante meses distintas opciones hasta que dan con el elegido. [...] Sé que la metáfora puede resultar dura e incomparable pero si lo pensamos bien, cuando una empresa va a nacer próximamente y por supuesto salir al mercado a pelear contra el resto, su nacimiento no puede empezar sin ese Nombre que lo identifique y lo llene de valor. Una persona nada más ver la luz se envuelve de todo ese universo humano que lo acoge y lo reconoce. Identificado, va creando y sumando experiencias a base de tiempo y esfuerzo. Y aquí las coincidencias con una Marca son del todo nítidas. Porque los nombres se llenan de contenido con el tiempo, gracias a los significados que proyecta la marca en sus puntos de contacto. Eso no significa que si de partida nuestro nombre tiene un significado relevante, ese tiempo necesario será menor. [...] "Todo objeto tiene un nombre natural, hay que descubrirlo", Platón.

ESTRATEGIAS PARA EL EXAMEN

Este ejercicio corresponde a la Tarea 2 de la Prueba 3. Esta tarea tiene dos opciones, este ejercicio corresponde a la opción B. En ella tienes que redactar un artículo de opinión para un periódico, blog o revista en el que se argumente, valore u opine.

- Lee con atención el texto que muestra el tema sobre el que tienes que escribir y fíjate en las ideas principales o cualquier otra que pueda servirte para desarrollar tu respuesta y argumentar tu acuerdo o desacuerdo con ellas.
- Escribe el texto exponiendo tu opinión (ideas principales y secundarias) de manera clara, detallada y bien estructurada (planteamiento, desarrollo y conclusión).
- Utiliza las expresiones que te sirven para mostrar esa opinión: *Puedo compartir el punto de vista de (que)…; sin embargo (no) me parece que… Mi opinión es contraria en este punto porque… Dicho de otro modo,… En relación con…, (no) opino que… Y por lo que se refiere a…*

C UNIDOS POR EL HUMOR

15a Clasifica los siguientes adverbios terminados en *-mente* según su función.

> semanalmente - tristemente - obligatoriamente - realmente - mensualmente - ocasionalmente - desafortunadamente
> verdaderamente - inevitablemente - ciertamente - diariamente - desgraciadamente - felizmente - forzosamente

Expresar frecuencia	Intensificar la frase completa	Expresar emoción o valoración	Expresar necesidad y obligación
Semanalmente *mensualmente* *ocasionalmente* *diariamente*	*realmente* *verdaderamente* *ciertamente*	*tristemente* *desafortunadamente* *desgraciadamente* *felizmente*	*obligatoriamente* *inevitablemente* *forzosamente*

15b Ahora sustituye la parte subrayada por un adverbio del ejercicio anterior.

1 No le gusta nada su nombre y por eso <u>todos los días</u> piensa en cambiárselo. *diariamente*

2 <u>Lo cierto es que</u> la imagen actual de la marca es mucho mejor que la que teníamos antes, ¿no te parece? *Ciertamente*

3 <u>No podemos evitarlo</u>, muchos nombres antiguos y tradicionales acabarán por desaparecer. *inevitablemente*

4 Durante muchos años, a los niños había que bautizarlos con el nombre de "José" o "María" <u>por obligación</u>. *obligatoriamente*

5 El nombre, logo, imagen de una marca, etc., son, <u>en realidad,</u> factores más importantes de lo que pensamos para que una empresa tenga éxito. *realmente*

6 <u>Por desgracia</u>, muchas pymes tuvieron que cerrar durante la crisis económica. *desgraciadamente*

15c 🔊 2 Escucha ahora las frases anteriores. Comprueba tu respuesta, fíjate en la pronunciación de los adverbios en *-mente* e identifica los acentos tónicos en cada caso.

> **Recuerda**
>
> Los adverbios en *-mente* son las únicas palabras que tienen dos acentos fónicos: uno en el sufijo *-mente* y otro en el adjetivo.

16a En muchas ocasiones, los eufemismos se utilizan en política para "suavizar" la verdad. Lee esta carta al director publicada en un periódico español con críticas a los eufemismos políticos y completa con los nombres "reales" a los que se refieren los eufemismos.

> subidas - desahucios - recortes - crisis - rebaja - rescates

Eufemismos

SHEILA AGUERRI VÁZQUEZ

El Diccionario de la RAE define "eufemismo" como la "manifestación suave o decorosa de ideas cuya recta y franca expresión sería dura o malsonante". En los tiempos que corren estamos atravesando, sin darnos cuenta, una crisis lingüística en la que las palabras sirven de escondite a la realidad. Así, nos encontramos ante "desaceleraciones transitorias" o "crecimientos negativos de la economía" en lugar de "**(1)** _crisis_" cuya solución, ya que estamos, se consigue mediante "apoyos financieros" pero nada de "**(2)** _rescates_". ¿Los "**(3)** _recortes_"? No existen, si acaso son "reformas estructurales necesarias", que suena hasta poético. La **(4)** _rebaja_ de los sueldos es una "devaluación competitiva de los salarios", los **(5)** _desahucios_ son "procedimientos de ejecución hipotecaria" y las **(6)** _subidas_ de impuestos son "novedades tributarias". No sirve de nada maquillar una realidad y, tal y como afirmó en su día Joseph Wood Krutch, "cualquier eufemismo deja de ser un eufemismo después de un tiempo y acaba mostrándose su verdadero significado; es un juego perdido, pero seguimos intentándolo". Y vaya si seguimos.

Extraído de *https://elpais.com*

16b Ahora lee esta otra carta y elige la opción correcta para cada caso.

La trampa del eufemismo

(f)(y)(☺)

MANUEL COJO MARCOS

Las relaciones sociales necesitan de una comunicación educada y a ser posible amable. Para ello se utilizan términos que no **(1)** _____ molestos o desagradables para los interlocutores: los eufemismos. La pudibunda sociedad actual parece ensuciarse con el uso de algunas palabras y tiende **(2)** _____ reducir sus efectos nocivos con otras que a su vez terminarán **(3)** _____ envilecerse. Hay que admitirlo.

Lo que ya no parece **(4)** _____ normal, por el contrario merece el reproche de los ciudadanos, es el uso del eufemismo con la intención descarada del engaño. Los profesionales de la política están obligados **(5)** _____ contarnos la realidad, sin subterfugios de ningún tipo, sin edulcoramientos, sin trampas. A nuestros jóvenes que tienen que salir a trabajar al extranjero, **(6)** _____ de la "movilidad exterior" seguramente les producirá indignación, **(7)** _____ no risa. "Las reformas estructurales necesarias", en la calle se llaman recortes, "un crecimiento negativo" en el castellano de los ciudadanos es recesión. La perversión de la lengua y su uso retorcido desenmascara a los que realizan esas prácticas porque el ciudadano es inteligente, y sabe leer y entender que esconderse **(8)** _____ de las palabras no oculta una realidad cruel.

Extraído de *https://elpais.com*

1	**a** resulta	**b** resulten	**c** resultaran
2	**a** a	**b** por	**c** hacia
3	**a** para	**b** por	**c** en
4	**a** como	**b** así	**c** tan
5	**a** para	**b** a	**c** de
6	**a** lo	**b** que	**c** el
7	**a** sino	**b** por eso	**c** cuando
8	**a** con	**b** junto	**c** detrás

16c Relaciona ahora estos otros eufemismos utilizados frecuentemente para hablar de política y economía con el término al que hacen referencia realmente.

1	desfavorecidos	**a**	soborno
2	conflicto armado	**b**	pobres
3	tráfico de influencias	**c**	mentir
4	moderación salarial	**d**	guerra
5	reducción de plantilla	**e**	golpe de estado
6	faltar a la verdad	**f**	genocidio
7	limpieza étnica	**g**	despidos
8	pronunciamiento militar	**h**	bajada de sueldo

17 En las siguientes definiciones se emplean el humor y la ironía para explicar el significado de palabras habituales. Léelas y escribe después tu propia definición para el resto de palabras.

Pobre
(adjetivo)

Cuando tienes mucho mes al final de tu dinero.

Calorías
(sustantivo)

Pequeñas criaturas que viven en tu armario y cosen tu ropa un poco más cada noche.

Mascotas
(sustantivo)

Los únicos miembros de tu familia que realmente encuentras simpáticos.

Estudiar
(verbo)

El acto de escribir, comer y mirar televisión con un libro de texto abierto cerca.

Teléfono móvil
_____
_____
_____

Profesor
_____
_____
_____

Redes sociales
_____
_____
_____

Amigos
_____
_____
_____

Felicidad
_____
_____
_____

Fama
_____
_____
_____

Extraído de *http://www.upsocl.com*

18a Estas personas cuentan anécdotas que vivieron cuando empezaron a hablar español. Completa con las expresiones que se dan en cada anécdota y ordénalas.

ANÉCDOTA 1

> de repente - lo pasé fatal - pues verás - en fin - resulta que

☐ **A** Ella se rio y señalando el vestido me dijo: "¡Te lo regalo!". Todo el mundo se empezó a reír y yo **(1)** _____ porque no entendía nada.

☐ **B** También estaban mis cuñados y ese día venían otros familiares a comer. Estábamos todos ayudando a poner la mesa y **(2)** _____ apareció mi suegra con un vestido de flores muy bonito.

☐ **C** **(3)** _____, una de las cosas más divertidas que me pasó cuando empecé a estudiar español fue que me confundí con un verbo… Mi mujer y yo estábamos pasando unos días de vacaciones en el pueblo de mis suegros.

☐ **D** **(4)** _____, ahora te aseguro que nunca confundo esas palabras y esa anécdota se ha convertido en una de las más repetidas de la familia.

☐ **E** Lógicamente yo quería quedar bien con ella y quería decirle lo mucho que me gustaba ese vestido. Pero **(5)** _____ no tenía muy clara la diferencia entre "gustar" y "querer" y le dije: "¡Quiero tu vestido!".

ANÉCDOTA 2

> estaba muerta de vergüenza - de pronto - pues nada
> total, que - ¡qué corte! - y bueno - entonces

☐ **A** **(6)** _____, escuché a alguien reírse detrás de mí… ¡era mi profesor! **(7)** _____, pero no entendía nada.

☐ **B** **(8)** _____, desde entonces tengo claro cuándo usar "ser" y cuándo "estar".

☐ **C** Pero estaba encantada con mi clase y especialmente con mi profesor. **(9)** _____ un día, al salir de clase, empecé a hablar con una amiga y le dije "Me gusta mucho la clase, ¡mi profesor está muy bueno!".

☐ **D** Ya sabes que uno de los temas más complicados para los estudiantes de español es la diferencia entre "ser" y "estar", ¿no? **(10)** _____, hace unos años yo estaba haciendo un curso intensivo en Granada, y tenía un nivel bajito.

☐ **E** **(11)** _____ mi amiga, que estaba en un nivel superior, me explicó la diferencia entre "ser bueno" y "estar bueno" y… **(12)** _____.

ANÉCDOTA 3

> le dio la risa - pues nada - estaba muerta de vergüenza
> y bueno - estaba estudiando en la universidad

☐ **A** **(13)** _____, que un día me dice que hay para cenar sopa. Yo no dije nada, pero llamé a la coordinadora del programa porque quería irme de esa familia… ¡En mi familia querían darme sopa!

☐ **B** Cuando volví a la cocina **(14)** _____, así que me comí la sopa e insistí varias veces en lo buena que estaba.

☐ **C** **(15)** _____, desde ese día, el ajiaco chileno, que era el nombre de esa sopa, ¡es una de mis comidas favoritas!

☐ **D** Al principio ella tampoco entendía mi preocupación, pero luego **(16)** _____. ¡Yo estaba confundiendo la palabra "sopa" con "soap", en inglés, que significa jabón!

☐ **E** Cuando **(17)** _____, pasé un semestre en Chile para mejorar mi español. Me alojé con una familia anfitriona muy simpática. El padre siempre preparaba unas cenas fantásticas y me encantaban.

18b A partir de estas informaciones, escribe en tu cuaderno una anécdota para cada una de ellas. Conjuga los verbos en el tiempo adecuado y añade todas las palabras necesarias para dar cohesión a la historia.

1 Mi mujer y yo *(acoger)* a una estudiante de intercambio / La estudiante *(ser)* alemana / Todo *(ir)* bien; *(ser)* una chica encantadora / Una mañana *(pedir)* "cava" para desayunar / Nosotros no *(comprender)* nada y *(estar)* extrañados / Nosotros *(decir)* que "no" y ella *(levantarse)* y *(coger)* un bote del armario / "Kaba" en alemán *(significar)* Cola Cao.

2 Mi marido *(ser)* americano y todavía no *(hablar)* muy bien español / *(Estar)* hablando con mi padre / *(Preguntar)* cuántos católicos *(haber)* en su estado natal / Mi marido *(mirarme)* muy extrañado y *(dirigirse)* a mí en inglés / ¿Por qué tu padre *(querer)* saber cuántos gatos *(haber)* en Nueva Jersey / Yo *(traducir)* el malentendido y todos *(reírnos)* un montón / Mi marido nunca *(olvidar)* cómo *(decir)* "cat" en español.

18c Escribe ahora en tu cuaderno alguna anécdota que recuerdes de tu aprendizaje del español o de alguna otra lengua extranjera.

EN ACCIÓN

19 Vas a hacer un monólogo sobre los límites del humor. A continuación, tienes varios consejos sobre cómo prepararlo y llevarlo a cabo. Relaciona los elementos de las dos columnas.

1 Toma notas y prepara tu monólogo…

2 Al inicio de tu intervención usa conectores como…

3 *Por otro lado, por otra parte, en segundo lugar…*

4 Para acabar tu intervención puedes utilizar…

5 Si quieres reformular parte de tu discurso,…

6 Algunas expresiones para dar tu opinión son…

a *considero que, pienso que, opino que, me parece que…*

b *primeramente, en primer lugar o para empezar…*

c utiliza expresiones como *es decir, o sea, en otras palabras…*

d pueden servir para continuar con tu monólogo.

e pero cuando hagas la exposición no lo leas todo; utiliza las notas como una guía.

f *en definitiva, para acabar / terminar, finalmente…*

20 Lee estos tuits sobre los límites del humor y escribe el verbo que falta en indicativo o subjuntivo.

1 **Andrea @andy_summer** No creo que _____ (haber) límites del humor. Lo que sí pienso es que hay cosas que no son humor.

2 **Juan Luis @SoyJuan_Lu** Sobre los límites del humor, no pienso que _____ (tener) que haber, pero si los hay, es evidente qué NO es humor, qué es acoso y qué es burla.

3 **María José @que_viva_la_pepa** Pues no sé, pienso que _____ (haber) que reírse de todo pero a la vez pienso que _____ (poder, tú) hacer humor sin recurrir a estereotipos racistas, enfermedades terminales, etc.

4 **Alfonso @esefonso** Como amante incondicional del humor considero que este no _____ (deber) tener límites, ya que si empezamos a poner restricciones dejaría de ser humor.

5 **Inés @la_sita_ines** Yo, personalmente, pienso que no, que mientras se haga con tono humorístico, y sin intención de hacer daño a alguien, no considero que _____ (haber) que delimitar el humor.

6 **Virginia @rodalvivi** Todo tiene unos límites, mientras una familia llora no me parece que abordar esta situación con humor _____ (ser) decente.

7 **Sergio @Viking_Sergi** Este tema es muy controvertido, pero yo opino que el humor no _____ (deber) tener límites y a quien no le haga gracia pues nada, a otra cosa.

8 **José María @chemari_gamer** A mí me parece que el humor negro _____ (ser) la comedia por antonomasia, _____ (ser) aquello que te permite sacar las vergüenzas, los aspectos feos y desagradables de la sociedad y exponerlos, colocarlos en el mismo plano y tratarlos todos por igual.

> **Recuerda**
>
> Al usar estructuras como *creo que, pienso que, opino que, me parece que…* el segundo verbo va en indicativo si el verbo principal es afirmativo y en subjuntivo si el verbo principal está negado:
> *Creo que el humor* **tiene** *límites.*
> ***No** creo que el humor* **tenga** *límites.*

Y PARA ACABAR...

El nombre y seudónimo de un artista hispanohablante:

El nombre de tu marca basado en tu nombre:

Una anécdota que no vas a olvidar nunca:

Información interesante de esta unidad:

2 ENIGMAS

A GRANDES MISTERIOS

1a Escribe debajo de cada palabra sus posibles sinónimos.

> interrogante - evidencia - suposición - robo - casualmente - misterio - sorprendente - saqueo - increíble
> súbitamente - hipótesis - inesperadamente - premeditadamente - a propósito - huella - accidentalmente

enigma	especulación	rastro	expolio
____	____	____	____
____	____	____	____

desconcertante	con intención	repentinamente	por casualidad
____	____	____	____
____	____	____	____

1b Lee las siguientes declaraciones y elige la palabra adecuada.

1 El **expolio / enigma / rastro** sigue vivo. Todas las preguntas tienen ya una respuesta, pero a la gente aún le parece algo inexplicable e incomprensible.

2 Se han investigado y comprobado todas las **casualidades / hipótesis / intenciones** y el suceso tiene ahora una explicación científica.

3 Me interesan las investigaciones y las **especulaciones / enigmas / huellas** sobre lo que pudo haber ocurrido. Son cosas de la vida real, aunque no se sepa qué pasó definitivamente.

4 A medida que descubro más cosas sobre este misterio más me entusiasma. Que no haya pistas o **a propósito / rastro / misterio** de lo sucedido deja abiertos todos los interrogantes.

5 Parece que no habrá más evidencias de lo ocurrido, puesto que el lugar ha sido **especulado / expoliado / premeditado** y es casi imposible seguir el rastro de lo sucedido.

6 Lo más desconcertante de este suceso misterioso es que hay muchos testimonios y **pruebas / mentiras / suposiciones** concretas de que no es un fenómeno inventado, un fraude o engaño…

2a ¿Qué es para ti un gran misterio? Lee estas cuatro informaciones y escribe en tu cuaderno cuáles lo serían desde tu punto de vista y por qué.

A

El barco mercante de doble mástil "Mary Celeste" zarpó de Nueva York el 7 de noviembre de 1872, con destino a Génova, Italia, pero nunca llegó a su destino. Fue encontrado flotando en medio del estrecho de Gibraltar cuatro semanas después sin rastro alguno de los 10 pasajeros que iban a bordo cuando partió. No había signos de lucha y toda la carga del barco aún estaba a bordo. Su único bote salvavidas estaba desaparecido.

2b Lee estas opiniones y relaciónalas con el misterio de la actividad anterior al que se refiere cada una.

☐ **1** Se sabe que su contenido es científico o de carácter mágico, pero en las ilustraciones aparecen realidades que parecen inventadas o son desconocidas. Es fascinante la grafía desconocida, la clave criptográfica y el sistema de abreviaturas que se 'come' letras y acorta palabras.

☐ **2** Ninguna investigación ha probado que estas desapariciones ocurran con mayor frecuencia en este sector del océano. De hecho, muchas personas navegan por esta zona todos los días sin incidentes: sin portales de tiempo, bases extraterrestres sumergidas o anomalías geomagnéticas…

☐ **3** Hay muchas especulaciones sobre lo sucedido; entre ellas, la posibilidad del ataque de un calamar gigante, o la más increíble versión de una supuesta intervención de extraterrestres, siendo los marineros abducidos por una nave alienígena.

☐ **4** Aunque hay muchos testigos, también hay muchos indicios de que su presencia sea un fraude, o de que se trate de identificaciones erróneas: otras especies acuáticas en múltiples fotos, la estela de un barco en la vista aérea del servicio de mapas de Apple…

a El barco fantasma
b El monstruo Nessie
c El misterioso Triángulo
d El manuscrito indescifrable

3a Relaciona estas situaciones del presente con las suposiciones sobre esos momentos.

1 Sé que Raúl almuerza a las 12 h y ahora son las 12.
2 María suele hacer algún viaje en estas fechas.
3 Iván me ha dicho que lo han despedido del trabajo.
4 Su móvil no para de sonar, ¡qué aburrimiento!
5 Los avisé ayer de que hoy tenía cita médica.
6 He leído un informe sobre los ovnis y hay una foto impresionante.

☐ **a** Estará disfrutando en una playa paradisíaca.
☐ **b** Estará tomando algo rápido en un bar.
☐ **c** ¿Será el director del periódico otra vez?
☐ **d** No me creo nada, querrán más publicidad.
☐ **e** Tendrá mucho estrés y ansiedad.
☐ **f** No se acordarán de que voy a llegar tarde.

Recuerda

Para hacer una suposición (hipótesis) sobre el presente podemos usar las expresiones *supongo que, posiblemente, probablemente, a lo mejor, tal vez, quizás, seguro que, seguramente*… con un verbo en presente:
Son las 12 h. **Supongo que** *Johns* **está** *comiendo.*
Pero también podemos hacer la misma suposición utilizando el verbo en futuro simple:
Son las 12 h. Johns **estará** *comiendo.*

B
El avistamiento más antiguo de la criatura misteriosa nadando en el lago Ness en Escocia fue en 1871, de acuerdo con el sitio oficial del monstruo. Sí, tiene un sitio web con el propósito de promover el turismo en la zona. Docenas de vistas han sido registradas desde entonces, incluyendo una de las más recientes, en noviembre de 2011, cuando el señor George Edwards reportó ver una "joroba que se movía lentamente" emergiendo de las profundidades turbias del lago.

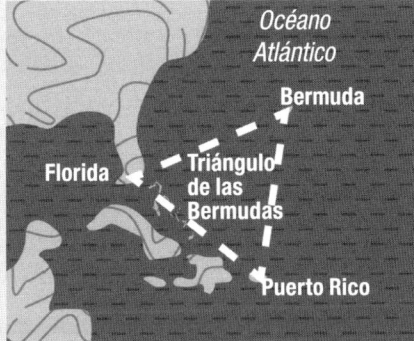

Océano Atlántico

Bermuda

Florida

Triángulo de las Bermudas

Puerto Rico

C
La leyenda del Triángulo de las Bermudas comenzó con la inexplicable desaparición de un grupo de aviones militares que llevaba a 14 hombres a bordo cerca de la costa sur de Florida en diciembre de 1945. "Estamos entrando en aguas blancas, nada se ve bien", supuestamente dijo el líder de vuelo antes de perderse el contacto por radio. Trece soldados más enviados a buscar los aviones extraviados también desaparecieron.

D
Todas las hipótesis están abiertas en torno al *Manuscrito de Voynich*, un curioso volumen escrito hace unos 500 años con la pluma de un ave, en una extraña lengua, con dibujos incomprensibles de plantas y seres increíbles. Podría ser el libro de una organización secreta medieval, de una cultura alienígena o, simplemente, un fraude. Lo que sí es cierto es que ningún filólogo ni criptólogo ha podido descifrarlo aún.

Información basada en https://cnnespanol.cnn.com

3b Lee ahora estas suposiciones sobre los hechos anteriores ya ocurridos. Escribe el verbo en la forma adecuada para expresar esas hipótesis con el futuro compuesto.

1 Mi pareja se dejó el móvil en casa y ha estado sonando toda la mañana. _Habrá sido_ (ser) su jefe, lo llama a todas horas.

2 María ha estado en la playa en Semana Santa, como suele hacer. _habrá disfrutado_ (disfrutar) mucho.

3 A Ángel lo despidieron, pero ya lo contrató otra empresa, aunque me imagino que _____ (tener) muchas preocupaciones…

4 Seguro que Raúl ha almorzado a la misma hora de siempre. Se lo _____ (comer) todo, anoche no cenó.

5 Avisé en el trabajo de que iba a estar un mes de baja, pero no sé si los responsables de RR. HH. ya _____ (encontrar) a alguien para sustituirme.

6 Hay bastantes fotos de ese extraño fenómeno, pero muchas parecen retocadas. Se _____ (hacer) todo lo posible para que parezcan auténticas.

4 Marca la opción adecuada en cada frase.

1 Se ha demostrado que esa historia no es cierta. Hay pruebas de que _____ un verdadero fraude.
   a es   **b** será   **c** habrá sido

2 Me encantaba esa taza. La _____ sin querer, ¿no?
   a rompes   **b** romperás   **c** habrás roto

3 No sé si aceptar o no el trabajo, pero supongo que esta vez _____ bien.
   a decido   **b** decidiré   **c** habré decidido

4 ¿Habéis buceado hoy hasta donde están los restos? ¡_____ mucho!
   a Os divertís **b** Os divertiréis **c** Os habéis divertido

5 Creen que el barco tenía alguna avería y que _____ en medio del mar.
   a explota   **b** explotará   **c** habrá explotado

6 Cada vez hay menos posibilidades de encontrar el avión. ¿_____ al mar?
   a Ha caído   **b** Caerá   **c** Habrá caído

7 ¿Qué se sabe de los tripulantes? ¿_____ abducidos por un ovni?
   a Son   **b** Serán   **c** Habrán sido

8 La gente que estaba en la calle y lo vio _____ muy asustada todavía.
   a ha estado   **b** estará   **c** habrá estado

> **¡Fíjate!**
>
> Para hacer suposiciones sobre un hecho ya ocurrido del presente usamos el futuro compuesto, que se forma con el futuro simple del verbo auxiliar **haber** seguido de participio:
> *Son las 14 h. Johns **habrá comido** a las doce, como de costumbre.*
>
> Los verbos derivados de un verbo irregular tienen la misma irregularidad en el participio:
> *Le regalé un pantalón, pero le estaba grande. Supongo que lo **habrá devuelto**.*

5 Transforma las afirmaciones en suposiciones con la forma adecuada del futuro compuesto.

1 En la investigación **ha habido** muchos errores. → Esa hipótesis no me convence. ¿_habrá habido_ errores en la investigación?

2 **Han descubierto** unas extrañas huellas de animal. → _____ las huellas del animal que buscaban.

3 No recuerda nada de lo sucedido. **Se le ha olvidado.** → Dice que no se acuerda de nada. _____ todo.

4 La testigo **ha desaparecido** sin dejar rastro. → El periodista no tiene a la testigo. ¡_____ de repente!

5 Las pruebas no van a llegar. **Se han perdido.** → ¿Por qué no llegan las pruebas? ¿No _____?

6 Le **han propuesto** una entrevista para contar su historia. → Le _____ de todo, pero es que nadie va a creerle.

6 Completa con el verbo en futuro compuesto.

1 Estamos gastando mucho dinero. ¿No _____ (prever, nosotros) bien los gastos?

2 No te enfades con él, seguramente te lo _____ (decir, él) en broma.

3 ¿_____ (tener, ellos) algún problema? Tenían que estar aquí a las ocho.

4 Están investigando de nuevo lo ocurrido. _____ (reabrir, ellos) el caso.

5 ¿Estás segura de que no _____ (descubrir, ella) las claves?

6 El gato no está en casa. ¡A saber dónde _____ (meterse, el gato)!

7 No sé quién _____ (escribir, él) semejante estupidez.

8 _____ (posponer, ellas) la reunión porque aquí no hay nadie…

7 Observa las imágenes y completa estas declaraciones con la forma adecuada del futuro simple o compuesto según el contexto.

A He recibido un correo de James y solo me manda una foto y un saludo. No me dice dónde está. _____ (estar) de vacaciones en algún lugar del norte. Y es curioso, porque lleva la bici al hombro: _____ (rompérsele) la bici.

B Cristina me ha llamado hace media hora: estaba muy nerviosa y casi no podía hablar. Se ha encontrado la casa toda revuelta, pero no ha podido decirme más. Me pregunto si _____ (entrar) algún ladrón en la casa. La estoy llamando, pero comunica. ¡_____ (estar) con la policía!

B RELATOS E INTRIGAS

8a Lee los siguientes fragmentos de un relato de Eduardo Galeano y ordénalos.

☐ **a** La mujer y el hombre se abrazaban y se besaban hasta que sonaba la señal de salida. Entonces ella se desprendía y volvía al tren. Esa mujer se sentaba siempre frente a él, pero Acha nunca le escuchó la voz.

☐ **b** Una mañana ella no vino y a las nueve y veinticinco Acha vio, por la ventanilla, al hombre esperando en el andén. Ella nunca más vino. Al cabo de una semana, también el hombre desapareció.

☐ **c** Frente a él viajaba una mujer. Todos los días, a las nueve y veinticinco, esa mujer bajaba por un minuto en una estación, siempre la misma, donde un hombre la esperaba parado siempre en el mismo lugar.

☐ **d** Achával vivía lejos, a más de una hora de Buenos Aires. Cada mañana Acha subía al ferrocarril de las nueve para ir a trabajar. Subía siempre al mismo vagón y se sentaba en el mismo lugar.

Fragmentos extraídos de *"La estación"* (en *Días y noches de amor y de guerra*), de Eduardo Galeano

8b Vuelve a leer el texto anterior e identifica la parte del relato a la que corresponde cada fragmento.

Situación inicial: fragmentos ____ y ____

Acción: fragmento ____

Situación final: fragmento ____

8c Contesta con tus hipótesis a estas preguntas sobre la historia.

1 ¿Quiénes son el hombre y la mujer?

_____

2 ¿Por qué solo pueden verse en la estación?

_____

3 ¿Qué ha pasado con la mujer?

_____

4 ¿Por qué el hombre ha dejado de esperar?

_____

8d Escribe en tu cuaderno un posible final desde la perspectiva del protagonista.

9a Antes de escuchar un reportaje sobre la creación del pódcast *Negra y Criminal* en el que aparecen las siguientes expresiones, relaciónalas con su definición.

1 Tener mucha miga.
2 Poner los pelos de punta.
3 Meterse en la piel de alguien.

☐ **a** Ver las cosas desde la perspectiva de otra persona.
☐ **b** Algo con mucho contenido.
☐ **c** Cuando algo nos provoca emociones intensas.

9b 🔊 3 Ahora escucha el reportaje y señala si las siguientes afirmaciones son verdaderas (V) o falsas (F).

	V	F
1 Los casos del pódcast se seleccionan a partir de las recomendaciones de los oyentes.	☐	☐
2 A la hora de elegir un caso, es fundamental que este pueda ser representado de forma teatral.	☐	☐
3 En el pódcast solo se incluyen casos cerrados.	☐	☐
4 En las historias solo se presenta la perspectiva del asesino.	☐	☐
5 Otro factor importante para elegir casos es que a la gente le atraiga.	☐	☐
6 El objetivo de este pódcast es defender a los criminales.	☐	☐

9c Ahora completa con información sobre ti.

1 Un libro que has recomendado a alguien es _____.

2 El estilo de escritura de _____ me parece fantástico.

3 El final de _____ es muy bueno.

4 Las historias de _____ tienen un punto diferente.

5 Los libros de _____ no me parecieron sencillos de leer.

6 Siempre voy a recordar al protagonista de la historia de _____.

10 Relaciona el principio y el final de cada frase.

1 Los problemas de los protagonistas me parecían…
2 El final de ese relato de amor me emocionó tanto…
3 La verdad es que el final me pareció…
4 El argumento de la novela me parecía…
5 Participar en el debate del club de lectura me parecía…
6 Tanto el vocabulario como las expresiones coloquiales me parecieron…

a uno de los mejores que he leído: ¡no me esperaba que la historia terminara así!
b un poco surrealista, por eso dejé de leer en la página 50.
c un poco difíciles de creer, hasta que entendí la causa de todos.
d interesante, pero luego me di cuenta de que no tenía tiempo.
e muy representativos de la región donde se desarrolla la historia.
f que se lo recomendé inmediatamente a todos mis amigos.

11 Completa cada par de frases con la forma verbal adecuada.

nos gustaba - nos gustó

1 Esa serie de TV al principio _____ bastante, pero los guionistas complicaron demasiado la trama y dejamos de verla.
2 Aunque no solemos leer los *best sellers*, esa novela escrita por el presentador de TV _____ bastante e incluso se la recomendamos a varios amigos.

encontraba - encontré

5 Reconozco que cuando empecé a leer esa novela, _____ un poco complicado el tener tantos narradores diferentes, pero después de un par de capítulos, me acostumbré.
6 A pesar de ser una obra de literatura medieval, no la _____ tan difícil de leer y comprender como me había imaginado.

le merecía la pena - le mereció la pena

3 Para él, la compra que más le cambió la vida y _____ fue la del libro electrónico: desde entonces ahorra mucho dinero y no lleva tanto peso en la mochila.
4 Cuando no tenía libro electrónico, Damián siempre decía que _____ ir a la biblioteca una vez al mes y sacar varios libros de golpe.

les encantaba - les encantó

7 El libro de poesía para jóvenes _____ a los lectores, por eso se agotó enseguida y tuvieron que publicar más ediciones.
8 A los autores de la corriente del realismo mágico _____ mezclar situaciones de la vida real con elementos con un punto de magia o fantasía.

C PENSAMIENTO DIVERGENTE

12 Completa las frases con el siguiente vocabulario. Hay cuatro palabras que no necesitas. Recuerda, además, escribirlas en la forma adecuada.

aplicar - carecer - clave - debilitar - deteriorarse - espontáneo/a - frescura - inconformismo - ingenioso/a - optimizar - revelar

1 Acaban de _____ los resultados de la investigación y son muy interesantes.
2 Tuvo una idea muy buena y _____ para resolver el acertijo: cuando se le ocurrió, ni siquiera estábamos hablando del tema.
3 El _____ es una característica muy importante de las personas que piensan de manera divergente, por eso siempre están buscando nuevas alternativas o soluciones.
4 Jesús siempre intenta _____ sus conocimientos en lógica para resolver los problemas que le surgen en la vida.

5 La _____ de su éxito es que siempre está abierto a ideas y opciones que a muchas otras personas les parecen extrañas.
6 Un estudio publicado recientemente dice que nuestras capacidades cerebrales, que incluyen el razonamiento, la memoria y la capacidad de adaptación, comienzan a _____ a partir de los 45 años.
7 Desgraciadamente, la escuela tiene muchas limitaciones de presupuesto. _____ de materiales apropiados: es muy complicado encontrar rotuladores, cartulina o hasta papel.

13a Una de las maneras de ejercitar el pensamiento divergente son los acertijos. Lee los siguientes acertijos y relaciónalos con estos títulos.

Arriba y abajo **El milagro**

Venta con trampa **Familia numerosa**

El reverendo Horacio Buenaspalabras anunció que cierto día, a cierta hora, haría algo imposible: durante veinte minutos caminaría sobre la superficie del río Hudson sin hundirse en sus aguas. Una gran muchedumbre se apiñó para presenciar la hazaña. El reverendo Buenaspalabras realizó exactamente lo que afirmó que haría. ¿Cómo pudo arreglárselas?

María tiene un hermano llamado Juan. Juan tiene tantos hermanos como hermanas. María tiene el doble de hermanos que de hermanas. ¿Cuántos chicos y chicas son en total?

"Este lorito es capaz de repetir todo lo que oiga", le aseguró a la señora el dueño de la pajarería. Pero una semana después, la señora que lo compró estaba de vuelta en la tienda, protestando porque el lorito no decía ni una sola palabra. Y, sin embargo, el vendedor no había mentido. ¿Podrías explicarlo?

Un hombre vive en el décimo piso de un edificio. Cada día toma el ascensor hasta la planta baja para dirigirse al trabajo o ir de compras. Cuando regresa, siempre sube en el ascensor hasta el séptimo piso y luego por la escalera los tres pisos que faltan hasta su apartamento, en el décimo piso. ¿Por qué lo hace?

13b ¿Se te ocurre cuál puede ser la solución de cada uno de ellos? Intenta poner en práctica tu pensamiento divergente. Escríbelo en tu cuaderno.

13c Ahora, invéntate un acertijo o una situación que tenga una solución creativa y escríbelo en tu cuaderno. Si no se te ocurre nada, puedes buscarlo en internet.

14 ◀)) 4 📄 **DELE** Escucha unos fragmentos de una entrevista sobre el pensamiento lateral o divergente y contesta a las preguntas. Tienes 30 segundos para leer las preguntas.

1 En la entrevista, el psicólogo dice que…
  a hay tres tipos de pensamientos: lateral, transversal y lógico.
  b el pensamiento transversal también se llama lateral.
  c el pensamiento lateral es un tipo de pensamiento habitual.

2 A la hora de resolver un problema, el pensamiento lateral…
  a se centra en encontrar la solución de manera rápida.
  b nos ayuda a focalizarnos en el problema en sí mismo.
  c se centra en la pregunta para llegar a la respuesta.

3 Con respecto a la lógica, se afirma que…
  a el pensamiento lateral no la tiene en cuenta.
  b es un proceso o procedimiento único.
  c es un método con diferentes formas de aplicación.

4 Para el entrevistado, la creatividad…
  a no está necesariamente opuesta a la lógica.
  b es una característica de las personas extravagantes.
  c surge de manera espontánea.

5 Desde su punto de vista…
  a todas las personas somos igual de creativas.
  b la creatividad es innata y no cambia.
  c la creatividad se puede mejorar con la práctica.

6 Según el psicólogo, la finalidad de la creatividad es…
  a conseguir un beneficio económico.
  b llamar la atención y ser estridente.
  c ser útil para la sociedad.

ESTRATEGIAS PARA EL EXAMEN

Este ejercicio se corresponde a la Tarea 3 de la Prueba 2. Escucharás una entrevista de radio o de televisión en la que se expone, describe o argumenta sobre un tema y tendrás que responder a seis preguntas, eligiendo una de las tres opciones. Escucharás la entrevista dos veces.
- Lee bien las preguntas para saber sobre qué tratará la audición y marca las diferencias entre las opciones.
- En la primera audición trata de localizar las partes de la entrevista en las que se da la información que necesitas.
- En la segunda audición intenta identificar la respuesta correcta.

15a Para repasar los artículos con valor sustantivador, une los siguientes fragmentos y forma frases que sean correctas.

1 El artículo determinado neutro *lo* sirve para… _b_

2 A *lo + que* le suele acompañar… _d_

3 Habitualmente, cuando la estructura *lo de* se combina con… _c_

4 El artículo *el* nos sirve para… _a_

a sustantivar otros tipos de palabras, como adverbios.

b poder utilizar adjetivos sin la presencia de un nombre.

c un verbo en infinitivo, nos referimos a algo mencionado anteriormente.

d un verbo conjugado.

15b Completa estas frases con *lo, lo que, lo de* o *el*.

1 Para resolver este problema, _lo_ lógico sería seguir las instrucciones, pero a veces es mejor analizar la situación desde otra perspectiva.

2 Siempre he pensado que las personas tienen que estudiar _lo que_ quieran: el dinero no es _lo_ más importante, y las profesiones creativas también son necesarias en el mundo.

3 Me parece que tenemos todo _lo_ necesario para irnos de ruta, incluida la ropa de abrigo por si hace mal tiempo.

4 • Cuando hay un libro muy famoso no lo suelo leer; casi siempre espero a que salga la película.

▪ Yo también lo hago mucho, _lo de_ esperar a la película. Luego ya, si me gusta, normalmente me leo el libro.

5 Ya llevaba un tiempo pensándome _el_ venir para aquí, pero todavía no me había decidido.

6 Aunque últimamente estés teniendo una mala época, no te preocupes: _el_ mañana siempre trae cosas buenas.

7 Mi hijo tiene mucha imaginación, nunca sabes _lo que_ va a dibujar o _lo que_ va a escribir cuando se sienta en su mesa.

8 Nuestra universidad está haciendo un estudio que quiere revelar _el_ cómo y _el_ cuándo del desarrollo del pensamiento divergente.

15c Lee las siguientes frases con la palabra *cosa* y piensa cómo transformarlas con la sustantivación. Ten cuidado con la concordancia.

Dice que tú fuiste una mala influencia porque contigo hizo todas las **cosas** que no estaban permitidas.

Dice que tú fuiste una mala influencia porque contigo hizo todo lo que no estaba permitido.

1 Es tan ingenioso que a veces las **cosas** imposibles con él parecen posibles.

Es tan ingenioso que a veces lo imposible con él parecen posibles.

2 Lo de algunos futbolistas o deportistas de élite no es arrogancia ni nada por el estilo; es la mentalidad que se necesita para conseguir las **cosas** que quieres.

es la mentalidad que se necesita pa conseguir lo que quieras

3 Mi hijo me ha dicho que no le gustaría tener un hermano porque se comería las **cosas** que le gustan a él.

No le gustaría tener un hermano porque se comería lo que le gusta a él

4 Esta es la **cosa** más curiosa que nos ha pasado, María.

Esta es lo más curioso que nos ha pasado, María

5 Cuando eres un niño, todas las **cosas** interesantes están prohibidas: los videojuegos, la televisión, el chocolate…

Todo lo interesante está prohibida

6 Cuando mis padres adoptaron el gato, me quedé embobado. En ese momento me parecía que era la **cosa** más bonita que había visto nunca.

Era lo más bonito que había visto nunca

¡Fíjate!

Al utilizar el artículo neutro *lo*, siempre lo combinamos con el adjetivo en su forma masculina y singular. Además, en este tipo de construcciones, el adjetivo también puede incluir un adverbio que lo modifique:

Eres lo más lindo que he visto nunca.

Lo más divertido del libro son los personajes.

16a Lee el siguiente texto sobre los videojuegos y completa los huecos con el fragmento adecuado.

a   Estos son algunos de los más destacados por los especialistas
b   Recientemente en España varias exposiciones han roto una lanza en su favor
c   Compartir horas de juego en familia ayuda a estrechar lazos entre padres e hijos
d   Hace mucho tiempo que nadie niega el poder incontestable del mundo del videojuego
e   Los videojuegos de deportes pueden animar a quienes juegan a aficionarse a su práctica
f   Los videojuegos no solo pueden mejorar la velocidad y la precisión para realizar actividades diarias, sino que también potencian la creatividad y la inventiva

FOMENTAR LA CREATIVIDAD, ESTIMULAR LA MEMORIA, MEJORAR HABILIDADES… ¿CUÁLES SON LOS BENEFICIOS DE LOS VIDEOJUEGOS?

Nani F. Cores

(1) _d_ . Convertida en la industria cultural con mayor proyección del mundo, [...] su influjo también se hace notar en nuestro país, donde el mercado del videojuego se sitúa en el cuarto lugar de Europa y el noveno del mundo. [...]
A pesar de su creciente poder económico, del cada vez mayor número de adeptos, de la diversidad de temas que aborda y las aplicaciones que se le pueden dar, todavía hay quienes ponen en duda su utilidad o si pueden resultar realmente beneficiosos para sus usuarios. **(2)** _b_ . [...]
¿Cuáles podrían considerarse los principales beneficios de los videojuegos? **(3)** _a_ :

Estimulan el desarrollo del cerebro
[...] Se ha comprobado que juegos como los de conducción mejoran la memoria, la concentración y la capacidad de hacer varias cosas a la vez.

Fomentan la creatividad
(4) _f_ . Además, el carácter educativo de muchos de ellos potencia la capacidad para aprender. [...]

Disminuyen el estrés
Los videojuegos sirven para evadirse de los problemas del día a día, concentrarse en lo lúdico, descargar tensiones acumuladas y liberar estrés. [...]

Potencia la resolución de problemas
Muchos videojuegos proponen retos que estimulan el cerebro para encontrar maneras ingeniosas y estrategias que ayuden a resolver la situación.

Estrechan lazos familiares y de amistad
(5) _c_ . Además, los videojuegos en línea permiten socializar con los amigos y conocer personas de diferentes culturas y zonas geográficas.

Invitan a la actividad física
No todos los juegos son de sofá, muchos [...] animan a moverse y realizar actividad física. **(6)** _e_ . [...]

Fuente: *https://www.20minutos.es*

16b Busca en el texto anterior palabras o expresiones que concuerden con estas definiciones.

1   Defender algo o a alguien, decir cosas en su favor: _____
2   Impulsar, animar a hacer algo: _____
3   Persona que está a favor de algo o alguien, que apoya algo o a alguien: _____
4   Llamar la atención, hacerse visible u obvio: _____
5   Olvidarse de algo, dejar de pensar en problemas o preocupaciones: _____
6   Habilidad para inventar o crear: _____
7   Hacer que una relación sea más fuerte o cercana: _____
8   Claro, obvio, que no tiene rival o competencia: _____

EN ACCIÓN

17a Imagina que colaboras en una investigación para la revista *Enigmáticas*. Tus jefes han convocado una reunión, pero solo han llamado a dos compañeros, Carmen y Jose. Estos son los mensajes de WhatsApp del resto del equipo. Léelos y señala qué es lo que se sabe y qué es lo que se supone.

Ana
¿Qué habrá pasado? Llevan reunidos más de una hora.

J.M.
No sé. Hace un rato Carmen estaba muy nerviosa, le pregunté y no me dijo nada. ¿Me habrá mentido?

Laura
Seguramente nos han estado mintiendo toda la semana. Jose tiene los documentos y las grabaciones.

Miki
¿Serán capaces de contar todo lo que sabemos del caso? ¿Nos traicionarán?

J.M.
Tranquilos, no creo que puedan traicionarnos. Las grabaciones me las entregó Jose justo ayer. Es la verdadera prueba, los documentos no importan.

Miki
Probablemente Jose ha hecho una copia. Los documentos son una falsificación, ya me ocupé de ello con J.M. Nunca me he fiado de ellos. Hay algo raro en su comportamiento.

Ana
Se tratará de otro asunto. Confiad. Los habrán llamado por los rumores de este último mes.

Laura
¿Lo de que son expareja? Algún cotilleo hay por ahí. Ahora entiendo la actitud de Carmen hoy. Estaba como enfadada con Jose, pero justo la han llamado a la reunión cuando me lo iba a contar.

		Se sabe	Se supone
1	La reunión es más larga de lo normal.		
2	No han traicionado a los compañeros.		
3	Los audios ya no están en manos de Jose.		
4	Jose ha hecho una copia de las grabaciones.		
5	Las pruebas escritas que tiene Jose no son auténticas.		
6	Ambos actúan de manera extraña.		
7	No son personas de confianza para Miki.		
8	Carmen y Jose tuvieron una relación sentimental.		

17b ¿Qué habrá pasado? Únete al chat con un mensaje para comentar lo que tú sabes o supones de la situación.

Yo

18 Imagina que la redacción de *Enigmáticas* te ha encargado un breve artículo sobre un suceso extraño que quieren divulgar: ya conoces la información que hay sobre el caso y estas fotografías. Redacta en tu cuaderno un borrador sobre los hechos ocurridos; puedes dejar abiertos a la opinión pública algunos interrogantes.

J. A., el viajero del tiempo, asegura haber estado en el año 3021...

Y PARA ACABAR...

El misterio sin resolver más fascinante:

Información interesante de esta unidad:

Un relato o historia que te haya impresionado:

Lo que hay de divergente en tu forma de pensar:

3 AL LÍMITE

A VIVIR AL MÁXIMO

1a Relaciona el principio y el final de estas expresiones que aparecen en el texto de las páginas 26-27 del libro del alumno.

1 Seguir…	**a** la vida pasar
2 Perseguir…	**b** los pasos
3 Rondarle…	**c** toda la carne en el asador
4 Tirar…	**d** algo a las bravas
5 Poner…	**e** un sueño
6 Lanzarse…	**f** por la cabeza una idea a alguien
7 Hacer…	**g** de los ahorros
8 Ver…	**h** a la piscina

1b Completa las siguientes frases con expresiones del ejercicio anterior. Haz los cambios necesarios.

1 Mi familia siempre me ha animado a _____ de convertirme en pintora: me han ayudado tanto emocional como económicamente. Pero sé que no todas las personas han tenido esa suerte…

2 Llevaba un tiempo dándole vueltas a la idea de mudarme al campo. Pero después del confinamiento por el COVID-19, decidí _____ y finalmente di ese paso.

3 Hace unos meses leí un libro sobre nómadas digitales: personas que trabajan *online* mientras viajan por el mundo. Me impactó tanto que _____ del autor y ahora mismo enseño español *online* desde Bali.

4 La verdad es que la idea de recorrer en furgoneta Europa llevaba un tiempo _____ y cuando conocí a Carla, que quería hacer algo parecido, no me lo pensé dos veces y nos fuimos a la aventura. ¡La mejor experiencia de mi vida!

5 Nunca es tarde para cambiar de trabajo. Pero eso sí, no es conveniente _____, porque hay que pensar en las consecuencias y no forzar tanto la situación.

6 Decidí dejar mi trabajo en una gran multinacional porque no quería convertirme en uno de esos ejecutivos que trabajan doce horas al día, ganan muchísimo dinero y solo _____, ya que no tienen ni tiempo para disfrutar de ese dinero…

7 Cuando me fui a Australia a aprender inglés, no pude trabajar, por lo que el tiempo que estuve allí tuve que _____.

8 Empecé mi proyecto de *coaching* al mismo tiempo que seguía trabajando en un banco, pero llegó un momento en el que tuve que _____ por mi negocio… Tuve mucha suerte y, a día de hoy, no me arrepiento. Lo volvería a hacer.

1c Ahora contesta en tu cuaderno estas preguntas sobre tu vida.

1 ¿Qué idea lleva un tiempo rondándote por la cabeza?

2 ¿En algún momento has tenido que tirar de tus ahorros?

3 ¿Qué consejo le darías a alguien a punto de tirar la toalla?

4 ¿De quién te gustaría seguir los pasos?

5 ¿Alguna vez has hecho algo a las bravas?

2 Completa la siguiente tabla con los verbos en pretérito imperfecto de subjuntivo.

	viajar	conocer	vivir
Pretérito indefinido de "ellos"	viajaron	conocieron	vivieron
yo	viajara	conociera	viviese
tú	viajaras	conocieras	vivieses
él / ella / usted	viajara	conociera	viviese
nosotros/as	viajáramos	conociéramos	viviésemos
vosotros/as	viajarais	conocierais	vivieseis
ellos / ellas / ustedes	viajaran	conocieran	viviesen

	ser	tener	hacer
Pretérito indefinido de "ellos"	fueron	tuvieron	hicieron
yo	fuera	tuviera	hiciese
tú	fueras	tuvieras	hicieses
él / ella / usted	fuera	tuviera	hiciese
nosotros/as	fuéramos	tuviéramos	hiciésemos
vosotros/as	fuerais	tuvierais	hicieseis
ellos / ellas / ustedes	fueran	tuvieran	hiciesen

3 Elige la opción que **no** es adecuada en cada caso.

1 Cuando todavía trabajaba en la oficina, a Jessica le daba envidia…
   a la vida de la gente que viajaba por todo el mundo.
   b ver los blogs y las fotos de los nómadas digitales.
   c que ella no pudiera hacer las maletas y dejarlo todo atrás.
   d que hubiese gente viajando y trabajando por el mundo.
2 De la vida tradicional y de su trabajo estable detestaba…
   a que todos los días fueran exactamente iguales que el anterior.
   b la rutina en la que vivía.
   c ver la vida pasar sin sentirse realizada ni feliz.
   d que trabajara en un lugar que no la llenaba.
3 Cuando tomó la decisión de dejar su trabajo estable, le asustaba…
   a no encontrar la forma de mantenerse económicamente.
   b que se equivocase al tomar esa decisión tan complicada.
   c la posibilidad de arrepentirse de su decisión.
   d que su familia y amigos no comprendieran su decisión.
4 Al principio de su aventura le preocupaba…
   a que sus ahorros se agotaran.
   b que su negocio *online* no funcione.
   c no ser capaz de arrancar su negocio *online*.
   d la inestabilidad del trabajo *online*.
5 De su nueva forma de vida le apasiona…
   a que aprovechase al máximo cada día.
   b tener la libertad de elegir lo que quiere hacer cada día.
   c la confianza que ahora siente en sí misma.
   d que cada día sea distinto del anterior.

4 Completa las frases con los siguientes verbos en presente o imperfecto de subjuntivo.

ir - dejar - visitar - trabajar - dar
criticar - ser - entender

1 Estefanía no entiende que la gente _____ su estilo de vida. ¿Por qué tiene que meterse la gente donde no la llaman?
2 Cuando tomó la decisión de dejar su trabajo, le preocupaba que su pareja no lo _____. Por suerte, recibió mucho apoyo por su parte.
3 Durante los primeros meses de su negocio *online*, le daba mucho miedo que el proyecto no _____ suficientes beneficios.
4 Antes de convertirse en una *influencer* de viajes tan conocida, le hacía mucha ilusión que la gente _____ su blog.
5 A los nómadas digitales les apasiona que cada día _____ muy diferente al anterior.
6 A la familia de Sergio le parecía una idea horrible que él _____ su trabajo para dedicarse a viajar por el mundo, pero después de un tiempo cambiaron de opinión.
7 Antes de la pandemia del COVID-19 era importante que la gente _____ a la oficina, pero ahora el teletrabajo es mucho más frecuente.
8 Gracias a internet y a la globalización, es más fácil que la gente _____ desde los rincones más remotos del mundo.

5 Completa con información sobre ti.

1 Cuando era más joven, me preocupaba mucho que _____.
2 Ahora, en cambio, no me preocupa tanto que
_____.
3 Antes me molestaba mucho que mis amigos _____
_____.
4 Pero ahora me da igual que mis amigos _____
_____.
5 Cuando era pequeño, me encantaba que mi familia _____.
6 Sin embargo, ahora no me gusta que mi familia
_____.
7 Hace algún tiempo me parecía fenomenal que
_____.
8 Ahora ya no me parece tan bien que _____
_____.

6 ◀ 5 Escucha esta charla de la alpinista española Edurne Pasaban y marca si las siguientes afirmaciones son verdaderas (V) o falsas (F).

	V	F
1 Para Edurne Pasaban uno de los incentivos para seguir esforzándose era superar a los demás.	☐	☐
2 Pasaban consiguió llegar a la cima en más de la mitad de sus expediciones.	☐	☐
3 Para Pasaban el afán de superación consiste en analizar los errores y aprender de ellos.	☐	☐
4 Según Pasaban, una de las cosas más difíciles es aceptar que a veces no somos capaces de algo.	☐	☐
5 Pasaban menciona cinco ingredientes básicos para el éxito.	☐	☐
6 Según esta alpinista, el factor más importante es estar apasionados con lo que hacemos.	☐	☐

7a ◀ 6 Escucha y marca el verbo que escuchas.

1 a superara   **b** superará
2 a compraran   **b** comprarán
3 a estudiaras   **b** estudiarás
4 a se lanzara   **b** se lanzará
5 a hablara   **b** hablará

7b Completa las frases con los verbos anteriores.

1 Me gustó mucho que en la charla de superación personal el ponente _____ sobre el miedo a salir de nuestra zona de confort.

2 Si cambia de rutina, se cuida mucho a sí misma y quizá si consulta con un profesional, estoy segura de que Julia _____ la ruptura en muy poco tiempo.

3 Me parece fantástico que _____ la carrera de Filología Clásica, aun sabiendo que tristemente tiene pocas salidas profesionales…

4 Con el dinero que recibieron en la indemnización _____ una casa en la sierra para montar un negocio de turismo rural.

5 Me sorprendió muchísimo que Hugo _____ a la piscina y decidiera dar un giro tan radical a su vida. Pero me alegro mucho porque creo que ahora es más feliz.

6 Silvia es una persona luchadora y resiliente, por eso a mí no me sorprendió en absoluto que _____ esa mala racha tan rápidamente.

7 Al principio no me parecía buena idea que mis hijos _____ una furgoneta para recorrer el país, pero ahora veo sus fotos y me dan una envidia…

8 El próximo día 7, la alpinista _____ de los momentos más duros vividos en el Himalaya.

B LA NATURALEZA NOS HABLA

8a Completa las definiciones con una de las siguientes palabras.

> callejero - gregario - autóctono - altruista
> feroz - noble - nocturno - voraz

1 _____: que es propio o natural de la zona en la que vive.

2 _____: que es agresivo o violento.

3 _____: que es honrado, que merece aprecio o afecto.

4 _____: que es más activo cuando cae el sol.

5 _____: que vive en la calle, en lugar de con una familia en casa.

6 _____: que actúa sin tener en cuenta su propio beneficio.

7 _____: que come mucho o tiene mucho apetito.

8 _____: que vive en un rebaño o en una manada, con otros animales.

8b Ahora, completa estas frases con alguna de las palabras anteriores en su forma adecuada.

1 Las pirañas son animales muy _____: en solo unos minutos pueden devorar a cualquier pez.

2 Con lo cariñosos y _____ que son, no es de extrañar que los perros sean el mejor amigo del hombre.

3 Los gatos _____ son peligrosos, puesto que pueden transmitir enfermedades y no están acostumbrados al contacto con humanos.

4 Como animal _____ que es, el zorro suele dormir durante el día.

5 Algunos monos son _____, ya que utilizan sonidos para advertir a otros monos de la presencia de depredadores, aunque al hacerlo ellos mismos se pongan en peligro.

6 Es raro ver a un elefante caminando solo por la sabana, puesto que es un animal _____.

7 En muchos casos, las especies _____ se ven afectadas por otras especies introducidas en un hábitat que no es el suyo.

8 A pesar de su aspecto adorable, los osos pueden ser uno de los animales más _____, y los encuentros con ellos suelen ser muy peligrosos.

8c Estas palabras son antónimos de los adjetivos anteriores. Escríbelos en su lugar. Utiliza el diccionario si es necesario.

1 solitario: _____
2 interesado: _____
3 diurno: _____
4 inapetente: _____
5 despreciable: _____
6 dócil: _____
7 foráneo: _____
8 doméstico: _____

9a Los animales desempeñan un papel importante en el refranero español. A continuación, tienes una serie de refranes españoles divididos en dos partes. Relaciona el principio y el final.

1 Perro ladrador,... e
2 Más vale pájaro en mano... d
3 Muerto el perro,... a
4 La curiosidad... g
5 El burro delante... h
6 Cuando el gato no está,... f
7 No se hizo la miel... c
8 A caballo regalado... b

a se acabó la rabia.
b no le mires el diente.
c para la boca del asno.
d que ciento volando.
e poco mordedor.
f los ratones bailan.
g mató al gato.
h para que no se espante.

9b ¿Qué significa cada uno de los refranes anteriores? Escribe el refrán debajo de su explicación.

1 Expresa que tenemos que apreciar los regalos que nos dan, independientemente de su mayor o menor calidad o de sus defectos.
_____

2 Se utiliza para referirse a las personas que siempre quieren ser importantes o los líderes, incluso cuando no les corresponde.
_____ 5

3 Indica que, cuando la causa de algo se acaba, también desaparecen los efectos negativos que esta provocaba.
_____ 3

4 Lo decimos para criticar a una persona que siempre quiere saber todo o que es muy cotilla.
_____

5 Se utiliza para mostrar que la ausencia de un jefe u otra figura de autoridad normalmente conlleva que los trabajadores se relajen.
_____

6 Se suele decir como crítica a alguien que ha dejado una cosa segura por la posibilidad incierta de obtener otra mejor.
_____

7 Significa que, en muchas ocasiones, aquellos que hablan mucho o dicen muchas amenazas son los que menos actúan a la hora de la verdad.
_____

8 Se utiliza para criticar a personas que, entre dos o más cosas, escogen la peor por no ser conscientes del valor de cada una.
_____

9c Escoge entre los refranes anteriores los que más te gusten y escribe en tu cuaderno situaciones en las que se podrían utilizar.

¿Sabías que...?

Los refranes son muy típicos en España, y muchos son casi tan antiguos como nuestra lengua. Al utilizarlos, se suele decir solo la primera parte del refrán, pues se espera que el interlocutor sepa cómo acaba y su significado:

- Mi madre se ha comprado un coche nuevo y me ha dado el viejo, pero el freno funciona mal.

  Oye, no te quejes: a caballo regalado...

10a Ordena los elementos de estas oraciones condicionales a partir de cada comienzo.

1 Sacaré / si / dejáis / un perro / me / mejores notas / adoptar
2 Si separásemos / de / se moriría / su manada, / un elefante / a / pena / de
3 Si vamos / ver / al zoológico, / muchos / podremos / animales
4 Nunca abandonaría / tuviera / a / una / mi mascota / si
5 Si fuéramos / tendríamos / en / animales / no / más civilizados, / cautiverio
6 Aumentará / de osos / el medioambiente / si / en / cuidamos / las montañas / el número
7 Si me encontrara / y le daría / callejero, / recogería / de comer / lo / un gato
8 Los animales tendrían / cambiasen / más / si / derechos / las leyes

10b Ahora, clasifica las condiciones del ejercicio anterior en la siguiente tabla.

Condiciones posibles o probables

Condiciones hipotéticas o improbables

10c Completa las frases con la forma apropiada de los siguientes verbos. Fíjate bien en las conversaciones para deducir si el hablante ve probable o poco probable cada una de las acciones.

> invitar - tocar - coger - romper - encontrar - llamar - comer - saludar - ir - vender

1 • ¿Te has enterado? Óscar se casa dentro de dos meses.
  ▪ ¡Qué pena! Si _____, le _____ a salir algún día. Es tan simpático…

2 • Ayer vi a Leo y me dijo que hoy me contaba una cosa. Si me _____, _____ tú el teléfono, que voy a ducharme.
  ▪ No te preocupes, yo me encargo.

3 • Ahora mismo me _____ un kilo de jamón ibérico si lo _____ en el supermercado.
  ▪ Yo también, pero fuera de España es difícil conseguirlo…

4 • Mañana seguramente esté Lara en la fiesta de José; son muy amigos.
  ▪ Bueno, si me la _____, la _____ y ya está; nuestra relación no acabó tan mal.

5 • ¿Has leído esta noticia? ¡Tres millones de euros en la lotería de este fin de semana! Seguro que mucha gente ha jugado.
  ▪ Buah, si me _____, me _____ de vacaciones a las Bahamas… ¡pero un año entero!

10d A continuación, tienes una serie de situaciones. Escribe en tu cuaderno dos frases condicionales para cada una de ellas, siguiendo el ejemplo. Ten en cuenta si la situación te parece probable o hipotética.

El Amazonas se quema por completo.
Si el Amazonas se quemase, perderíamos uno de los pulmones del planeta.
Si el Amazonas se quema, perderemos uno de los pulmones del planeta.

1 Un meteorito cae en la tierra.
2 Las abejas se extinguen.
3 La temperatura del planeta sube diez grados.
4 Hay que aprobar un examen para tener mascotas.

5 Las reservas de petróleo se acaban.
6 Se prohíbe comer carne animal.
7 Se permite tener tigres como animales domésticos.
8 Los monos aprenden a hablar.

11 ¿Qué ves en las imágenes? Escoge la opción correcta. Hay dos palabras que no necesitas.

> horizonte - golfo - estrecho - pantano - laguna - cascada - cordillera - llanura - monte - glaciar

12a Aquí tienes un artículo con información sobre los glaciares. Completa con los títulos que faltan.

Calentamiento oceánico - Impacto sobre el clima - Desaparición de especies
Menos agua dulce - Aumento del nivel del mar - Emisiones de CO_2

Glaciares,
los grandes guardianes de la estabilidad del clima del planeta

El derretimiento de los glaciares, fenómeno que se acentuó durante el siglo XX, nos está dejando un planeta sin hielo. La actividad humana es la mayor culpable con la emisión de dióxido de carbono y otros gases responsables del calentamiento terrestre. El nivel del mar y la estabilidad global dependen de la evolución de estas grandes masas de nieve recristalizada. [...]

Por qué se derriten los glaciares: causas
El aumento de la temperatura terrestre ha sido, sin duda, el responsable del derretimiento de los glaciares a lo largo de la historia. Hoy la rapidez con la que avanza el cambio climático podría extinguirlos en un tiempo récord. Veamos, en detalle, las causas del deshielo glaciar:

1 _____
La concentración atmosférica de dióxido de carbono y otros gases de efecto invernadero (GEI) derivados de la industria, el transporte, la deforestación o la quema de combustibles fósiles, entre otras actividades del ser humano, hace que el planeta se recaliente y se fundan los glaciares.

2 _____
Los océanos absorben el 90 % del calor terrestre, un hecho que afecta al derretimiento de los glaciares marinos ubicados, sobre todo, en las zonas polares [...].

Consecuencias del derretimiento de los glaciares
La Universidad de Zúrich reveló [...] que el deshielo glaciar se ha acelerado en las últimas tres décadas. [...] A continuación, detallamos las consecuencias principales de la desglaciación:

3 _____
El derretimiento de los glaciares ha contribuido a la crecida de los océanos en 2,7 centímetros desde 1961. [...]

4 _____
El deshielo glaciar en los polos está ralentizando las corrientes oceánicas, un fenómeno relacionado con la alteración de la climatología mundial y la sucesión de episodios meteorológicos cada vez más extremos en todo el globo.

5 _____
El derretimiento de los glaciares provocará también la extinción de numerosas especies, ya que es el hábitat natural de numerosos animales terrestres y acuáticos.

6 _____
La desaparición de los glaciares significa también menos agua para el consumo de la población, menos capacidad para generar energía hidroeléctrica y menos disponibilidad para el regadío.

Soluciones para evitar el deshielo de los glaciares
Los glaciólogos creen que, a pesar de la pérdida masiva de hielo, aún estamos a tiempo de salvar los glaciares de una desaparición anunciada. [...]

Adaptado de *https://www.iberdrola.com*

12b Señala si las siguientes afirmaciones son verdaderas (V) o falsas (F) según el artículo anterior.

		V	F
1	Los glaciares ralentizaron su deshielo a lo largo del siglo XX.	☐	☐
2	La actividad humana es la única causante del calentamiento global.	☐	☐
3	El agua de los océanos se mueve más lentamente por culpa del deshielo.	☐	☐
4	El deshielo contribuye a un clima más estable.	☐	☐
5	La desaparición de los glaciares dificultará el uso de energías renovables.	☐	☐

12c El artículo anterior acaba con una frase esperanzadora: aún estamos a tiempo de salvar los glaciares. ¿Qué medidas se te ocurren para ello? Escríbelas en tu cuaderno.

C   LA VIDA SE ABRE PASO

13 Sustituye las palabras subrayadas por estas otras en su forma adecuada.

> soportar - levantar la cabeza - sobrevivir - destructor
> tenaz - inaudita - bicho - abrirse paso - acomodarse

1 El ser humano es uno de los <u>animales</u> dañinos para el planeta. Se ha convertido en un virus, igual de <u>invasor</u>.
2 Es una especie tan <u>obstinada</u> que <u>se adapta</u> a cualquier situación difícil o circunstancia <u>asombrosa</u>.
3 <u>Aguanta</u> los cambios más inesperados y no duda en <u>tirar para adelante</u>.
4 Su capacidad para <u>ponerse en pie</u> ante las dificultades y para <u>vivir</u> es formidable.

14 Contesta a estas preguntas sobre ti.

1 ¿Te consideras una persona tenaz? ¿Por qué?

2 ¿Hay algo en lo que te empeñas especialmente?

3 ¿Eres una persona adaptativa? ¿Por qué lo crees?

4 ¿Tienes alguna duda que no consigues disipar?

5 ¿En qué pones tu energía hoy en día?

15 Elige el verbo de cambio adecuado en cada frase.

1 Desde que tiene novia, este chico … muy antipático.
  a se ha quedado   *(b)* se ha vuelto
2 Los viajes en estas fechas … muy caros.
  (a) se han puesto   b se han quedado
3 Tuvo un accidente de trabajo y … sorda.
  (a) se quedó   b se hizo
4 No me creo que con su trabajo … millonario.
  a se haya puesto   *(b)* se haya hecho
5 ¿Te da vergüenza? ¡… colorada!
  (a) Te has puesto   b Te has vuelto
6 Sin darnos cuenta, … más individualistas.
  a nos hemos quedado   *(b)* nos hemos vuelto
7 Ha hecho régimen y … muy delgado.
  a se ha hecho   *(b)* se ha quedado
8 Trabajó muy duro y … dentista.
  (a) se hizo   b se puso

16a Completa las frases con los siguientes verbos de cambio en la forma adecuada.

> ponerse - quedarse - hacerse - volverse

1 La protección del medioambiente *se ha vuelto* muy importante en los últimos años.
2 El objetivo es *hacerse* conscientes del problema y poder enfrentarnos a él.
3 Escucharon a la corresponsal de guerra y *se quedaron* atónitos.
4 Vivir en un ambiente agradable *se ha puesto.* muy difícil últimamente.

16b ¿Con qué verbo, *ser* o *estar*, puedes relacionar los anteriores infinitivos? Escríbelos en los huecos numerados.

= estar	
(1) _____	(destaca la transitoriedad)
Ejemplo: _____	
(2) _____	(destaca el resultado)
Ejemplo: _____	

= ser	
(3) _____	(destaca la voluntariedad)
Ejemplo: _____	
(4) _____	(destaca la pasividad)
Ejemplo: _____	

16c Añade unos ejemplos a la tabla anterior uniendo los elementos de estas frases.

1 Se ha puesto…	a viuda con 37 años.
2 Se ha vuelto…	b vegetariano y cocinero.
3 Se ha hecho…	c muy contento con la noticia.
4 Se ha quedado…	d más egoísta que nunca.

17a ¿Sabes qué significan estas expresiones? Elige la opción adecuada.

1 Ponerse morado.
   a Sentir vergüenza.   **b** Comer mucho.
2 Ponerse en forma.
   a Hacer ejercicio físico.   b Sentarse correctamente.
3 Quedarse en blanco.
   a Estar muy pálido.   **b** No poder pensar o decir algo.
4 Quedarse a gusto.
   a Sentir satisfacción.   b Saber lo que te gusta.
5 Hacerse el loco.
   a Fingir desconocimiento.   b Decir tonterías.
6 Hacerse de oro.
   a Superarse.   **b** Enriquecerse.

17b Completa estas frases con las seis expresiones anteriores y dos de las siguientes en su forma adecuada.

> quedarse a cuadros - ponerse de moda - hacerse de noche - quedarse en paro - ponerse a dieta

1 Ha sabido cómo invertir y _hacerse de oro_.
2 Estuvimos en el bar, _nos pusimos morados_ de marisco.
3 Aquella vez no le dije nada porque estaba muy nerviosa y _me quedé en blanco_.
4 Ayer, Pedro _se hizo el loco_, aunque sabía exactamente lo que ocurría.
5 Mi mujer va a _quedarse en paro_ después de 15 años en la empresa.
6 Me interesaba que los chicos _se pusieran en forma_ para la competición.
7 Siempre _el se pone a dieta_, pero nunca consigue perder peso.
8 Si le dijera lo que pienso, me sentiría mejor, _me quedaría a gusto_.

17c Elige algunas expresiones de **17a** y **17b**, u otras que conozcas con verbos de cambio, y escribe si su forma de expresar la idea es semejante o muy diferente en tu lengua. Compártelo con tu profesor(a) y tus compañeros.

Necesito activarme, ponerme las pilas.

Se hace tarde, ¡no te entretengas!

18 🔊 7 📄 **DELE** Vas a escuchar seis conversaciones. Contesta a las preguntas seleccionando la opción correcta. Tienes 30 segundos para leer las preguntas.

Conversación 1

1 Eva le dice a su amigo que…

  a se ha quedado sin trabajo.

  b no para de hacer cosas.

  c ha cambiado de vida.

Conversación 2

2 La mujer advierte a su pareja de que…

  a se ha hecho deportista.

  b se han vuelto muy cómodos.

  c se ha puesto muy triste.

Conversación 3

3 La mujer de la que hablan quería que…

  a su vida fuera distinta.

  b su familia la apoyara.

  c su trabajo fuera mejor.

Conversación 4

4 La corresponsal de guerra comenta que…

  a se quedó coja por una bomba.

  b los humanos son muy diferentes.

  c no quiere quedarse sin voz.

Conversación 5

5 Los padres admiten que sus hijos…

  a se han convertido en unos egoístas.

  b se quedarán solos en vacaciones.

  c se harán mayores muy pronto.

Conversación 6

6 ¿Por qué va el hombre al psicólogo?

  a Porque se ha vuelto muy desconfiado.

  b Porque la gente lo pone nervioso.

  c Porque quiere recuperar la motivación.

ESTRATEGIAS PARA EL EXAMEN

Este ejercicio corresponde a la Tarea 1 de la Prueba 2. Escucharás seis conversaciones, formales e informales, y tienes que contestar a seis preguntas con tres opciones de respuesta cada una. Cada conversación se escuchará dos veces seguidas.

- Utiliza el tiempo de lectura de las preguntas para señalar las palabras e ideas clave de cada opción. Esto te ayudará a reconocer esa información en la conversación.
- En la primera escucha de cada conversación, intenta identificar alguna de las opciones en las palabras de los interlocutores y descartar la más improbable.
- En la segunda escucha, confirma tu respuesta para cada conversación y elimina las dudas.

---

19 Piensa en algunos de los cambios que has ido experimentando a lo largo de tu vida y escribe en tu cuaderno sobre ello. Usa verbos de cambio para expresar esas transformaciones.

EN ACCIÓN

20a Aquí tienes una lista de argumentos a favor o en contra de salvar a los supervivientes de la página 32 del libro del alumno. Léelos y piensa a qué persona se refieren.

> Lola - Carlos - Sandra - Ana - Jorge - Raúl

1 Probablemente se le dará bien lidiar con situaciones de estrés y podría ayudar al resto a relajarse. _____

2 Tenemos que pensar en la supervivencia de la especie, y quizás a esa edad no tenga tanta facilidad para ser madre… _____

3 Considero que es indispensable que esté en la isla. Si hay una emergencia, podrá curar al resto. _____

4 En otra situación podría ser imprescindible, pero no creo que haya muchos ordenadores en la isla, ¿no? _____

5 Es una buena idea salvarlo, ya que podrá ayudar a reconstruir viviendas y otros sitios donde albergarse. _____

6 Quizá esas nociones puedan ayudar a tener luz en la isla, ¿no? Será necesaria para cocinar o para intentar establecer sistemas de comunicación. _____

20b Ahora lee estos argumentos que usan otras personas para rebatir o mostrar acuerdo con los argumentos anteriores. ¿A qué argumento del ejercicio anterior se refieren?

Argumento

a Yo no comparto tu opinión. Pienso que su experiencia diseñando y construyendo puede resultar muy beneficiosa. Además, no creo que sea tan mayor… ☐

b A mí también me resulta crucial salvarla. Si queremos sobrevivir como especie, lo primero es la salud. ☐

c Yo pienso justo lo contrario, creo que su profesión no es tan práctica como la del resto. Necesitamos cultivar comida, cazar, construir casas…, no aprender a dejar la mente en blanco. ☐

d Sin duda alguna. Si las tres personas quieren sobrevivir y crear una nueva civilización, la electricidad va a ser fundamental. ☐

e Yo también lo veo así. Puede construir casas y además es joven, lo que puede ser útil para cazar o buscar alimentos en la isla. ☐

f La verdad es que según se mire, ¿no? Si salvamos a Jorge y consigue electricidad, quizás ella pueda crear sistemas de comunicación más elaborados e intentar contactar con otras civilizaciones u otros supervivientes. ☐

21 La decisión de a quién llevar a la isla en los ejercicios anteriores plantea un dilema moral. Aquí tienes otros. Léelos y escribe en tu cuaderno cómo actuarías en cada caso.

❶

Eres el jefe del guardacostas. Una persona ha desaparecido en el mar. Ya has enviado a una persona del equipo de rescate y también ha desaparecido. Después fue otra y también desapareció. Al tercero le esperaba el mismo destino. ¿Enviarías a más personas a emprender esta misión?

❷

Tu amiga está a punto de casarse. ¡Nunca antes había sido tan feliz! La boda ya está en marcha y te enteras en ese momento de que la persona que se va a convertir en su marido le fue infiel la víspera de esa boda. ¿Se lo dirías a la novia o no?

❸

A ti y a tu cómplice os declaran culpables de un robo: separados en distintas celdas, os ofrecen delataros el uno al otro. Si guardáis silencio, pasaréis un año en prisión. Si los dos os delatáis, dos años. Pero si uno habla y otro calla, el que guarde silencio estará entre rejas durante tres años; y el que haya hablado se librará. Desconoces por completo la respuesta de tu cómplice. ¿Qué harías?

❹

Eres un médico de renombre. En tu departamento tienes seis enfermos al borde de la muerte. Cinco de ellos necesitan un trasplante de órganos. El sexto paciente ya está muriéndose y, es más, su pronta muerte podría salvar la vida de los otros cinco, que necesitan sus órganos. Pero, de repente, cae en tus manos un medicamento que curaría al 100 % al sexto paciente. ¿Cómo actuarías?

Extraídos de *https://genial.guru*

Y PARA ACABAR…

Alguien con afán de superación:

Información interesante de esta unidad:

Si fueses un animal, ¿cuál serías?

La experiencia que más te ha cambiado:

4 REFERENTES

A PERSONAS QUE DEJAN HUELLA

1a ¿Cómo se pueden decir de otra manera las expresiones y palabras subrayadas en las siguientes frases? Busca su equivalente en el cuadro inferior.

1 Los grandes profesores <u>dejan una huella</u> ☐ que permanece hasta el final de los días.
2 Me gusta <u>evocar</u> ☐ con nostalgia la relación maestro-discípulo.
3 Es algo que, desgraciadamente, ya no <u>abunda</u> ☐, pero me niego a aceptar que se haya extinguido.
4 Recuerdo su primera clase como si el tiempo se estuviera <u>rebobinando</u> ☐ cada día.
5 Con él era imposible no estudiar: te habrías sentido un <u>miserable</u> ☐.
6 Cualquiera de nosotros echará antes en el olvido a su primer amor, a aquel amigo íntimo de infancia o <u>al fiera</u> ☐ que lo <u>machacaba</u> ☐ sin piedad en <u>el recreo</u> ☐.

a a la persona cruel	**c** la pausa de las clases	**e** golpeaba	**g** nos aportan algo
b existe en grandes cantidades	**d** desdichado	**f** volviendo atrás	**h** recordar

1b Ahora, completa cada una de las siguientes frases con la palabra o expresión subrayada de la actividad anterior en su forma adecuada.

1 Nuestro profesor de Historia nos hablaba de la Guerra Civil con tal nivel de detalle que parecía que el tiempo se _____ _____.
2 Aunque ahora _____, cuando iba a la escuela las redes sociales no se usaban en clase.
3 Mi momento favorito de la escuela era _____, ya que siempre jugábamos al baloncesto en el patio.
4 Siempre solía sentirme muy _____ cuando suspendía un examen.
5 Lo que más _____ en mí durante la secundaria fueron las enseñanzas de mi profesor de Lengua: no creo que lo olvide nunca.
6 Uno de los peores recuerdos que tengo de la escuela fue una pelea entre dos de mis amigos: al salir de clase, se _____ hasta que unos profesores los separaron.
7 A veces, cuando paso por el edificio de mi colegio, me da por _____ aquellos tiempos de juventud y todos los recuerdos me vienen de golpe.
8 Muchas personas cambian una vez terminan el colegio: _____ con el que discutía todos los días acabó siendo mi amigo en la universidad.

2a A continuación, tienes una serie de elementos relacionados con el sistema educativo español. Relaciona cada uno con su definición.

1 Educación infantil *c*
2 Grado *d*
3 Asignaturas obligatorias *b*
4 Bachillerato *g*
5 Educación superior *j*
6 Asignaturas optativas *e*
7 Máster *i*
8 Educación secundaria *h*
9 Educación primaria *a*
10 Doctorado *f*

a Etapa educativa obligatoria que va generalmente de los 6 a los 12 años.
b Materias académicas que todos los alumnos deben cursar.
c Etapa educativa voluntaria que va de los 0 a los 6 años.
d Titulación académica, generalmente de cuatro años de duración, que constituye el primer ciclo universitario.
e Materias académicas entre las cuales los alumnos pueden escoger.
f Titulación académica que constituye el tercer ciclo universitario.
g Etapa educativa voluntaria que prepara para el acceso a la universidad.
h Etapa educativa obligatoria que va generalmente de los 12 a los 16 años.
i Titulación académica, generalmente de uno o dos años de duración, que constituye el segundo ciclo universitario.
j Última etapa educativa, voluntaria, que engloba la enseñanza universitaria y ciertos cursos de formación profesional.

2b Rellena el siguiente esquema con la información del ejercicio anterior. No tienes que usar todos los elementos.

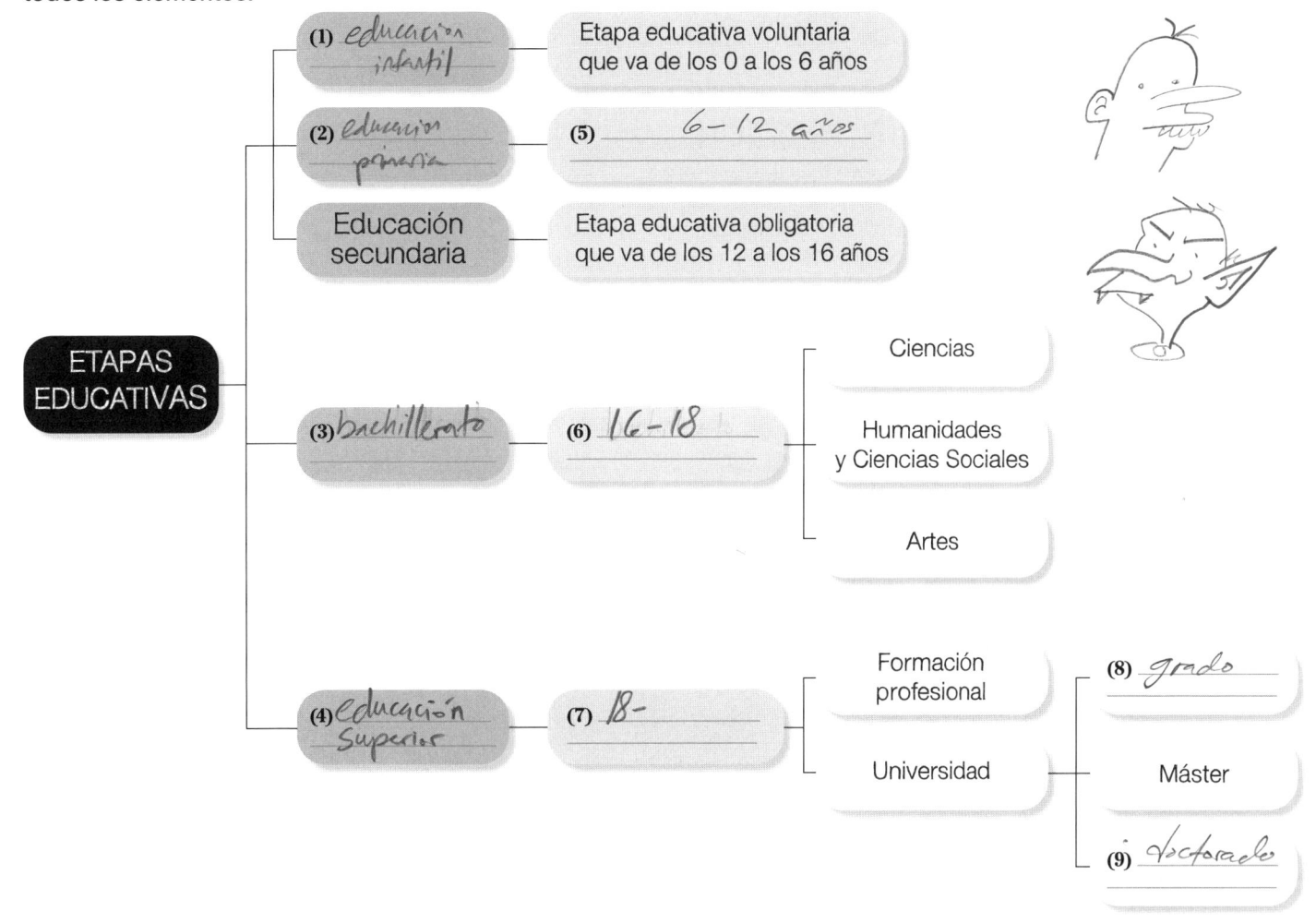

ETAPAS EDUCATIVAS

(1) *educación infantil* — Etapa educativa voluntaria que va de los 0 a los 6 años
(2) *educación primaria* — (5) *6 – 12 años*
Educación secundaria — Etapa educativa obligatoria que va de los 12 a los 16 años
(3) *bachillerato* — (6) *16 – 18* — Ciencias / Humanidades y Ciencias Sociales / Artes
(4) *educación superior* — (7) *18 –* — Formación profesional — (8) *grado* / Universidad — Máster / (9) *doctorado*

2c Ahora, escribe en tu cuaderno un pequeño texto en el que compares el sistema educativo español con el de tu país. ¿Son similares? ¿Hay muchas diferencias?

3a Lee las siguientes frases con infinitivo simple o compuesto y decide cuál de las dos interpretaciones es la más adecuada.

1 Haber sido profesor ha sido una de las mejores decisiones de mi vida.
  a La persona sigue siendo profesor.
  b La persona ya se ha retirado o cambiado de trabajo.

2 Me gustaría tener tanta facilidad para estudiar como Juan.
  a Juan es muy bueno estudiando en general.
  b Juan ha estudiado mucho para un examen concreto.

3 María, tendrías que haber llamado a tu profesora por su cumpleaños.
  a María ya no puede llamar a su profesora por su cumpleaños.
  b María todavía está a tiempo de llamar a su profesora por su cumpleaños.

4 Me encantó estudiar en un colegio bilingüe durante aquellos años.
  a La persona todavía estudia en el colegio bilingüe.
  b La persona ya no estudia en ese colegio.

5 Para ser profesor de español en esta academia tienes que haber estudiado un grado.
  a Solo pueden ser profesores de español los que hayan terminado el grado.
  b Pueden ser profesores de español los que estén estudiando un grado.

3b Completa las siguientes frases con el infinitivo simple o compuesto del verbo entre paréntesis.

1 Es normal _tener_ (tener) muchos amigos cuando estás en el colegio.

2 Me arrepiento de _haber sacado_ (sacar) malas notas durante la secundaria… Me quedé sin beca para la universidad.

3 ¡Qué maravilla _poder_ (poder) escuchar a un profesor como Alberto! Es una pena que se acabe el curso dentro de un mes.

4 Me gustaría _haberme matriculado_ (matricularse) en el Bachillerato de Humanidades cuando estuve en el instituto.

5 Deberías _haber admitido_ (admitir) que habías copiado en el examen de la semana pasada cuando hablaste con el profesor.

6 Dentro de unos años, querría _ser_ (ser) doctor en Filología Hispánica.

3c Aquí tienes algunos reproches en español. Imagínate una situación o un diálogo en el que se podrían utilizar y escríbelo en tu cuaderno.

1 ¡Haber estudiado!
2 ¡Haberte echado crema!
3 ¡Haberlo pensado mejor!
4 ¡Haber reservado con tiempo!
5 ¡Haberle dicho que la querías!
6 ¡Haber comido menos!

4 📄 **DELE** A continuación, cuatro personas hablan de los profesores que han sido referentes para ellos. Lee los textos y, después, relaciona cada una de las preguntas con las personas.

PEDRO

Recuerdo a Verónica. Era una profesora interina que tuve en Bachillerato, en Filosofía. Desde el primer día pegó la vuelta a todos mis esquemas, rompió con ese patrón de profesor acomodado que tanto se repetía y, lo más importante, me hizo pensar. Consiguió que con cada clase y pregunta que lanzaba al aire fuera transformándome y encontrándome a mí mismo. Cada clase era una serie de acciones y planteamientos inesperados que me hacían disfrutar del tiempo en el aula. Siempre la recordaré como una de las mejores profesoras que he tenido. No sería el mismo si no hubiera tropezado con ella. Y finalmente, tuve otro profesor (también en Bachillerato) que me marcó de forma significativa, pero no lo hizo en el sentido esperado. Todo lo contrario. No obstante, tampoco sería el mismo si no hubiera coincidido con él.

JOSÉ

Me han marcado muchos [...]. Siempre recuerdo a Javier, mi profesor de Historia en el instituto, que me hizo amar la asignatura. Hoy es colega y sigo teniendo buena relación con él. No hacía uso de metodologías innovadoras ni de tecnologías punteras, solo de un don especial para contar y para hacernos reflexionar. Gracias a él decidí estudiar Historia. Y suelo recordárselo cuando lo veo, porque para un profesor, pienso, ese reconocimiento es una de las mayores alegrías que pueden darnos antiguos alumnos. Cuando un antiguo alumno me viene y me dice que yo conseguí que le gustase la historia, ahí me doy por satisfecho, porque con él he cumplido mi objetivo. Más allá de memorizar fechas, de vidas de personajes y de datos históricos, la historia está para disfrutarla y para aprender de ella.

RUBÉN

Realmente podría decir que tengo muchos modelos de referencia. Para mí, todos y cada uno de los profesores que he tenido a lo largo de estos años han enriquecido de alguna manera mi visión del mundo y de las relaciones personales. Porque no nos equivoquemos: aunque hablemos de educación, estamos hablando de relaciones interpersonales. Ese vínculo único que se establece dentro del aula y que va más allá y que hace que recordemos a estos profesores con cariño, respeto y admiración. Me gustaría hacer una pequeña referencia también a los alumnos: aquellos que te hacen reír por sus comentarios ingeniosos; aquellos que hacen que te esfuerces por explicar mejor las cosas; aquellos que requieren una atención especial… Porque de todos ellos también aprendo. Supongo que mi mayor meta en la vida es llegar a ser tan buen docente como mis alumnos creen que soy.

ROSA

En 4.º de ESO y en Bachillerato tuve en Historia a Luis Tomás, profe que luego pasó a ser mi compañero de departamento en el IES Las Lagunas: alguien que te cuenta la historia como un cuento [...]. Saber transmitir lo que cuentas y enganchar y conectar a tu audiencia es algo que me llevo de él, pues puedes saber mucha historia, pero hay que saber transmitirla a 30 adolescentes cada mañana, que precisamente, no les interesa con esa edad la historia. Además, tenerlo como compañero su último año como docente antes de jubilarse, y verlo apuntado en la escuela de idiomas aprendiendo inglés [...], manejar iDoceo poco a poco con mi ayuda y hacer Socrative con su alumnado cuando le enseñé el potencial de la herramienta, me hizo ver que hay que estar en constante aprendizaje en nuestra profesión, y su actitud es la que yo quiero en la vida.

Extraídos de *https://yosoytuprofe.20minutos.es*

Preguntas	Pedro	Rubén	José	Rosa
1 ¿Quién menciona las ideas preconcebidas que tenía de los profesores?				
2 ¿Quién no menciona su profesión actual?				
3 ¿Quién le da mucha importancia al aprendizaje después de terminar los estudios?				
4 ¿Quién dice que la historia también tiene valor como entretenimiento?				
5 ¿Quién pone énfasis en que los profesores no deben limitarse al plano educativo?				
6 ¿Quién destaca la importancia del carisma o del don de gentes en los profesores?				
7 ¿Quién comenta la influencia negativa que pueden tener las personas en nuestra vida?				
8 ¿Quién menciona a un solo referente?				
9 ¿Quién habla de los alumnos como uno de sus referentes?				
10 ¿Quién dice que su referente jugó un papel importante en el desarrollo de su personalidad?				

ESTRATEGIAS PARA EL EXAMEN

Este ejercicio corresponde a la Tarea 2 de la Prueba 1. Leerás cuatro textos expositivos que contienen distintos puntos de vista, comentarios, opiniones, anécdotas… sobre un mismo tema y tendrás que relacionar cada uno de los cuatro textos con diez enunciados o preguntas.

- Haz primero una lectura rápida de cada texto para tener una idea general.
- Lee los enunciados o preguntas y subraya las palabras clave para saber qué información necesitas.
- Vuelve a leer cada fragmento buscando la información clave. Ten en cuenta que puede aparecer con otras palabras, sinónimos…
- Recuerda que tienes cuatro textos y diez enunciados, por lo que cada texto estará relacionado con más de un enunciado.

B HUIR DE MITOS

5a Lee el texto y coloca en su lugar los fragmentos que faltan.

Falsos mitos y verdadera vocación

Los estereotipos junto a los falsos mitos son "los verdaderos caballos de Troya" que debemos combatir para consolidar la presencia de la mujer en ámbitos como ingeniería o arquitectura. Así de clara se ha expresado la profesora de universidad, Paula Lamo, **(1)** _____. "Lo importante es acabar con estas creencias engañosas" que hacen que muchas niñas, jóvenes y mujeres aparten su verdadera vocación […]. La historia demuestra que la ingeniería Informática, por ejemplo, "está plagada de mujeres que fueron 'la primera persona que…' pero solo es necesario que alguien nos lo cuente y no se escondan". Por todo ello, la también doctora en ingeniería industrial ha aseverado que "los estereotipos, las expectativas sociales y la falta de referentes son suficientes para que una mujer no se dedique a su verdadera vocación" […]. A estas circunstancias se suman también los mitos **(2)** _____ todo ello hace desde siempre que las mujeres se vean menos capaces que sus compañeros chicos a pesar de que está demostrado que son las más constantes […]. Por todo ello, Lamo ha apostado por afianzar la "confianza" en ellas mismas porque "cada una es capaz de hacer lo que quiera hacer". Además, cree **(3)** _____. Finalmente, Paula Lamo ha reconocido que "aunque sí que es cierto que hemos avanzado mucho a lo largo de los años, todavía hay muchos 'micromachismos' que debemos evitar para avanzar hacia una igualdad real" y que las mujeres lleguen a donde quieran llegar. "Por suerte, hoy en día las mujeres forman parte de los grupos de trabajo e investigación de las grandes empresas […], aportan su conocimiento y enriquecen los grupos. Seguramente sigan siendo pocas pero ya no se trata de romper techos de cristal (que ya están rotos), **(4)** _____ o incluso a tener sus propias empresas y a investigar para que puedan aportar sus ideas, su visión, y cambiar el mundo".

Extraído de *https://www.europapress.es*

FRAGMENTOS

A que es "fundamental" que en una sociedad "exista la diversidad y, sobre todo, que nadie se marque ningún techo por el hecho de ser mujer […]"

B sino de darles visibilidad y hacer posible que las mujeres con vocación lleguen a esos grupos de trabajo

C como que "los ingenieros son personas solitarias, obsesivas" o que las carreras técnicas son muy complicadas o que no tienen salidas…

D quien explica que sí que hay muchas vocaciones femeninas en estos sectores aunque parezca que "todavía hoy pesa más lo que piensa la sociedad […]"

5b Resume en tu cuaderno la idea principal que se desarrolla en el texto anterior.

6 ◀) 8 Escucha la entrevista realizada a la cofundadora del foro Talent Woman en su V Edición (Málaga, España) y marca si estas informaciones son verdaderas (V) o falsas (F).

	V	F
1 La mayoría de ponentes son científicas muy jóvenes.	☐	☐
2 El foro es una sección del proyecto Talent Network.	☐	☐
3 El fin del encuentro es analizar la brecha de género.	☐	☐
4 El porcentaje de mujeres en las áreas STEM es bajo.	☐	☐
5 Los hombres pueden asistir y participar como oyentes.	☐	☐
6 La finalidad del evento es compartir historias que inspiren.	☐	☐

¿Sabías que...?

Talent Woman es un foro de encuentro, desarrollo e inspiración para las mujeres que trabajan en el ámbito STEM (Ciencia, Tecnología, Ingeniería y Matemáticas, por sus siglas en inglés) y para las jóvenes que desean dedicarse a ello en un futuro. Es una iniciativa que surge en México en 2017 e impulsa el talento y la innovación con una visión transversal de la tecnología y de promoción de la diversidad.

7 Según tus circunstancias u opinión, contesta en tu cuaderno a estas preguntas. Después, puedes comentar tus respuestas con la clase.

1 ¿Tienes alguna vocación? ¿Has podido desarrollarla?
2 ¿Qué piensas de la necesidad de visibilizar a las mujeres?
3 ¿Cuáles son las expectativas de tu sociedad para la mujer?
4 ¿Eres una persona que intenta huir de los estereotipos?
5 Si tuvieras frente a ti a una investigadora, ¿qué le preguntarías?

8 ¿Te consideras una persona irónica? ¿Crees que estas mujeres lo son cuando hablan de sus experiencias en el ámbito de su profesión? Lee los testimonios y escribe en tu cuaderno la idea a la que se refiere cada una, aunque no la exprese literalmente. El siguiente vocabulario te puede ayudar a concretarlas.

> prejuicios - estereotipos - discriminar - machismo
> roles - subestimar - maternidad - obstáculos

1 LORENA FERNÁNDEZ, INGENIERA INFORMÁTICA

Mi primer empleo al finalizar la carrera fue como administradora de sistemas. [...] Es decir, una de las disciplinas más cargada de estereotipos y alejada del imaginario femenino. De hecho, era la única (y primera) mujer en ese puesto dentro de la organización. Y así lo confirmé un día que había que revisar las tomas de un armario de red, tarea que ya había hecho en numerosas ocasiones. Pero en esta, la ubicación del armario de red fue lo que me dejó perpleja: alguien lo había colocado dentro del cuarto de baño de caballeros de la empresa, pensando que jamás le iba a tocar la tarea a una mujer. Con un compañero de avanzadilla comprobando que estaba vacío, pude finalmente hacer mi labor. Ahora bien, no os explicaré la cara de mi familia al contar qué había hecho ese día. Creo que "he pasado la mañana con mi compañero en el baño de los chicos" no era la respuesta que esperaban.

Extraído de *https://mujeresconciencia.com*

2 MARGARET HAMILTON, MATEMÁTICA Y PROGRAMADORA

En el Instituto de Tecnología de Massachusetts tuve la suerte de tener de maestro a Edward Lorenz. Y supo enseñarme no sólo desde la teoría, sino desde la experiencia. [...] Yo era la única alumna de Lorenz. [...] Nunca me preocupó si mi sexo afectaba a mis cálculos. Los resolvía. Cuando me pidieron que colaborara en el SAGE, el programa de Defensa Aérea de Estados Unidos, uno de mis colegas me hizo algún comentario, sobre todo después de ser madre: "¿Cómo puedes –se quejó– estar aquí días y noches enteras teniendo a tu bebé en casa?". Lo último que le dije fue: "Tú haz lo que quieras y yo haré lo que me dé la gana". Vi un anuncio en el periódico del MIT que pedía "ingenieros de sistemas y software para enviar hombres a la Luna". Y pensé que era una buena idea enviar a unos cuantos que conocía bien lejos... La verdad es que me quedé con ganas de enviar unos cuantos más.

Extraído de *https://www.lavanguardia.com*

9 Ponte en estas situaciones y selecciona el enunciado que expresa una ironía.

1 Te comunican algo que sabes de sobra.
   a Si no me lo dices, no me doy cuenta.
   b No me dices nada nuevo, ya lo sabía.
2 Estás en una fiesta que te parece aburrida.
   a No tenía que haber venido.
   b Me lo estoy pasando en grande.
3 Hace una hora que esperas a un amigo.
   a Me fastidia muchísimo tener que esperar.
   b Me encanta la gente que llega a la hora.
4 Estás colgando un cuadro y se te cae.
   a ¡Qué habilidad tengo con las manos!
   b ¡Pero qué mal se me da esto!
5 Le das una buena noticia a un amigo y no reacciona.
   a No te emociones tanto.
   b Parece que no te interesa el tema.
6 Alguien te reprocha un plan de fin de semana con pronóstico de lluvia.
   a ¿Y si lo dejamos para el próximo fin de semana?
   b ¡Un día perfecto para ir de excursión!
7 Alguien te hace una broma pesada.
   a ¡Graciosísimo! Estoy llorando de la risa.
   b No me gusta que te burles así.
8 Tu hermana se presenta a una plaza de directora informática.
   a ¡Ánimo! Ya sabes que ciencia y tecnología son cosas de chicas.
   b ¡Ánimo! ¡Con tu talento vas a conseguirlo!

10 Describe un contexto que explique el posible sentido irónico de estas frases.

1 Debes estar cansadísimo después de tanto trabajo.

2 No te esperábamos tan pronto.

3 ¡Qué buena suerte tengo!

4 No habléis tanto o me va a estallar la cabeza.

5 Valoro mucho tu comentario.

6 ¡Menos mal que seguí tus consejos!

11 Completa las frases con la forma adecuada del pretérito perfecto de subjuntivo.

1 Me parece increíble que esta mujer tan joven _____ (ser) pionera en esa disciplina.

2 No me parece justo que los jefes _____ (apartar) a mi compañero del proyecto.

3 Que nosotras, mujeres, _____ (perder) esa oportunidad, no significa haber fracasado.

4 Me entristece mucho que tú y Ana _____ (romper) vuestra relación.

5 Ya sé que no entiendes que yo no _____ (dedicarse) a la música, pero…

6 Dudo de ti, dudo de que _____ (seguir) los consejos que te di.

> ## Recuerda
>
> - El pretérito perfecto de subjuntivo se forma con el presente de subjuntivo del verbo auxiliar *haber (haya/as/a/amos/áis/an)* seguido de un **participio** (que se refiere al hecho terminado).
> - Usamos este tiempo verbal cuando hablamos de hechos pasados (terminados) relacionados con el presente, siempre que sea necesario el uso del subjuntivo (cuando no declaramos). Si en **indicativo** decimos *Ha trabajado en la NASA*, en **subjuntivo** decimos *Es genial que haya trabajado en la NASA*.

12 Transforma las formas verbales de indicativo en las correspondientes de subjuntivo para completar estos minidiálogos.

1 • Dicen que han vivido cinco años en Madrid.
  ■ No creo que _hayan vivido_ tantos años allí.

2 • ~~Ya hemos terminado~~ *Ayer terminamos* el trabajo para la exposición de mañana.
  ■ ¡Es imposible que _terminarais_ tan pronto!

3 • ~~¿Has podido leer~~ *Leíste* el correo que te envié?
  ■ No recuerdo que me _enviaras_ ningún correo.

4 • Murió en 1973 y ha sido la precursora del movimiento.
  ■ Me sorprende que, en sus circunstancias, _haya sido_ la iniciadora.

5 • ¿Sabes dónde está mi cámara de fotos? ~~¿La has perdido?~~ *¿La perdiste la semana pasada?*
  ■ Es imposible que yo la _perdiera_.

6 • Habéis resuelto una situación que era difícil.
  ■ ¡Qué bien que por fin la _hayamos resuelto_!

7 • ~~No he hecho~~ *No hice* nada porque no estaba segura.
  ■ Entiendo que no _hicieras_ nada por tu inseguridad.

8 • Creo que aún no han comprado los billetes.
  ■ Me extraña mucho que no los _hayan comprado_ ya.

> ## ¡Fíjate!
>
> Esta relación del **pretérito perfecto de indicativo** (declaramos) con el **pretérito perfecto de subjuntivo** (no declaramos) es la misma equivalencia que hay entre el **presente de indicativo** y el **presente de subjuntivo**:
> *Está de vacaciones.* → *Es posible que esté de vacaciones.*
> *Ha estado de vacaciones.* → *Es posible que haya estado de vacaciones.*

13 Lee estos mensajes. ¿Cuáles no compartes? Puedes cuestionarlos utilizando las siguientes expresiones de opinión y el pretérito perfecto de subjuntivo. Escríbelo en tu cuaderno.

> No estoy de acuerdo con que… - No creo que… - Dudo que… - No es cierto que… - Yo no pienso que…
> Sinceramente, no comparto que… - No puedo estar de acuerdo con la idea de que…

1 **Las mujeres no se han formado suficientemente para ocupar ciertos puestos.**

2 **La contratación de mujeres ha supuesto mayores costes para las empresas.**

3 **Las mujeres han logrado tener las mismas condiciones laborales que los hombres.**

4 La maternidad no ha impedido que las mujeres aspiren a puestos de responsabilidad.

5 Los proyectos y programas de igualdad no han servido para nada.

C SI ME SIGUES, TE SIGO

14a Lee el siguiente texto y completa con la palabra adecuada para cada uno de los huecos numerados con números.

> brecha - idílico - interacción - categoría - esquemas - campaña - valor - diferenciar - estrategia - cuestión

Entrevistador (Paco): (A) _____

Entrevistada (Mariluz Moraleda): Bueno, Paco, así es. Parece una cosa divertida, incluso fácil, que es cuestión de hacerse *selfies* y salir en un paisaje **(1)** _____, guapísimo. Pero hay mucha disciplina y mucho trabajo detrás. Lo que recomiendan, lo que recomiendan siempre es que haya una **(2)** _____ bastante marcada: quién es tu público, a quién te quieres dirigir, en qué redes sociales están, qué edad tienen, qué nivel de estudios, también, por supuesto, qué vas a contar, cuál es tu especialidad, si va a ser turismo, si va a ser belleza... pero dentro de esa especialidad ya hay otros *influencers*. ¿En qué te vas a **(3)** _____? ¿Por qué va a haber que seguirte? Por supuesto, ser muy visual, pensar mucho en diseño gráfico, en buenas fotografías y sobre todo, estar dispuesto a estar bastante *online* en momentos en los que haya mucha **(4)** _____, en ir..., en momentos a hablar en *live* cuando puedas interactuar con ese público si quieres que una marca llegue a tu puerta.

Paco: (B) _____

Mariluz: En realidad, esto ha roto los **(5)** _____ de la publicidad convencional porque el *influencer* es el que se vende por sí solo. No se vende la marca más, se vende todo el tiempo el *influencer* y el producto, la marca, es un **(6)** _____ añadido que acompaña el estilo de vida de ese *influencer*. Que hace que de la forma más natural, más creativa, ese *influencer* hable de ese producto, pero en realidad recomendándolo de amigo a amigo, algo que también se pone en **(7)** _____ mucho por el tema de la publicidad encubierta, ya que a veces esas publicaciones de Instagram o esos vídeos de YouTube no se sabe hasta qué punto están pagados o no y hace que, bueno, incluso sean denunciados algunos.

Paco: (C) _____

Mariluz: En realidad tiene que ver mucho con el origen de la red social, en el caso de Instagram la mayoría son mujeres, efectivamente, pero un dato importante, y es que aquí hay **(8)** _____ salarial, Paco. Las mujeres *influencers* ganan casi la mitad más que los hombres y es porque en sectores como moda o belleza las mujeres llevan más tiempo o... Llevan más tiempo en este mercado de Instagram. Y además en YouTube, cuando se inició, la **(9)** _____ más popular era moda y belleza. Todos recordamos estos tutoriales de algunas chicas. Eso sí, por ejemplo en el mundo de los juegos o los *videogames*... ahí los hombres *youtubers* son los que tienen la prioridad y eso hace que estos géneros, estos clichés por géneros acaben extrapolándose al mundo *online* también.

Paco: (D) _____

Mariluz: Porque vas a llegar al público joven, a esa audiencia que ya es la base con la que interactúa todos los días ese *influencer*, además no vas a tener que pensar en una **(10)** _____ publicitaria porque te va a dar el formato, el estilo natural de ese *influencer*. Y en tercer lugar porque lo vas a poder medir mejor, vas a saber si han hecho clic en la marca, si ha habido la llamada conversión, si automáticamente han comprado el producto...

Paco: Mariluz Moraleda, muchísimas gracias por haber estado hoy con nosotros.

Extraído de *https://youtu.be/xoHcrOk8Vck*

14b ◀))9 Ahora vuelve a leer el texto y completa con las siguientes preguntas del entrevistador. Después, escucha la entrevista y comprueba tus respuestas.

1 Algo que me llama la atención, Mariluz, es que la mayoría son mujeres: ¿a qué se debe esto?

2 Mariluz, la pregunta que se está haciendo en estos momentos toda nuestra audiencia es "¿cómo podemos convertirnos en *influencers*?", porque la mayoría de ellos no son celebridades.

3 Brevemente, si yo fuera una marca, ¿por qué he de contratar un *influencer* y no publicidad convencional?

4 Pero, cuéntanos, ¿cómo trabaja un *influencer*?, ¿cómo hace para hacernos llegar esa marca, ese producto?

15a Lee otra vez el texto de los *influencers* de las páginas 40-41 del libro del alumno y busca palabras o expresiones sinónimas.

1 reconocimiento: _____
2 una cara bonita: _____
3 real: _____

4 recurrir: _____
5 aspecto: _____
6 tener consecuencias positivas: _____

15b Ahora completa estas frases con las expresiones del libro del alumno o con alguna de las siguientes en la forma correcta.

> desbancar - consumir - perfil - compartir

1 Resulta que Alejandro, mi compañero de trabajo, tiene una _____ que yo desconocía: le encanta grabar vídeos con recetas de cocina y subirlos a internet.

2 Entre los más jóvenes, las plataformas para vídeos en directo como Twitch _____ a la televisión tradicional.

3 Las grandes marcas y agencias de publicidad prefieren a personas _____ para anunciar sus productos, ya que piensan que así tendrán mayor influencia en los consumidores.

4 Los expertos en salud mental _____ al sentido común a la hora de regular el tiempo que pasamos delante de las pantallas, y especialmente en las redes sociales.

5 Tristemente, muchas *influencers* tienen ansiedad porque algunas personas solo las consideran _____ y no tienen en cuenta el trabajo y el tiempo invertido detrás de cada foto.

6 Si quieres convertirte en *influencer*, lo primero que tienes que hacer es abrir un _____ en una red social y empezar a crear contenido interesante.

16 Completa estas frases con el pronombre adecuado.

1 Voy a vender este vestido en una *app* de segunda mano. _____ compré hace tiempo, pero nunca _____ _____ he puesto.

2 A los *influencers* las grandes marcas _____ suelen regalar la ropa, pero yo no me puedo permitir comprar tantas cosas.

3 Cuando alguna prenda ya no me vale, _____ _____ regalo a mis amigas.

4 ¿Te gusta esta canción? _____ escuché en un vídeo de Instagram.

5 ¿Cómo ganan dinero los *influencers*? ¿_____ pagan por visualizaciones o por el número de seguidores?

6 A este tuitero _____ _____ conoce por sus hilos sobre arquitectura y edificios curiosos.

7 • ¿Has visto lo del premio a ese *youtuber*?
   ▪ Sí, ¡qué fuerte!, ¿no? _____ _____ han dado por haber ayudado a concienciar a la gente sobre las vacunas.

8 ¿Qué? ¿No sigues a la chica de @consejoscooking? Tiene unas recetas espectaculares: _____ _____ recomiendo a todo el mundo.

17 Lee las siguientes frases y señala si el uso de los pronombres es correcto. Si es incorrecto, corrígelo en tu cuaderno.

	Es correcto
1 Tuve un problema mientras estaba editando el vídeo y no pude subir**le** a la plataforma.	☐
2 Me ha gustado tanto su última publicación que **la** he dejado un comentario.	☐
3 A esta *influencer* **la** sigo desde hace tiempo: me molan mucho sus publicaciones con consejos de ropa.	☐
4 **Le** di "*like*" a todas sus publicaciones sobre cómo llevar una vida más sostenible.	☐
5 Este trabajo **les** permite a los *influencers* viajar mucho y conocer a mucha gente.	☐
6 ¿Sabes cuánto **la** pagan a esta chica por hacerse fotos con esos calcetines que están de moda?	☐
7 **Le** ofrecieron trabajar con una marca poco ética y por eso rechazó la oferta.	☐
8 ¿Sabes quién es ese chico que hace directos sobre política en Twitch? Pues ayer **le** vi en la calle.	☐

18 ¿Cómo reaccionas en estas situaciones? Escríbelo en tu cuaderno.

1 Si alguien sube una foto mía a internet sin mi permiso,…

2 Si me pagaran por anunciar productos poco éticos,…

3 Si mi *influencer* favorito da consejos sobre algo,…

4 Si alguien me deja un comentario negativo en una publicación,…

5 Si me siguieran millones de personas en mis redes sociales,…

6 Si un *influencer* o personaje público mete la pata en directo,…

EN ACCIÓN

19 A continuación, tienes una serie de consejos clave para escribir un artículo a partir de un gráfico. Une cada una de las partes para que las frases tengan sentido.

1 Antes de nada, asegúrate de que el registro lingüístico…

2 Empieza el artículo…

3 En el primer párrafo…

4 En el segundo párrafo…

5 Cierra el artículo…

a con un buen título que indique de qué va a tratar.

b con un párrafo de conclusión que incluya tu punto de vista.

c es adecuado para un texto formal de estas características.

d escribe una introducción en la que contextualices el artículo.

e desarrolla el contenido del artículo con referencias al gráfico.

20a Aquí tienes una serie de mandamientos para ser feliz escritos por Pau Donés, líder de la banda española Jarabe de Palo. ¿Con cuáles estás más de acuerdo? Haz una lista en tu cuaderno por orden de importancia para ti.

1 Que sepamos vivir el presente.

2 Que dejemos de creer en la suerte y creamos en nosotros mismos.

3 Que la tristeza nos dé ganas de reír. Que nos riamos mucho.

4 Que cantemos en la ducha, en los bares, en las bodas, en las cenas con los amigos o donde nos apetezca cuando nos venga en gana.

5 Que aprendamos a decirnos "te quiero" sin que nos dé vergüenza.

6 Que nos peleemos lo menos posible. Estar enfadado es una gran y estúpida pérdida de tiempo. ¡A la mierda el ego y el orgullo!

7 Que le perdamos el miedo a la muerte, pero también le perdamos el miedo a vivir.

8 Que decidamos por nosotros mismos. Que nunca dejemos que los demás decidan por nosotros.

9 Que a las penas, puñaladas y al mal tiempo, buena cara. O mala, que tampoco pasa nada.

10 Y, en fin, que a la vida le demos calidad, porque belleza sobra.

20b Ahora, escribe en tu cuaderno cinco mandamientos para vivir la vida.

¿Sabías que…?

Jarabe de Palo fue una banda español de *pop-rock* creada en 1995. Su líder y vocalista, Pau Donés, murió en 2020 a causa de un cáncer. La forma en la que se enfrentó a esta enfermedad dio al mundo un ejemplo perfecto de cómo tomarse la vida de una manera positiva. Sus canciones más famosas son "La Flaca", "Depende" o "Eso que tú me das".

Extraído de *https://www.larazon.es*

Y PARA ACABAR…

Un(a) profesor(a) que te haya dejado huella:

Información interesante de esta unidad:

Tu mensaje para las niñas que quieren ser científicas:

Algún(a) *influencer* a quien sigues en las redes sociales:

5 EVOLUCIÓN

A LA AVENTURA HUMANA

1a Fíjate en estas palabras y únelas para formar seis expresiones relacionadas con la lectura.

1 hábito	**a** una reseña
2 recomendar	**b** lector
3 novela	**c** las páginas
4 gustos	**d** una lectura
5 escribir	**e** literarios
6 hojear	**f** gráfica

1b Completa estas frases con las expresiones anteriores en su forma adecuada.

1 Entre mis _____ predominan las obras de no ficción, como memorias o biografías.

2 Me gusta comprar libros de los que no sé nada, _____ y me fijo mucho en lo que me transmite la portada.

3 Si me preguntas por mi _____, te diré que no soy de los que leen en la cama antes de dormir.

4 Todos mis prejuicios sobre la _____ se disiparon con *Gabo. Memorias de una vida mágica*, que dibuja la vida de Gabriel García Márquez, uno de mis autores favoritos.

5 Una editorial me ha regalado un libro con la condición de _____ para publicarla en su página web y sus redes sociales.

6 Cuando me _____, estoy abierta a leer cualquier cosa, aunque no sea el tipo de libros que me gusta.

1c Escribe una frase con las expresiones anteriores, referidas a tu propia experiencia.

1 _____

2 _____

3 _____

4 _____

5 _____

6 _____

2 Señala la palabra antónima en cada grupo y escribe en su lugar estos otros sinónimos.

> porvenir - evocación - desánimo - comprobación - detener - duración - empeño - afrontar

1 desaliento - ánimo - decaimiento - _____

2 olvido - añoranza - nostalgia - _____

3 futuro - mañana - pasado - _____

4 deseo - desinterés - anhelo - _____

5 longevidad - vitalidad - fugacidad - _____

6 escapar - enfrentarse - dar la cara - _____

7 constatación - suposición - confirmación - _____

8 frenar - ralentizar - acelerar - _____

3 🔊 10 Escucha dos intervenciones del pódcast argentino *Un libro que...* y señala cuáles son las ideas u opiniones de cada persona. Una de ellas es compartida por ambos.

		Carla	Luciano
1	Aunque no le guste un libro, lo lee hasta el final.	☐	☐
2	Elige el formato del libro según el tipo de lectura.	☐	☐
3	Si es un libro que no engancha desde el principio, no lo termina.	☐	☐
4	La historia le interesa menos que la forma de contarla.	☐	☐
5	Los libros que le gustan más los prefiere en papel.	☐	☐
6	No le interesa la lectura de libros en formato digital.	☐	☐
7	Sus lecturas se relacionan con la no ficción.	☐	☐
8	Menciona la opinión de un escritor argentino.	☐	☐

4a Este es el cuestionario de un club de lectura virtual sobre hábitos de lectura y gustos literarios. Selecciona las respuestas según tu criterio personal.

1 ¿Te gusta leer libros?
a ○ Sí.
b ○ No.

2 ¿Cómo decides preferentemente qué libros vas a leer?
a ○ Recomendaciones de amigos o familiares.
b ○ Recomendaciones de reseñas en prensa, radio, blogs...
c ○ Voy a la librería y me inspiro.
d ○ Me guío por mi propia intuición.
e ○ Otro.

3 ¿Cuándo sueles leer más libros o e-books?
a ○ Cuando viajo en el transporte público.
b ○ En mi tiempo de ocio.
c ○ Antes de dormir.
d ○ Otro.

4b 📄 DELE Fíjate ahora en los resultados de la encuesta y compara los datos con tus propias respuestas para dar tu opinión en un pódcast del club. Grábate en el móvil para preparar tu intervención.

- ¿En qué coinciden los datos de la encuesta con tus respuestas? ¿En qué se diferencian?
- ¿Hay algún dato que te llame especialmente la atención? ¿Por qué?
- ¿Cuál es el motivo de la opción que has marcado tú en cada pregunta?
- ¿Añadirías alguna pregunta más a la encuesta?

PREGUNTA (actividad 4a)	RESPUESTA				
	a	b	c	d	e
1	99,4 %	0,6 %			
2	15,3 %	28 %	11,5 %	27,4 %	17,8 %
3	8,9 %	48,1 %	29,7 %	13,3 %	

Fuente: *https://leemetv.com/habitos-lectores*

5a Completa las frases con estas perífrasis en su forma verbal adecuada al contexto.

> ir a recitar - poder leer - ponerse a leer
> deber de ser - volver a comprar - echarse a reír
> tener que pensar - seguir pensando

1 _____ la novela después de cenar, pero tenía mucho sueño y me dormí.

2 Ahora ella _____ sobre lo que hablamos y decirnos algo.

3 Esa colección de cómic _____ muy cara, pero me gustaría comprarla.

4 ¿_____ vosotros el informe en la reunión? Es en 15 minutos, pero me convocan a otra urgente.

5 Silencio, chicos. La actriz _____ los versos y quiero escucharla.

6 ¿_____ el libro que perdiste? Lo siento, lo tenía yo.

7 Mis compañeros _____ en cómo hacer una buena reseña y no piensan en otra cosa.

8 Cuando se lo dije, _____ porque no se lo creía.

¡Fíjate!

En las perífrasis verbales, formadas por **verbo conjugado + (preposición / conjunción) + verbo en infinitivo / gerundio / participio**, ocurre que:

- El verbo conjugado es un verbo que pierde su significado:
  Ando buscando *el libro que me recomendaste* ("ando" no significa "andar, caminar").

- El significado viene del verbo en forma no personal y la perífrasis podría ser sustituida por ese único verbo conjugado:
  Busco *el libro que me recomendaste* (el significado es el mismo, pero se pierde el matiz que aporta la perífrasis, aquí como "acción en su transcurso").

5b Escribe debajo de cada significado la perífrasis correspondiente de la actividad anterior.

1 Acción en el mismo momento de empezar:
ponerse a + infinitivo

2 Acción a punto de empezar:
_____

3 Acción que se repite:
_____

4 Acción que empieza con energía:
_____

5 Acción en su transcurso:
_____

6 El hablante expresa obligación:
_____

7 El hablante expresa probabilidad:
_____

8 El hablante expresa posibilidad:
_____

6 Marca la opción que completa cada enunciado.

1 El autor de la novela premiada _____ unos 25 años.
 a debe de tener
 b vuelve a tener

2 Sus lectores _____ bastante tiempo la publicación de un nuevo título.
 a llevan esperando
 b van esperando

3 Me _____ el libro que creía perdido.
 a acaban de devolver
 b dejan de devolver

4 Es de esos libros que _____ y no puedes parar.
 a terminas de leer
 b empiezas a leer

5 Esta historia te _____ todo con más optimismo.
 a permitirá ver
 b va a ver

6 El ambiente descrito en la novela _____ muy agobiante.
 a llega a ser
 b acaba de ser

7 Espero que mi reseña _____ esta novela tan fascinante.
 a os anime a leer
 b os atreva a leer

8 _____ un ensayo a Marcos, pero ya lo había leído.
 a Dejaba de recomendar
 b Iba a recomendar

7 Escribe las frases sustituyendo las palabras subrayadas por pronombres. Ten en cuenta la posición de los pronombres. En algunos casos hay dos opciones.

1 Me puse a hojear la revista.

2 Voy a regalar una camisa a mi abuelo.

3 Tenemos que invitar a Julia a la fiesta.

4 ¡Has dejado de comer chocolate!

5 Acabamos de enviar un mensaje a tu hijo.

6 Volví a prestar a Rosa el libro.

7 Conseguí terminar la reseña a tiempo.

8 No se atreven a hacer el descenso del río en canoa.

Recuerda

Con las perífrasis, los pronombres de OD y OI pueden ir delante del verbo conjugado o detrás del verbo no personal:
***Empezó a escribir poesía** joven.* → ***La empezó a escribir** joven / **Empezó a escribirla** joven.*
Pero cuando el verbo conjugado es pronominal (terminado en -se), tales complementos van detrás de la forma no personal:
***Se puso a escribir poesía** con 15 años.* → ***Se puso a escribirla** con 15 años.*

B ROMANTICISMO A JUICIO

8a Lee otra vez el texto de la página 46 del libro del alumno y busca una palabra o expresión para las siguientes definiciones.

1 Tener cada vez menos importancia: _____

2 Ser una persona extremadamente sensible, pero a veces también se usa para describir a alguien aburrido, sin iniciativa: _____

3 Coloquialmente, cuando algo nos resulta difícil de hacer: _____

4 Halago, palabra que decimos para agradar a otras personas: _____

5 Cuando nos ponemos colorados porque algo nos da vergüenza: _____

6 Tener vergüenza: _____

8b Ahora elige la expresión más adecuada en las siguientes frases.

1 Después de varias semanas hablando sin parar a través de la *app*, finalmente quedamos en persona y resultó ser **un moñas / un sieso**… ¡No hablaba nada y era bastante antipático y desagradable!

2 Soy bastante introvertido y a menudo **me deja perplejo / me cuesta la vida** conocer gente nueva, pero hace unos meses me apunté a un club de escalada y he hecho varios amigos.

3 Antes, para muchos hombres era habitual decir **piropos / sonrojos** a las mujeres, pero por suerte muchos se están dando cuenta de que pueden resultar ofensivos y de mal gusto y están dejando de hacerlo.

4 Cuando me registré en el portal de ligues, **iba de duro / me daba pudor** poner información personal, pero luego me acostumbré y ahora… ¡le cuento mi vida a todo el mundo!

5 Nos han enseñado que es mejor **llevar la procesión por dentro / ser unos blandengues** y ocultar nuestros sentimientos, cuando lo más valiente es expresarlos y hablar de ellos.

9 Sustituye *que* por *quien* o *quienes* en las siguientes frases, en caso de que sea posible. Fíjate en las preposiciones y en los artículos que aparecen.

1 El restaurante en el que he reservado me lo recomendó una chica **que** se ha incorporado a mi empresa este mes.

2 **Los que** arrastran problemas de relaciones anteriores, probablemente tendrán más dificultad para encontrar una nueva pareja.

3 Lo más romántico para mí es apoyar al 100 % a la persona con **la que** compartes tu vida, nada de flores o bombones…

4 Ahora vivimos más años, por lo que nos cuesta más aguantar a **los que** viven con nosotros.

5 El chico **que** me escribió a través de la *app* resultó ser el primo de una amiga. ¡Qué casualidad!

6 Sigo teniendo una relación cordial con el chico con **el que** estuve saliendo hace un par de años.

7 ¡Claro que creo en el amor para toda la vida! Mi mejor amigo se casó con la chica de **la que** se enamoró cuando tenía 15 años.

8 ¿Has escuchado el pódcast **que** te pasé? **El que** habla de los mitos del amor romántico… ¡No te lo puedes perder!

10 Reescribe las siguientes frases usando *que, quien o quienes* y, en caso necesario, un artículo y una preposición, como en el ejemplo.

Estoy saliendo con un chico. Conocí a este chico a través de una amiga.
Estoy saliendo con un chico al que / a quien conocí a través de una amiga.

1 Me he enamorado de un chico. Este chico vive en otra ciudad.

_____

2 Hay personas que creen en el amor para toda la vida. La verdad es que me cuesta comprender a estas personas.

_____

3 Llevo hablando un mes con un chico de una *app*. Ese chico me ha hecho *ghosting*.

_____

4 He hecho *match* con una chica. A esta chica le encanta viajar e ir a festivales de música.

_____

5 Laura es una chica. Acabo de conocer a Laura.

_____

6 Os he hablado de un chico. Ese chico me acaba de enviar un audio.

_____

11a Arturo está completando su perfil en una *app* de citas. Completa con *que, quien o quienes* y, si es necesario, una preposición. Hay más de una opción posible.

Arturo

¡Bienvenida! Soy un cordobés de 32 años, pero llevo cuatro viviendo en Madrid. Soy cariñoso, divertido, aventurero y deportista (¡me encanta hacer surf, escalar, hacer *snow*…!), pero a la vez soy de esos **(1)** _____ no dicen que no a un plan de sofá, mantita y peli. Busco a alguien **(2)** _____ pasar un buen rato, ir a tomar algo, reírnos (imprescindible alguien **(3)** _____ tenga sentido del humor)… ¡y lo que surja! Me gustan las personas **(4)** _____ tienen las cosas claras y **(5)** _____ no les da miedo salir de su zona de confort. Busco a una chica **(6)** _____ poder hablar de todo: tanto de temas más profundos (como la política) como de cualquier chorrada que haya visto en internet.
Como buen aficionado a la música, busco pareja de baile **(7)** _____ salir a bailar salsa, o **(8)** _____ al menos tenga la intención de aprender.
Por último… busco a alguien **(9)** _____ poder confiar, que sea honesta, leal, simpática y cariñosa. ¡Ah! Busco a una chica **(10)** _____ le gusten las croquetas.

11b ¿Cómo sería tu perfil en una red social de este tipo? Escribe cinco frases usando *que, quien, quienes* y artículos y preposiciones si es necesario.

_____

_____

_____

_____

_____

12 📄 **DELE** Lee el siguiente artículo sobre la importancia de la ortografía en las *apps* de citas y elige la opción más adecuada en cada caso.

Si quieres ligar *online,* escribe sin faltas de ortografía

Un estudio que están realizando dos profesoras de las universidades de Alicante y Navarra revela que las faltas de ortografía sí cuentan **(1)** _____ la hora de ligar *online:* cuanto mejor **(2)** _____ y de forma correcta, más posibilidades tendrás de lograr una cita.

La profesora del Área de Lingüística de la Universidad de Alicante (UA) María del Carmen Méndez Santos y la profesora de la Universidad de Navarra (y doctora por la UA) Esther Linares Bernabéu llevan a **(3)** _____ un trabajo sobre cómo el uso de la lengua puede afectar a la hora de ligar cuando se hace a **(4)** _____ de aplicaciones *online,* según un comunicado de la primera institución.

De momento, y con la investigación todavía en **(5)** _____, el análisis de las 256 muestras analizadas dan como resultado conclusiones tan interesantes como que, **(6)** _____ y como apunta Méndez Santos, tener o no faltas de ortografía puede ser determinante para las mujeres a la hora de elegir una posible cita.

"Es curioso ver cómo el 82 % de las mujeres penaliza el hecho de que un hombre escriba con faltas de ortografía. En el caso de los hombres disminuye este porcentaje hasta el 42,2 %", ha señalado.

Este dato desvela que la mayor parte de las mujeres descarta **(7)** _____ aquellos posibles ligues que no escriben correctamente.

La herramienta elegida para hacer este estudio ha sido la popular *app* Tinder porque, según ha explicado la investigadora de la UA, "es la más utilizada entre los jóvenes". A través de esta aplicación, la persona interesada en tener un primer contacto con otra **(8)** _____ de ir eligiendo y descartando candidatos hasta que se produce un "match", es decir una coincidencia de gustos entre ambos.

"Durante la pandemia, **(9)** _____ consecuencia del aislamiento social, se ha virtualizado la vida", una situación que "ha afectado al ocio y a las relaciones de pareja", al tiempo que "ha aumentado el uso de este tipo de aplicaciones para ligar", según Méndez Santos.

Esta profesora ha revelado algunos otros datos de este estudio que verá la **(10)** _____ dentro de un año aproximadamente, como el hecho de que los adjetivos que prefieren ver las mujeres en la descripción de los hombres son, por orden de preferencia: divertido, simpático, sincero, responsable, respetuoso, educado y espontáneo. En el caso de los varones, les gustan aquellas mujeres que se consideran divertidas, simpáticas, espontáneas y, al mismo **(11)** _____, extrovertidas, aventureras y deportistas.

También han detectado que las chicas no se sienten atraídas por **(12)** _____ que empiezan sus conversaciones con un genérico "Hola, guapa", ya que prefieren que se las llame por su nombre o que hagan alguna alusión más personal con datos que aparecen en su perfil.

Algo parecido ocurre con los chicos, que seleccionan más a aquellas posibles parejas que son proactivas y no se **(13)** _____ al simple saludo cuando desean entablar un primer contacto.

"Nuestra idea es recoger el mayor número de datos posible para realizar un análisis académico y pragmático de las interacciones, de las conversaciones y de las recomendaciones útiles para que triunfe el amor", ha dicho Méndez Santos, quien ha invitado a aquellas personas que lo **(14)** _____ a participar en el estudio a través de un cuestionario *online.*

Fuente: https://www.efe.com

1	**a** con	**b** a	**c** por
2	**a** escribirás	**b** escribas	**c** escrita
3	**a** colación	**b** adelante	**c** cabo
4	**a** partir	**b** través	**c** lo largo
5	**a** curso	**b** línea	**c** paralelo
6	**a** según	**b** tanto	**c** tal
7	**a** a	**b** en	**c** con
8	**a** tiene	**b** ha	**c** debe
9	**a** como	**b** en	**c** por
10	**a** vida	**b** publicación	**c** luz
11	**a** nivel	**b** momento	**c** punto
12	**a** estos	**b** esos	**c** aquellos
13	**a** ciñen	**b** reducen	**c** delimitan
14	**a** quieran	**b** requieren	**c** deseen

ESTRATEGIAS PARA EL EXAMEN

Este ejercicio corresponde a la Tarea 4 de la Prueba 1. Tienes que completar catorce espacios en un texto eligiendo la opción correcta.

- Lee el texto sin prestar atención a las posibles respuestas y piensa en diferentes posibilidades que podrían funcionar. Así podrás descartar alguna opción después.
- Fíjate en las posibles combinaciones de palabras que sean frecuentes.
- Si hay verbos, presta atención a las preposiciones y piensa si son correctas o no.
- Si hay conectores, piensa en la relación entre las ideas que se presentan (condición, causa, consecuencia…).
- Fíjate en las formas gramaticales que acompañan al hueco. Que el verbo esté, por ejemplo, en indicativo o subjuntivo puede ayudarte a eliminar alguna de las opciones.

C ¿Y ESE ACENTO?, ¿DE DÓNDE ES?

13a 📄 **DELE** Vas a leer un texto sobre el acento neutro en español. Contesta luego a las preguntas.

Auge y caída del español neutro
Raquel Marcos

[...] Desde hace décadas, la radio, la televisión y el cine han hecho que los hispanohablantes compartan información audiovisual, ocio y cultura, algo que ha crecido de manera exponencial con internet. [...]

Desde que esta comunidad global panhispánica se convierte en mercado se ha buscado, debido al valor y las repercusiones económicas del idioma, un español inteligible para cualquier hispanohablante y libre de localismos. Uno de los primeros ejemplos de su aplicación fueron las películas de animación de Walt Disney, que durante décadas solo se doblaban a un castellano lo más neutro posible. Como explica Montserrat Mendoza [...] «entre 1928 y 1929, los productores estadounidenses decidieron manipular el castellano para crear un español sin las características específicas de una sola cultura, y lo bautizaron como 'español neutro' [...]».

Disney es el estudio más vinculado a este primer español neutro [...]. Disney solo utilizaba acentos y palabras locales para enfatizar el carácter de ciertos personajes. Durante décadas y hasta *La sirenita* (1989), todos los filmes se doblaron solo a este español neutro. Desde *La Bella y la Bestia* (1991), Disney decide canalizar todo el proceso a través de Character Voices, que crea dos versiones en nuestro idioma: una en español peninsular, doblada en España, y otra en español latino, doblada normalmente en México, aunque películas como *Los increíbles* (2004) han tenido también su versión argentina. La historia de los subtítulos en español neutro tuvo su último y polémico capítulo cuando [...] Netflix decidió subtitular al español *Roma*, de Alfonso Cuarón, que está rodada en una mezcla de español y mixteco. Pero no solo se rotuló el mixteco, también el español mexicano se tradujo a un español peninsular [...]. Las protestas llegaron desde el propio director a los espectadores españoles [...]. Del mismo modo que se habla del español neutro, y ligado a este, se crea el acento estándar o hegemónico, basado en la idea de que existe una manera correcta en la que las palabras en castellano deben sonar. «[...] Desde un punto de vista sociolingüístico, no tener acento es imposible. Todos tenemos acento, hasta los nacidos en Burgos o Valladolid, y no hay que darle más vueltas. [...]», explica Rey Agudo.

En realidad, cuando decimos que alguien tiene acento, nos referiremos a que tiene un acento no originario del lugar en el que nos encontramos o a que posee un 'acento no estándar'. «[...] El acento dominante, el que se escucha con mayor frecuencia en los medios, es el que se considera neutral», explica Rey Agudo. Para los lingüistas, estas distinciones no tienen sentido, aunque los hablantes las tenemos tan interiorizadas que nos sirven con frecuencia para expresar prejuicios y discriminaciones.

Adaptado de https://www.archiletras.com

1 El intercambio de información y cultura audiovisual entre hispanohablantes…
   a ha comenzado en la última década.
   b se ha visto incrementado gracias a internet.
   c es producto únicamente de la radio, la televisión y el cine.

2 El español neutro…
   a lo inventó Walt Disney.
   b elimina las características propias de los diferentes países hispanohablantes.
   c se usó por primera vez en las películas de Disney.

3 El doblaje al español de las películas de Disney…
   a solo ha utilizado el español neutro.
   b se hace en tres variantes desde 1991.
   c utilizaba dialectos para resaltar el origen de algunos personajes.

4 El uso de subtítulos en español peninsular para *Roma*…
   a se llevó a cabo en contra de los deseos del director.
   b fue acogido de forma positiva por el público.
   c se empleó solo para traducir el mixteco.

5 Según Rey Agudo…
   a solo los hablantes de Valladolid y Burgos no tienen acento.
   b tener acento no es algo que deba preocuparnos.
   c la sociolingüística nos ayuda a saber qué hablantes no tienen acento.

6 La idea del acento neutral en español…
   a es ignorada por la mayoría de los hablantes.
   b es un concepto aceptado por los lingüistas.
   c se relaciona con los medios de comunicación.

ESTRATEGIAS PARA EL EXAMEN

Este ejercicio corresponde a la Tarea 1 de la Prueba 1. Leerás un texto informativo, sobre algún tema de ámbito público o privado. Tendrás que responder a seis preguntas de respuesta múltiple.

- Haz primero una lectura general del texto.
- Lee las preguntas y cada una de las posibles respuestas con atención y marca las palabras clave de las distintas opciones.
- Vuelve a leer el texto y localiza las partes en las que se encuentra la información que estás buscando.
- Si alguna de las preguntas te resulta muy complicada, mejor déjala para el final.
- Una buena estrategia para facilitar la respuesta es descartar opciones falsas.

13b Y tú, ¿qué opinas del español neutro? ¿Sería mejor que la lengua española tuviera solo un acento? Justifica tu punto de vista en tu cuaderno.

14a 🔊 11 A continuación, vas a escuchar a cuatro hispano-hablantes famosos. Fíjate en su forma de hablar y marca sus rasgos característicos.

	Seseo	Yeísmo fricativo
1 Alicia Borrachero		
2 Jorge Drexler	✓	✓
3 Alfonso Cuarón	✓	
4 Ana Guerra	✓	

14b ¿Sabrías decir de dónde es cada uno de los hablantes del ejercicio anterior a partir de su acento? Si no lo tienes claro, puedes buscar en internet.

> Montevideo (Uruguay) - Madrid (España)
> Tenerife (España) - Ciudad de México (México)

Alicia Borrachero:
España - Madrid

Jorge Drexler:
Uruguay

Alfonso Cuarón:
México

Ana Guerra:
España - Tenerife

15 Lee las siguientes frases de diferentes países hispanos y decide cuál es el significado de la palabra o expresión subrayada.

1 **Venezuela:** Lo que más me gusta del español es que hay <u>burda de</u> acentos: es imposible no encontrar alguno que te suene bien.
   a muchos
   b pocos
   c ninguno

2 **Argentina:** Tenés que trabajar menos y pensar más en vos. ¡No seas <u>boludo</u>!
   a mandón
   b tonto
   c ambicioso

3 **México:** ¡Qué <u>padre</u> está tu acento! Me encanta como suena, parece que estés cantando.
   a estupendo
   b feo
   c neutro

4 **Cuba:** Esta es mi <u>jeva</u>: se llama Ana y empezamos a salir hace seis años.
   a amiga
   b madre
   c novia

5 **Uruguay:** Según leí en un artículo, tu acento puede influir a la hora de encontrar <u>laburo</u>, ya que muchas empresas tienen prejuicios contra la forma de hablar de algunas personas.
   a pareja
   b trabajo
   c casa

6 **Colombia:** Por las mañanas, nada más despertarme, me gusta tomarme un <u>tinto</u> para espabilarme, sin leche ni nada.
   a vino
   b vaso de agua
   c café solo

16a Lee las siguientes frases fijándote bien en el modo de las oraciones concesivas y escoge la interpretación adecuada de cada diálogo.

1 **Alan:** Con el tiempo que llevas viviendo en Colombia, seguro que conoces muchas de las palabras propias de allí.

Bárbara: Aunque llevo mucho tiempo en Colombia, la mayoría de mis amigos son españoles.

   a Bárbara quiere destacar que vive en Colombia.

   b Alan no sabía que Bárbara estaba viviendo en Colombia.

2 **Sara:** No consigo acostumbrarme al acento andaluz, aunque haya vivido allí diez años.

Alfredo: Pues a mí me parece fácil de entender, ¡y muy bonito!

   a Sara ha vivido en Andalucía diez años.

   b Alfredo no sabe dónde ha vivido Sara.

3 **María:** Ha venido Guido, un amigo de Óscar, y vamos a tomar algo. ¿Te vienes?

Paula: Hmmm, creo que sí iré. Aunque es muy callado, es un chico simpático.

   a María ya sabía que Guido es muy callado.

   b María no sabía que Guido es muy callado.

4 **Carlos:** ¡Qué sorpresa, Rosa! Tres años viviendo en Cuba y no has perdido nada de tu acento gallego.

Rosa: Es que el acento es casi como la personalidad. Yo creo que, aunque me casara con un cubano, no cambiaría mi forma de hablar.

   a Rosa ve probable casarse con un cubano.

   b Rosa ve improbable casarse con un cubano.

16b Completa las frases con la forma adecuada del verbo entre paréntesis.

1 Aunque _____ (granizar) mucho, salieron a la calle sin paraguas. Y claro, se mojaron.

2 Nunca dejaríamos de ser amigos, ni aunque mañana tú _____ (irse) a vivir al otro lado del mundo.

3 Me lo has dicho mil veces, pero sigo pensando lo mismo: aunque _____ (tener) muchos amigos hispanoamericanos, no es normal que vengas a casa cada día con un acento distinto.

4 No conoces a mi amiga Rocío, ¿verdad? Pues, aunque _____ (ser) de Cataluña, resulta que sesea, porque sus padres son de Sevilla.

5 Aunque me _____ (tocar) la lotería, que es imposible, seguiría viviendo en Tenerife.

6 ¿Cuántas veces te lo voy a tener que explicar? No hablo con yeísmo fricativo porque he vivido toda la vida en Madrid, aunque _____ (ser) de Uruguay.

7 Ya sabes cómo es Paula de orgullosa: aunque _____ (decir) que lo entiende todo, cuando vienen mis amigos de Chile no se entera de nada de lo que dicen.

8 ¿Que qué opino sobre los acentos? Pues que nunca cambiaría el mío, aunque tu acento cubano _____ (encantar).

16c Reconstruye las frases y forma diálogos con *aunque* a partir de la información dada.

Matías le pregunta a Sergio por qué no le declara su amor a Sandra, ya que le gusta mucho. Sergio le responde que es muy tímido.

Matías: Oye, Sergio, ¿por qué no te declaras a Sandra? Con lo que te gusta…

Sergio: Pues verás, es que… aunque me guste, yo soy un chico muy tímido.

1 Silvia le comenta a Juana que por qué no utiliza una *app* de citas para encontrar novio. Juana le responde que no sabe cómo se utilizan y no cree que pueda aprender a usarlas. Además, si supiera cómo funcionan tampoco lo haría, porque le parecen muy impersonales.

_____

_____

2 Ivana le dice a Lourdes que no lee libros porque le aburren y prefiere ver películas. Lourdes le comenta que debería leerlos porque son buenos para mejorar la imaginación y la ortografía.

_____

_____

3 Néstor le dice a Elisa que creía que hablaba alemán, alguien se lo había dicho. Elisa le responde que no: vivió en Alemania una temporada (algo que Néstor no sabía), pero no lo suficiente para aprender alemán.

_____

_____

EN ACCIÓN

17 Vuelve a leer las ideas sobre el amor de la actividad **1** de la página 50 del libro del alumno y escribe en tu cuaderno un texto donde expliques cuál de ellas se aleja más de las propias de tu país o cultura.

18a Fíjate en las palabras subrayadas de estos enunciados y anota su significado según el contexto (puedes hacerlo en tu propia lengua).

1 Durante el proceso de divorcio, la <u>acusaron</u> de problemas psicológicos por espiar a su pareja.

2 Su modo de hablar es siempre <u>despreciativo</u>, nunca le dice nada bonito.

3 Me parece que cuando <u>nos empeñamos</u> en alguien nos hacemos dependientes de esa persona.

4 A veces la continua <u>queja</u> sobre el otro indica que algo no va bien en la relación de pareja.

5 El autor del poema <u>imagina</u> el amor como un salto al vacío y un imposible.

6 Nos habló de sus <u>decepciones</u> sentimentales y desengaños amorosos.

7 Su expareja la maltrató durante años, <u>destrozó</u> su vida sin que nadie pudiera hacer nada.

8 Sentía una gran <u>falta</u> de afecto por parte de su pareja y decidieron separarse.

18b Ahora relaciona los sinónimos de las anteriores palabras con la definición que le corresponde a cada uno. Y comprueba la correspondencia entre las definiciones y los significados de la actividad anterior.

SINÓNIMOS	DEFINICIONES
1 achacar (algo a alguien)	**a** Entender algo de una manera determinada.
2 peyorativo	**b** Mantener con fuerza una idea, opinión o posición.
3 aferrarse (a algo o a alguien)	**c** Destruir completamente una cosa o persona, acabar con ella.
4 reproche	**d** Atribuir algo, especialmente una falta o culpa, a una persona o cosa.
5 concebir (algo)	**e** Que transmite una connotación negativa de desprecio o poco respeto.
6 fracaso	**f** Falta de algo.
7 aniquilar (algo o a alguien)	**g** Desaprobación o crítica de la conducta de alguien.
8 carencia	**h** Suceso desfavorable e inesperado.

Y PARA ACABAR...

El libro que volverías a leer mil veces:

Información interesante de esta unidad:

Alguien con quien te gusta compartir tu tiempo:

Tu acento favorito en español:

6 EL PASO DEL TIEMPO

A LA BELLEZA DE LO IMPERFECTO

1a Lee estos comienzos de frases célebres de hispanohablantes sobre la belleza e intenta unirlas con su final.

1 La belleza que atrae…	a lo útil se convierte en bello cuando ha caducado su utilidad (José Enrique Rodó).
2 Lo bello nace de la muerte de lo útil;…	b en medio de un mundo bárbaro y hostil (Ernesto Sábato).
3 Lo admirable es que el hombre siga luchando y creando belleza…	c rara vez coincide con la belleza que enamora (José Ortega y Gasset).
4 Todo lo que es hermoso…	d que no descifran ni la psicología ni la retórica (Jorge Luis Borges).
5 La belleza es ese misterio hermoso…	e y los bellos tiempos son efímeros (Jaime Balmes).
6 Las cosas bellas son perecederas…	f tiene su instante, y pasa (Luis Cernuda).

1b ¿Qué opinas tú de la belleza? Escribe en tu cuaderno una frase o un pequeño texto sobre la belleza basándote en las frases célebres y en tus propias ideas.

2a ◀) 12 Escucha otra vez el audio sobre la filosofía del Kintsugi de la página 53 del libro del alumno y señala si las siguientes afirmaciones son verdaderas (V) o falsas (F).

	V	F
1 La idea esencial del Kintsugi consiste en olvidar los malos momentos que hemos pasado.	☐	☐
2 Esta filosofía tiene una visión de las heridas muy diferente de las ideas occidentales.	☐	☐
3 El Kintsugi solo se preocupa de las heridas físicas.	☐	☐
4 La paciencia es una cualidad clave para el Kintsugi.	☐	☐
5 El Kintsugi aconseja centrarse también en nuestras aficiones.	☐	☐
6 Para el Kintsugi, la socialización es un elemento clave.	☐	☐

2b En el audio anterior han aparecido las siguientes palabras. ¿Sabrías relacionarlas con su sinónimo? Si te hace falta, puedes volver a escuchar el audio.

> diametralmente - emular - vivencias - resiliencia - obstáculo - perseverante - aferrarse - enfocarse

1 resistencia, adaptabilidad: _____

2 centrarse, concentrarse: _____

3 experiencias: _____

4 imitar, igualar: _____

5 totalmente, completamente: _____

6 contratiempo, problema: _____

7 agarrarse: _____

8 constante, insistente: _____

2c Ahora, utiliza las palabras del ejercicio anterior en su forma adecuada para completar las siguientes frases.

1 Si quieres ser muy bueno en algo, lo mejor es que _____ en ello y no gastes tiempo en otras cosas.

2 Las personalidades de Alejandro y de Verónica son _____ distintas: uno vive en el presente; la otra, en el pasado.

3 Es importante tener mucha _____ para superar los malos momentos en nuestra vida.

4 A Óscar le encanta _____ a sus escritores favoritos: se aprende sus costumbres y las lleva a cabo en su vida diaria.

5 Mis abuelos siempre han sido muy _____: incluso en los peores tiempos de la posguerra, no se dieron por vencidos.

6 Todas nuestras _____, las cosas que experimentamos a lo largo de los años, nos moldean y nos hacen lo que somos.

7 Pese a los _____ en el trabajo, Raquel ha sido capaz de progresar laboralmente.

8 Andrea todavía _____ a la vida con su exnovio; a pesar de que lo dejaron hace casi un año, no ha pasado página.

2d Y tú, ¿practicas el Kintsugi en tu vida diaria? Compara tus puntos de vista con los consejos que se dan en el audio anterior y escribe en tu cuaderno un texto al respecto.

3 A continuación, tienes una nube de adjetivos. Combínalos con el sufijo adecuado y escribe el sustantivo correspondiente.

FRÁGIL · incierto · generoso · válido · CREATIVO · apto · SINCERO · joven · niño · TÍMIDO · sensible · maduro

-ez	-dad	-tud	-umbre

4a Completa con el condicional simple de los siguientes verbos irregulares.

1 decir (yo) _____   7 salir (usted) _____

2 hacer (ellos) _____   8 querer (ella) _____

3 tener (nosotros) _____   9 haber (yo) _____

4 poder (él) _____   10 saber (ellos) _____

5 poner (tú) _____   11 valer (nosotros) _____

6 venir (vosotros) _____   12 caber (ellos) _____

> **Recuerda**
>
> En el condicional simple, los verbos irregulares son los mismos que en el futuro simple y, además, comparten la misma irregularidad en la raíz. La única diferencia entre estos dos tiempos es la terminación, como se puede ver en las siguientes frases:
> Me dijo que **sabría** la respuesta.
> Me dijo que **sabrá** la respuesta.

4b Señala qué forma del condicional es la correcta en las siguientes frases. En una ocasión, ambas respuestas pueden ser correctas.

1 Oye, Luis, ¿**podrías / habrías podido** prestarme tu boli? Se me ha acabado el mío. _____

2 Al llegar y ver la puerta abierta, pensé que **entraría / habría entrado** un ladrón en casa. _____

3 No quiero que te siente mal, pero **diría / habría dicho** que a la tortilla le falta sal. _____

4 ¿Tu libro de meditación? A mí no me preguntes: lo **dejarías / habrías dejado** en el hotel… _____

5 ¿Todavía de viaje? Pensaba que a estas horas ya **llegarías / habrías llegado** a casa. _____

6 Desde mi punto de vista, **deberías / habrías debido** dormir más; si no, tendrás problemas de salud. _____

7 Cuando te vi con lágrimas en los ojos, imaginé que **romperías / habrías roto** con Julia. _____

8 Virginia, ¿**pasarías / habrías pasado** unas vacaciones de invierno en Cuba? _____

9 Te juro que yo no le he contado tu secreto a Lola; **sería / habría sido** otra persona. _____

10 La verdad, no sé si **querría / habría querido** vivir en otro país… _____

4c Ahora, en la línea que aparece al final de las frases anteriores, escribe cuál de los siguientes usos del condicional es el que se ha utilizado.

- expresar hipótesis / suposición
- suavizar una opinión
- aconsejar / sugerir
- hacer peticiones educadas

4d Observa estas dos imágenes. Míralas bien y escribe en tu cuaderno un texto en el que hagas hipótesis sobre ellas. A continuación, tienes algunas preguntas que pueden ayudarte.

1 • ¿Cómo crees que acabarían en la habitación?
  • ¿Qué crees que habría pasado antes?
  • ¿Qué crees que buscarían allí?

2 • ¿Qué crees que estarían haciendo las personas antes de la explosión?
  • ¿En qué parte del mundo crees que ocurriría?
  • ¿Cómo crees que reaccionarían los habitantes de la ciudad?

5a A continuación, tienes un artículo sobre los dobles participios en español. Lee el texto y completa los huecos con la opción correcta.

Este huevo ¿lo han frito o lo han freído? Una explicación a los participios dobles

LOLA PONS

La historia nos suena de algún cuento fantástico; una persona tiene un doble, malvado, idéntico o muy similar a él pero que sin duda representa una tendencia perversa opuesta **(1)** _____ la suya. […]

Si buscamos algo parecido en la gramática, esos dobles están en los participios. Y es un fenómeno **(2)** _____ el que la mayoría de los hablantes ha reflexionado alguna vez: "¿he freído?" o "¿he frito un huevo?". La norma del español es muy clara **(3)** _____ ese sentido y está expuesta en las distintas obras de la RAE: el verbo *freír* tiene dos participios posibles y ambos son correctos; por tanto, puedes decir que has *freído* o que has *frito* patatas. Esto mismo solo ocurre con los **(4)** _____ de *freír* (*sofreír, refreír*) y **(5)** _____ otros dos verbos de la lengua

española: *imprimir (he imprimido, he impreso)* y *proveer (he proveído, he provisto)*. […] No obstante, aunque históricamente los dos participios son posibles, la mayoría de los hablantes **(6)** _____ a usar *frito*.

Igual que en la ficción uno de los dobles tiene una personalidad y unos comportamientos que le son propios y exclusivos, en la gramática hay también papeles que solo **(7)** _____ uno de los participios. Así, para el caso de *freír*, cuando no estamos usando el participio como verbo (o sea, cuando no se combina con *haber* o con *ser*), **(8)** _____ como adjetivo, hay que usar siempre la forma irregular: "me tenéis frita" (y no "freída"), "de postre tomé leche frita", "cocino al vapor y no como tantos fritos".

¿De dónde salen estos dobles? […]: tenemos estos dobles participios por herencia del latín.

Veamos: muchos de los verbos latinos acabados en *-ere* tenían participios irregulares, que fueron heredados en español; hemos conservado una parte de ellos […] pero otros no; nuestros hablantes medievales parece que se sintieron más cómodos, en general, buscando regularidades y, por ejemplo, […] del participio *cursus* no dijeron *he corso*, sino "he corrido"; *corrido* es un participio regular creado, como lo fue *freído* o como se llegó a decir *rompido* para evitar el irregular *roto* (latín *ruptus*). […]

Para el caso de *freír* o de *imprimir*, se nos han quedado en nuestra lengua la vieja forma irregular, *frito*, con la nueva forma regular, *freído*.

Extraído de *https://verne.elpais.com*

1	a a	b de	c contra	5	a para	b con	c por
2	a sobre	b en	c de	6	a tiende	b prefiere	c decide
3	a para	b en	c con	7	a se aplica	b ocurre	c asume
4	a familiares	b hijos	c derivados	8	a si no	b sino	c pero

5b Escoge el participio adecuado en cada una de las siguientes frases. En algunos casos, ambas opciones pueden ser correctas.

1 ¿Las patatas? Sí, ya están **freídas / fritas**, pero cuidado, que queman.

2 Ya le han **proveído / provisto** con todos los ingredientes necesarios.

3 ¿Dónde están los documentos **imprimidos / impresos** la semana pasada?

4 Tengo una cocina **proveída / provista** de todos los utensilios que puedas imaginar.

5 En cuanto hayamos **freído / frito** el huevo, hay que echarle pimentón en la yema.

6 Ya está **imprimido / impreso** todo lo que me mandaste.

B SEGUNDA MANO

6a Busca en el texto de la página 54 del libro del alumno las palabras que corresponden a las siguientes definiciones.

1 Cualidad que tienen los objetos o cosas elegantes:

_____

2 Pieza de mobiliario en la que se pueden colgar prendas de ropa: _____

3 Especie de vaso, generalmente más grande, que se usa como contenedor de líquidos u otras cosas:

_____

4 Que tiene capacidad de adaptación; que puede usarse para varias cosas: _____

5 Se usa para describir un lugar agradable, que transmite tranquilidad: _____

6 Hecho a mano, por lo general siguiendo técnicas tradicionales: _____

7 Que tiene como función principal servir de adorno:

_____

8 Acción, normalmente poco conocida o secreta, que se utiliza para conseguir algo: _____

6b Completa estas frases con las palabras anteriores.

1 El jarrón de la estantería es tan solo _____, nunca lo hemos usado para servir agua.

2 La habitación está bien, pero es un poco sosa. Para darle un toque de _____, yo le añadiría un par de cuadros y alguna pieza retro.

3 Esta escultura de mármol es muy _____: a veces la uso de sujetalibros, a veces de pisapapeles y, otras veces, simplemente de adorno.

4 No se lo digas a nadie, pero el _____ para encontrar piezas *vintage* a buen precio es recorrerse todos los mercadillos de la ciudad.

5 Podéis colgar los abrigos en el _____ de la entrada.

6 ¿Me has traído flores? ¡Muchas gracias! Métalas en esa _____ de ahí y échales un poco de agua, por favor.

7 Isidoro tiene un salón muy _____: una vez entras y te sientas en cualquier sitio, tienes ganas de quedarte allí para siempre.

8 Todo el mobiliario que tengo en casa es _____, aunque me suela salir más caro: me gusta saber que lo ha hecho alguien y que cada pieza que tengo es única.

7 Responde a las siguientes afirmaciones con una pregunta eco en la que expreses sorpresa, asombro o desconocimiento. Fíjate en el ejemplo.

Después de estar trabajando todo el día, no me han pagado más que 40 euros.
¿Que no te han pagado más que cuánto?

1 Javier no tiene más que 20 años, pese a parecer mayor.

_____

2 Pues resulta que Amaya se ha mudado a la Antártida.

_____

3 Joseba va a casarse con Elena.

_____

4 La mesa que tengo en el salón es de Gucci.

_____

5 Para aprobar este examen hay que estudiar más de dos meses.

_____

6 Van a llegar un poco tarde, vienen en bici.

_____

8a Relaciona cada expresión con su significado.

1 pegar con algo (algo)
2 timar
3 ser un manitas
4 dejarse una pasta
5 ser apañado
6 dar corte (algo)
7 costar un triunfo (algo)
8 ser una ganga (algo)

☐ a Engañar a alguien; vender algo por mucho más valor del que tiene.

☐ b Gastarse mucho dinero.

☐ c Utilizado para indicar que una cosa queda bien con otra, que van bien juntas.

☐ d Costar mucho; exigir mucho trabajo o esfuerzo.

☐ e Producir vergüenza algo.

☐ f Costar algo mucho menos de su valor real.

☐ g Ser bueno en actividades manuales o artesanales.

☐ h Tener mucha habilidad para algo.

8b Marca la expresión correcta en estas frases.

1 Hoy en día, **está en auge / aporta caché** el tema de reutilizar objetos para decorar las casas: todo el mundo habla de ello y la cantidad de muebles que se tiran está en mínimos históricos.

2 **Me da corte / Es una gozada** confesarte esto, pero el sofá del salón lo saqué de un punto limpio. Lo lavé un par de veces y está como nuevo; como ahora se lleva lo *vintage*…

3 ¿Que la mesita de noche no te costó más que 30 euros? ¡Menuda **herencia / ganga**! Si lo llego a saber, te digo que me compres una.

4 Ayer en el mercado de segunda mano **me timaron / me regatearon**: me dijeron que la camiseta era de marca, pero resultó ser una imitación.

5 A Juan **le ha costado un triunfo / le ha aportado caché** decorar la casa con ese estilo retro: se recorrió todos los mercadillos de Madrid para encontrar las piezas adecuadas.

6 ¿Y dices que las paredes de la casa las has pintado tú? **¡Eres una manitas / Eres una gozada!**

7 Me gusta mucho esa lámpara que has comprado: **pega / se revaloriza** con los colores de las puertas.

8 El mes pasado **regateé / me dejé una pasta** en el bazar turco: llegué a casa sin dinero en la cartera.

9 Los muebles hechos a mano **son apañados / se han revalorizado** con tanta producción en cadena: la gente quiere tener cosas únicas en sus casas.

9a Lee las siguientes frases y señala la interpretación adecuada.

1 En la habitación de Dustan no había más que cuarenta libros.
   a Dustan tenía exactamente cuarenta libros.
   b Dustan tenía al menos cuarenta libros.

2 Esta vasija está casi nueva, no tiene más de dos años.
   a La vasija tiene exactamente dos años.
   b La vasija tiene dos años o menos.

3 Decorar el apartamento con cosas *vintage* no me ha costado más que 250 euros.
   a El hablante piensa que ha sido barato.
   b El hablante piensa que ha sido caro.

4 Te he dicho más de mil veces que no me cambies los muebles de sitio.
   a El hablante no sabe cuántas veces se lo ha dicho.
   b El hablante sabe cuántas veces se lo ha dicho.

9b Ahora, completa con *más que* o *más de*. Presta atención al resto de la conversación para encontrar la interpretación adecuada.

1 **Julio:** Las entradas cuestan 15 euros, ¿tienes suficiente?
   Ana: Sí, justo, pero no vamos a poder comprar palomitas; no tengo _____ 15 euros.

2 **Sofía:** Anda, a esta cena invita tú, que ganando 2000 euros, bien puedes.
   Jennifer: ¡Pero qué dices! No gano _____ mil euros… Ni llego a eso.

3 **Alejandro:** Me gusta mucho esa televisión antigua, pero no sé si puedo permitírmela.
   José: Yo creo que sí; no sé lo que cuesta, pero no creo que _____ 20 o 30 euros.

4 **Lupe:** Aunque Petra y Dani hacen buena pareja, no sé si Dani no será muy mayor para ella…
   Ander: ¡Qué dices! Si él no tiene _____ 25 años. Lo sé porque nacimos el mismo año.

C MÚSICA DE OTRAS ÉPOCAS

10 Lee estas declaraciones de gente relacionada con el mundo de la canción y selecciona la palabra adecuada según el contexto.

1 Hacer un disco con _____ de canciones compuestas por otras personas, y conseguir que sonasen haciéndolas propias, se convirtió en un reto que nos apetecía afrontar.
   a originales   b copias   c versiones

2 Algunos _____ han sido un éxito total de ventas; otros han sido ocasionales. Los hay para todos los gustos (pop, *rock*, flamenquito…); cuando juntas a dos grandes artistas, el resultado nunca puede ser malo.
   a tríos   b dúos   c solistas

3 Con el primer tema musical, desnudamos las canciones de instrumentación y arreglos; con el segundo, añadimos "electricidad" y desarrollamos de manera intencionada las _____ compuestas por el autor.
   a letras   b voces   c melodías

4 Nos propusieron convertir este disco en una obra con identidad propia donde poder reconocernos en cada uno de los temas "prestados" y, a la vez, rendir un homenaje a su _____ y autor.
   a intérprete   b compositor   c cantautor

5 La música lo es todo para mí, mi trabajo y mi pasión; sueño con canciones, compongo durmiendo y me despierto _____ la melodía para no olvidarla y después desarrollar la letra.
   a tarareando   b bailando   c cantando

11a 🔊 13 📄 DELE Escucha este audio, que habla de la historia de una canción muy conocida y versionada en el mundo hispano, y responde a las preguntas con la opción correcta. Tienes 30 segundos para leer las preguntas.

1 En la audición, se habla de una…
   a canción tradicional de amor.
   b historia real contemporánea.
   c costumbre mexicana del pasado.

2 La protagonista de la historia…
   a hizo la promesa de esperar a su novio.
   b fue a la guerra para buscar a su amor.
   c se casa con el hombre al que ama.

3 El apodo de la joven significa que…
   a gritaba cuando lloraba.
   b alguien lloraba por ella.
   c no podía dejar de llorar.

4 El tema de la canción…
   a está relacionado con el desamor.
   b gira en torno a la guerra.
   c se centra en el amor desdichado.

5 La historia de "La llorona"…
   a es creación de un poeta.
   b no tiene un autor conocido.
   c fue compuesta por una mujer.

6 Según el audio, se trata de una canción…
   a actual pero poco conocida.
   b con muchas versiones e intérpretes.
   c censurada en varias ocasiones.

ESTRATEGIAS PARA EL EXAMEN

Este ejercicio corresponde a la Tarea 5 de la Prueba 2. Consiste en escuchar un monólogo y responder a seis preguntas eligiendo la opción correcta. La audición se escucha dos veces.

- Lee las preguntas en el tiempo de preparación de la escucha y marca la palabra clave de cada opción para que sea más fácil obtener la respuesta durante la primera audición.
- Las preguntas pueden referirse a aspectos concretos o detalles del texto oral, pero también a las ideas generales que se deducen de él.
- En la segunda audición, confirma tus respuestas y selecciona una posible opción para aquellas preguntas más globales que no hayas podido responder antes.

11b Después de escuchar la historia de "La llorona", numera los siguientes enunciados según el orden de los acontecimientos narrados en ella.

☐ La guerra reclama al joven, que tiene que separarse de su amada.
☐ El joven se enamora de la chica al verla por primera vez.
☐ Ella se compromete a esperarlo y casarse con él.
☐ La chica recibe las últimas palabras de amor en una carta.
☐ Un soldado amigo del joven le notifica la muerte del amado.

12a 🔊 13 Lee la letra de una versión de "La llorona" y escucha de nuevo el audio de la actividad 11a. Marca los versos que coinciden con alguno de los fragmentos cantados en el audio.

Todos me dicen "el negro", Llorona,
negro pero cariñoso,
yo soy como el chile verde, Llorona,
picante pero sabroso.

Ay de mí, Llorona, Llorona,
Llorona, llévame al río,
tápame con tu rebozo, Llorona,
porque me muero de frío.

Salías del templo un día, Llorona,
cuando al pasar yo te vi,
hermoso huipil llevabas, Llorona,
que la Virgen te creí.

Ay de mí, Llorona, Llorona,
Llorona de azul celeste,
y aunque la vida me cueste, Llorona,
no dejaré de quererte.

("La llorona", Lila Downs)

¿Sabías que…?

La letra de esta canción popular mexicana tiene cientos de versiones, como parte de la riqueza cultural que rodea a esta composición. La más conocida internacionalmente es la de Chavela Vargas, pero son muchos los cantantes que la han hecho suya, principalmente las mexicanas Natalia Lafourcade, Silvana Estrada, Ángela Aguilar, Lila Downs… También ha sido interpretada por los españoles Raphael, Rosalía, Depedro y Silvia Pérez Cruz, o la chilena Mon Laferte, entre otros muchos. Escucharla en tan diferentes voces y personalidades resulta espectacular.

12b Escribe en tu cuaderno un texto breve que cuente la historia de la canción o algún aspecto de ella desde la perspectiva de la protagonista.

13 Fíjate en el ejemplo y utiliza el nexo *aunque* para transformar las frases.

Las entradas son muy caras, pero compraré dos. → *Aunque las entradas son muy caras, compraré dos.*

1 La crítica no le ha favorecido nunca, pero sus fans crecen cada día.

_____

2 No tiene una gran voz, pero su estilo es inconfundible.

_____

3 Es música de los años 70, pero suena muy actual.

_____

4 Es poco conocida, pero lleva cantando una década.

_____

5 Su música es una mezcla de estilos, pero el sonido es puramente español.

_____

6 La banda se separó, pero han seguido su carrera en solitario.

_____

14 Marca el matiz que expresa la oración concesiva en cada opción: objetivo (O) o subjetivo (S).

	O	S
1 No es de los mejores intérpretes aunque…		
a tiene mucho talento.	☐	☐
b tenga mucho talento.	☐	☐
2 Aunque…, siempre se mantuvo fiel a su estilo.		
a tuvo distintas influencias musicales	☐	☐
b tuviera distintas influencias musicales	☐	☐
3 Sigue siendo una artista humilde aunque…		
a su éxito haya sido enorme.	☐	☐
b su éxito ha sido enorme.	☐	☐

	O	S
4 Aunque…, ha muerto pobre y solo.		
a fue un gran guitarrista.	☐	☐
b fuera un gran guitarrista.	☐	☐
5 El tema de la canción es complejo aunque…		
a lo trate con mucha sensibilidad.	☐	☐
b lo trata con mucha sensibilidad.	☐	☐
6 Voy a ir al concierto, aunque…		
a tengo que trabajar este domingo.	☐	☐
b tenga que trabajar este domingo.	☐	☐

¡Fíjate!

La elección del indicativo o del subjuntivo en la oración concesiva expresa distinto matiz según la intención del hablante: con el indicativo informamos o presentamos un hecho objetivo *(Aunque no canto bien…)* y con el subjuntivo valoramos o presentamos un hecho subjetivo, y también contraargumentamos o quitamos importancia a un argumento anterior *(Aunque yo no cante…)*.

15 Relaciona las oraciones de las columnas.

1 Pese al contenido de sus letras,…
2 Aunque no soy capaz de cantar en público,…
3 A pesar de su avanzada edad,…
4 Por muchas versiones que se hagan,…
5 Pese a que sus padres se oponían,…
6 Por muy antigua que suene la canción,…
7 Aunque me gustaran sus canciones,…
8 A pesar de interesarme mucho su música,…

a la suya sigue siendo la mejor.
b no compraría un disco suyo.
c consiguió la fama muy joven.
d no tengo ninguno de sus álbumes.
e sí lo hago con frecuencia en la ducha.
f ha sabido cómo no herir sensibilidades.
g conserva la voz y el ímpetu de joven.
h el tema es de lo más actual.

Recuerda

En las oraciones concesivas se expresa una objeción o dificultad que no impide que se cumpla lo expresado en la oración principal:
Aunque no canto bien, me encanta ir a los karaokes.
Iré contigo al karaoke aunque yo no cante bien.
Aunque es el nexo más utilizado, pero también usamos:
• ***Pese a / A pesar de** + infinitivo / sustantivo:*
Pese a su timidez, ha ganado varios concursos de música.

• ***Pese a / A pesar de** + que + indicativo / subjuntivo:*
A pesar de que canta / cante en inglés, los estribillos son en español.
• ***Por muy / más / mucho** + adjetivo / adverbio / sustantivo + que + verbo conjugado:*
Por más veces que escucho / escuche la canción, no me aprendo la letra.

16 Lee estos enunciados sobre los pros y los contras de ser cantante. Selecciona tres de cada y escribe en tu cuaderno una contraargumentación utilizando los distintos nexos concesivos.

PROS

1 Pasas todo el tiempo trabajando en algo que amas.
2 Viajas y conoces el mundo.
3 Tienes tus propios horarios.
4 Conoces a muchas personas talentosas.
5 Tienes control sobre tu destino.

CONTRAS

1 Constantemente estás de gira sin tiempo para otras cosas.
2 Tus horarios están organizados de acuerdo a tus compromisos.
3 El éxito puede venir y desaparecer de la noche a la mañana.
4 No tienes el control completo de tu destino.
5 Pasas todo el tiempo trabajando en tu música.

EN ACCIÓN

17a 📄 DELE En tu comunidad hay un gran número de ancianos que viven solos o en residencias, sin apenas contacto con familiares o amigos. Para intentar arreglar este problema, el Ayuntamiento ha organizado una asamblea de ciudadanos en la que se van a discutir una serie de posibles soluciones. Lee las propuestas.

* Llevar a cabo un programa conjunto con la universidad en el que los estudiantes puedan pasar tiempo con los ancianos a cambio de créditos universitarios.

* Hacer viajes organizados desde el Ayuntamiento para los ciudadanos de la tercera edad a lugares turísticos de los alrededores.

* Ofrecer a las empresas de los trabajadores que tienen familiares ancianos una subvención para que dichos familiares trabajen menos horas y puedan pasar más tiempo con los ancianos.

* Organizar una actividad semanal para poner en contacto a diferentes personas ancianas con la idea de que establezcan amistades y amplíen su círculo social.

* Conmutar las multas de delitos y faltas leves por horas de socialización con personas ancianas de la comunidad.

* Crear un marco de colaboración con los institutos y colegios de la ciudad para que las personas ancianas vayan a dar charlas sobre historia, lengua, filosofía… dependiendo de su formación.

¿Qué te parece cada una de ellas? Haz una grabación de voz (por ejemplo, con el móvil) en la que expliques los siguientes puntos (puedes enviársela a tu profesor).

• si te parece o no una buena solución;
• sus ventajas e inconvenientes;
• a quién beneficia y a quién perjudica;

• si puede generar otros problemas;
• si harías algún cambio o matizarías alguna de ellas.

17b 🗎 **DELE** Ahora, imagina que alguien te hace las siguientes preguntas sobre el tema. Graba tus respuestas. Puedes enviarle la grabación a tu profesor.

- De las propuestas dadas, ¿cuál te parece la mejor?
- ¿Dirías que tu país tiene una población envejecida, o más bien joven?
- En lo que se refiere a la soledad en la tercera edad, ¿cómo dirías que es la situación en tu país? ¿Se hace algo por dar compañía a las personas ancianas?
- ¿Crees que los mayores tienen un papel importante en la sociedad actual? Si no lo tienen, ¿deberían tenerlo?
- ¿Qué opinas de las relaciones de amistad entre personas jóvenes y ancianas? ¿Son posibles o no? ¿Por qué?

ESTRATEGIAS PARA EL EXAMEN

Este ejercicio corresponde a la Tarea 1 de la Prueba 4. Tendrás que leer entre cinco y siete propuestas para solucionar o mejorar una situación problemática (elegida entre dos opciones). La tarea se divide en dos partes: un breve monólogo en el que hablarás de las ventajas e inconvenientes de las propuestas, y una conversación con el entrevistador en la que ampliarás los temas del monólogo. Tendrás unos 10 minutos para preparar la tarea.

- Para preparar el mónologo, toma notas que te sirvan de guía en la exposición, pero no las leas directamente pues te puede penalizar.
- Asegúrate de valorar, al menos, cuatro de las propuestas.
- Además de las ventajas y desventajas, añade otra información relevante como: si harías algún cambio a alguna de las propuestas, etc.
- Y durante la conversación, no te limites a contestar a las preguntas con un "sí" o un "no" y añade ejemplos de tu experiencia personal.

17c Escucha tus grabaciones. Fíjate en los aspectos que puedes mejorar, toma nota de ellos en tu cuaderno y haz una nueva grabación.

Y PARA ACABAR...

Una vivencia que te haya hecho crecer como persona:

Información interesante de esta unidad:

Un mueble u objeto de tu casa al que tengas especial cariño:

Aunque no la cantes, una canción de antes que sea popular en tu país:

7 SUERTE

A ¡MENUDA MANÍA!

1a 🔊 14 Escucha el siguiente extracto del programa *El divino desván* sobre manías y supersticiones, y di si las siguientes afirmaciones son verdaderas (V) o falsas (F).

	V	F
1 Nadie está libre de alguna manía o superstición, por pequeña que sea.	☐	☐
2 Las manías o supersticiones son un comportamiento humano aprendido.	☐	☐
3 Estos comportamientos nunca se vuelven problemáticos.	☐	☐
4 El origen de las supersticiones suele tener una base religiosa o cultural.	☐	☐
5 El número de supersticiones existentes es infinito.	☐	☐

1b ¿Cuáles de las siguientes supersticiones se mencionan en el programa?

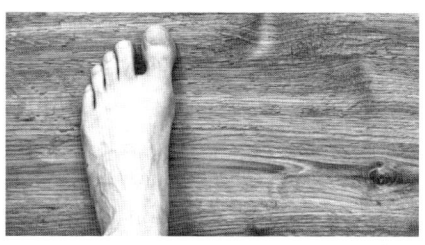

☐ 1 Cruzarse con un gato negro   ☐ 2 Lanzar arroz a los recién casados   ☐ 3 Levantarse con el pie izquierdo

☐ 4 Abrir un paraguas en un sitio cerrado   ☐ 5 Pasar por debajo de una escalera   ☐ 6 Romper un espejo

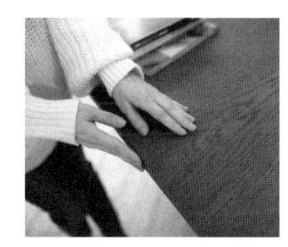

☐ 7 Derramar la sal   ☐ 8 Pisar un excremento   ☐ 9 Tocar madera   ☐ 10 Comer 12 uvas en Nochevieja

1c Ahora, coloca cada una de las supersticiones en su columna. Puedes buscar en internet.

Buena suerte	Mala suerte
Tocar madera	*Levantarse con el pie izquierdo*

1d En tu país, ¿hay alguna superstición diferente a las anteriores? Explícala brevemente en tu cuaderno.

1e Y tú, ¿eres una persona maniática o supersticiosa? Escribe en tu cuaderno un texto sobre tus manías o supersticiones.

¿Sabías que...?

Algunos de los escritores más conocidos de habla hispana son famosos, además de por sus libros, por sus manías o supersticiones: al parecer, Gabriel García Márquez necesitaba una rosa amarilla en el escritorio siempre que escribía; Isabel Allende enciende una vela y escribe hasta que se apaga; y, por su parte, Mario Vargas Llosa se sienta a escribir a las 7 de la mañana y nunca para hasta el mediodía.

2a Escoge la opción correcta en las siguientes frases.

1 Roberto es un maniático: siempre que sale de casa, se santigua porque dice que le da suerte… Yo no creo en esas cosas, pero, **en fin / por fin**, cada uno que haga lo que quiera.

2 ¡**En fin / Por fin** me han contratado! Seguro que fue porque toqué madera antes de la entrevista.

3 ¿Un paquete para mí? ¡**En fin / Por fin** me llega! Llevaba esperándolo muchísimo tiempo.

4 Madrugar, una hora hasta el trabajo, volver a casa tarde y cansado… **En fin / Por fin**, así es la vida.

5 Vale que sea supersticiosa y tenga muchas manías, pero es tan guapa… **En fin / Por fin**, que, aunque sea rara, me gusta.

6 Ya era hora de que te compraras un coche, **en fin / por fin** te decides. Estaba ya cansado de tener que llevarte a todas partes.

2b Ahora, grábate leyendo las frases anteriores. Presta atención a la entonación de *por fin* y *en fin*. Luego, compara tu entonación con la del audio 37 de la actividad **3a** del libro del alumno (página 63).

3a Relaciona las dos columnas para crear frases que tengan sentido.

1 Tan pronto como llegue a la playa,…
2 En cuanto sale un poquito el sol,…
3 Después de haber sobrevivido al accidente de coche,…
4 En el momento en que abría la puerta de casa,…
5 Cuando se hace de noche,…
6 Apenas tuviera hambre,…

a se tapa la cabeza con lo que tenga a mano.
b empezamos a hacer la cena.
c me echaré crema solar.
d haría la comida.
e se quitaba las zapatillas.
f empezaron a ser muy supersticiosos.

3b Conjuga el verbo entre paréntesis en la forma adecuada.

1 Todos los días, cuando _____ (salir, yo) de trabajar, llamo a mi madre por teléfono.

2 De pequeño, tan pronto como _____ (ver, yo) a mis amigos, corría a abrazarlos.

3 En cuanto _____ (sonar) el teléfono después de una entrevista de trabajo, correría a contestar.

4 Mañana, cuando _____ (salir, tú) de trabajar, escríbeme un mensaje.

5 Apenas _____ (ponerse) a llover, me encanta asomarme a la ventana y sentir la humedad.

6 Me cogería vacaciones en el momento en el que _____ (poder, yo).

7 Durante la universidad, después de ver un gato negro, _____ (asegurarse, él) de tocar madera.

8 En el momento en que _____ (hacerse) de noche, me iré a la cama.

3c Forma frases usando los elementos dados. Fíjate en el ejemplo.

Acción 1: hacer un examen / Acción 2: olvidarse de la lección / Futuro → *En cuanto haga el examen, me olvidaré de la lección.*

1 Acción 1: cenar / Acción 2: lavar los platos / Pasado

2 Acción 1: acabar las vacaciones / Acción 2: deprimirse / Presente

3 Acción 1: hacerse rico / Acción 2: acabar con la pobreza / Hipotético

4 Acción 1: levantarse / Acción 2: mirar Twitter / Presente

5 Acción 1: cumplir 18 años / Acción 2: sacarse el carné de conducir / Futuro

6 Acción 1: llegar al trabajo / Acción 2: encender el ordenador / Pasado

4a Esta entrada de *Basicast.com* da unos pasos para crear el guion de un buen pódcast. Completa el texto con los siguientes títulos.

> Objetivos - Desarrollo de cada parte de la historia - Ideas - Ponle título a tu pódcast - Documentación previa
> Esquema / Estructura - Revisión de guion completo - Revisión de arranque y final del pódcast

PASOS PARA CREAR EL GUION DE TU PÓDCAST

Cada uno tiene sus formas y sus costumbres, pero vamos a intentar dar unas pautas que te pueden servir para confeccionar el guion de tu pódcast con facilidad.

1 _____: lo primero es tener la idea general del tema sobre el que se quiere tratar y su enfoque, el punto de vista desde el que se va a abordar en el pódcast. ¿Tienes dificultades para generar contenidos? La clave para no quedarse seco de ideas es [...] tener muy clara la temática general de nuestros contenidos.

2 _____: tienes que marcarte un único objetivo principal por cada pódcast. ¿Qué quieres transmitir? ¿Qué quieres contar que quede claro? ¿A qué conclusión quieres llegar?

3 _____: básicamente se trata de definir una historia para nuestro pódcast. Un inicio con gancho, un planteamiento o hipótesis, un desarrollo y una conclusión final.

4 _____: la precisión es muy importante [...]. Aun cuando seas un gran experto en un tema, te vendrá bien tener datos precisos y actuales sobre el tema que tratas. Busca estos datos y apórtalos, eso da mucho valor a tu pódcast.

5 _____: ahora lo que te queda es la redacción del contenido del pódcast. Dependiendo de lo exhaustivo que quieras ser puedes escribir el guion completo de lo que vas a decir o solamente poner las ideas principales para luego exponerlas de manera natural sin leer nada específico.

6 _____: en la revisión del pódcast antes de grabarlo hay que prestar atención especial al principio y al final, ¿el principio engancha al oyente? ¿El final es contundente y deja buen sabor de boca?

7 _____: [...] en realidad este punto lo podemos llamar «madurar» el pódcast. Lo ideal es dejarlo reposar unos días por si se nos ocurre alguna manera de mejorar nuestro guion antes de la grabación.

8 _____: en ocasiones el título del pódcast lo tenemos muy claro desde el principio, pero en general suele ser complicado poner un título adecuado que responda al contenido y además despierte cierto interés en la audiencia. Aunque hayas puesto un título al principio, revísalo, a lo mejor se te ocurre algo mejor después de todo el trabajo que has hecho.

Adaptado de *https://basicast.com*

4b Ahora, escribe cada una de las siguientes palabras o expresiones al lado de su definición. Puedes ayudarte del texto anterior si no lo tienes claro.

> pauta - confeccionar - abordar - quedarse seco - exhaustivo - enganchar

1 _____: elaborar, crear algo.

2 _____: que es completo, que está hecho a fondo, en detalle.

3 _____: atraer mucho, llamar la atención.

4 _____: quedarse vacío, sin nada.

5 _____: tratar algo, hablar sobre algo, comenzar a hacer algo.

6 _____: modelo o indicación para hacer algo.

B LA BUENA SUERTE

5a Relaciona los elementos de las columnas y forma expresiones. Después, selecciona la actitud que te parece la clave de la buena suerte.

1 rodearse	a	conseguir nuestros objetivos
2 someterse	en	personas optimistas
3 esforzarse	de	vivir situaciones diferentes

5b Relaciona cada una de las expresiones anteriores con una de las siguientes.

> relacionarse con gente positiva - empeñarse en ver los aspectos negativos - estar abierto/a a nuevas experiencias olvidarse de las nuevas oportunidades - no afrontar lo que nos ocurre - apostar por aquello que queremos

1 _____

2 _____

3 _____

5c Explica la clave elegida en la actividad **5a** y escribe algún ejemplo de cómo esa actitud, en tu opinión, puede atraer a la suerte.

6a Ordena los elementos de estas frases y desvela unos consejos sobre la buena suerte.

1 que todo período / en / es temporal / Intenta confiar / de crisis

_____

2 mala suerte / No insistas / que tienes / y cambia / en / las cosas

_____

3 con / observar cómo pasa / verdaderamente significativo / sin hacer algo / No te conformes / el tiempo

_____

4 las decisiones / Si no sigues / quizás te arrepientas / de / tomadas / tu propia intuición,

_____

5 no por lo que sucede / Preocúpate / lo que pasa, / por / cómo interpretas

_____

6 la suerte te visite / si no te limitas / Es más probable que / vivir / en tu zona de confort / a

_____

6b ¿Qué más le recomendarías a quien se queja de su mala suerte? Escríbelo en tu cuaderno.

7a Lee este diálogo entre dos personas que hablan sobre qué es la suerte y ordena sus intervenciones de forma coherente.

1 **a** Yo creo que hay gente que tiene muy buena suerte, no en el sentido de que le toque por azar el euromillones al día siguiente de haber tenido una herencia millonaria de un familiar lejano y desconocido, pero sí suerte en cosas más cotidianas, como tener buena salud, o que el maestro o el médico de sus hijos sea supermajo o superempático…

☐ **b** Totalmente lo pienso así; otro ejemplo son los niños a los que les gusta la verdura o los que son respetuosos y educados con los demás, o los adolescentes que tienen una relación cálida y amorosa con sus padres… A ver si no va a ser tanto cuestión de suerte como el resultado de la acción consciente de unos padres por educar a sus hijos.

☐ **c** Sí, no son conscientes de que nuestra actitud es percibida por los demás y que acaba influyendo en cómo nos tratan. Por eso, mejor que andar maldiciendo nuestra mala suerte, hay que generar las condiciones adecuadas para que la buena suerte se acabe dando.

☐ **d** Pero entonces… ¿piensas que la suerte no es otra cosa que decisiones?

☐ **e** Sí, aunque también hay situaciones que no dependen de nuestro esfuerzo directamente, quizás son más cuestión de actitud. Ante una misma situación podemos sentirnos afortunados, desgraciados o de una manera neutra y muchas veces depende solo de nosotros que nos sintamos de esa forma.

☐ **f** Más o menos, pero ten en cuenta que eso de decir que una persona con salud es alguien con suerte nos puede servir como expresión coloquial y poco más, porque la salud, aunque puede tener un componente aleatorio, no es totalmente cuestión de suerte, sobre todo cuando hablamos de patologías que van asociadas al estilo de vida, como puede ser el sobrepeso.

☐ **g** Vale, estoy de acuerdo en que las personas que tienen buena o mala suerte habitualmente es por algo, hacen algo que influye en que eso finalmente acabe sucediendo. Lo de "Oye, qué suerte, qué bien te llevas con tu pareja"… tampoco es suerte, sino una serie de decisiones y de pequeñas acciones que esa pareja lleva a cabo en su día a día, ¿no?

☐ **h** Tienes toda la razón, porque hay gente que tiene la crítica como forma de vida: no los tratan como se merecen en un restaurante, los compañeros de trabajo, los profes o los médicos de sus hijos… Tienen problemas allá donde van.

7b ◄)) 15 Ahora escucha y comprueba.

7c Fíjate en estas palabras usadas de alguna manera en el diálogo anterior. Escríbelas en el lugar correspondiente, según los dos conceptos de suerte mencionados en él.

> esfuerzo - decisión - percepción - aleatoriedad
> acción - azar - casualidad - consciencia - actitud

La suerte

A es algo que sucede sin que intervengamos

B es algo que sucede con nuestra intervención

8a Elige la palabra adecuada en las opciones de cada enunciado.

1 La buena suerte no es una **casualidad / causalidad / cuestión**, es producto del trabajo.

2 La suerte es tan solo una forma de **huir de / enfrentarnos a / influir en** nuestra vida cotidiana.

3 El **engaño / secreto / fruto** de la buena suerte es reconocer o generar oportunidades.

4 La sonrisa de la suerte tiene que **apostarse / ganarse / perderse** a pulso.

5 La suerte es lo que construimos a partir del **azar / talento / esfuerzo** que compone nuestro universo.

6 Las personas **afortunadas / tensas / desgraciadas** suelen mirar el lado positivo de las situaciones negativas.

8b Escribe aquí tu propia frase sobre la buena o la mala suerte. Después, explica en tu cuaderno qué es para ti "tener suerte".

9a Une los elementos de estas expresiones.

1	tener	**a**	al azar
2	echar	**b**	con estrella
3	tentar	**c**	un golpe de suerte
4	ser	**d**	a la suerte
5	elegir	**e**	un suertudo
6	nacer	**f**	a suertes
7	descubrir	**g**	por azar

9b Completa las frases utilizando las expresiones anteriores y haz los cambios necesarios.

El microondas es un invento que se descubrió accidentalmente.
Inventos como el microondas se *han descubierto por azar*.

1 ¿Cómo hacemos el reparto? ¿Hacemos un sorteo?
Para hacer el reparto, propongo que lo _____ _____.

2 Compró un décimo de lotería y tuvo la suerte de que le tocara.
Silvia _____ y le tocó la lotería.

3 Álex es así, la suerte le sonríe en todo lo que hace.
Álex tiene mucha suerte, _____.

4 Me dijo que si unos tienen buena suerte, otros no tienen tanta.
En ese asunto piensa que unos _____ y otros, estrellados.

5 ¿Crees que arriesgarse en estos momentos es lo adecuado?
¿Te parece que _____ ahora es la mejor opción?

6 No comparto que quieras decidir el nombre echándolo a suertes.
No puedo entender que quieras _____.

10a Piensa en una respuesta breve a estos enunciados y anótala a su lado.

1 Un lugar al que te gustaría volver: _____

2 Un amigo de la infancia con el que quisieras quedar: _____

3 La primera empresa en la que trabajaste: _____

4 Un trabajo en el que podrías desarrollar tu talento: _____

5 Una persona cercana con la que te encantaría viajar: _____

6 El mayor problema al que has tenido que enfrentarte: _____

10b Completa ahora estas respuestas a las frases anteriores. Usa los verbos con preposición y los relativos con artículo donde sea necesario.

1 Me gustaría _____ la casa _____ viví cuando yo era niña.

2 Quisiera _____ mi amiga Inma, _____ no veo desde hace doce años.

3 Mi primer empleo fue en una empresa de informática, _____ trabajé y aprendí mucho.

4 Creo que me desarrollaría profesionalmente si _____ ese tipo de proyectos _____ te exigen ser creativo.

5 Mi compañero David es _____ me gustaría viajar a Marrakech, porque se lo conoce muy bien.

6 Hace seis años tuve que _____ una deuda económica _____ tuve que vender mi casa.

10c Escribe en tu cuaderno una respuesta desarrollada que conteste a tres enunciados de la actividad **10a**.

11 Lee las frases y corrige en cada una el error que hay en el artículo o la preposición de la estructura relativa.

1 Ana es la amiga <u>con la que</u> más confiaba y me traicionó.
_____

2 Ha pasado las vacaciones con sus suegros, <u>con las que</u> se lleva fatal. _____

3 Visité las tiendas <u>en las que</u> me habías hablado en tu carta.

4 William, el chico <u>del que</u> te presenté, ya ha vuelto a su país.
_____

5 El coche <u>en lo que</u> iremos a Madrid me lo deja un amigo.
_____

6 <u>De las que</u> no sé nada es de Amelia, ¿tú sabes algo de ella?
_____

7 Tú eres la única persona <u>en la que</u> le he contado la verdad.

8 No había nadie conocido, <u>por los que</u> no tardé en marcharme. _____

Recuerda

En las estructuras relativas del tipo **preposición + artículo + que**, el artículo que precede al pronombre relativo varía en género y número según la palabra a la que se refiere *(el que, la que, lo que, los que, las que)*:
*La suerte es **algo** en **lo** que puedes creer o no.*
Y la preposición que precede al artículo es la que lleva el verbo de la oración relativa: *"depender de"* → *Las circunstancias **de las que depende** su suerte están muy claras.*

12 Mira las imágenes y escribe una frase que defina cada "objeto" sin decir su nombre, usando una de las estructuras relativas de la actividad anterior. Fíjate en el ejemplo.

    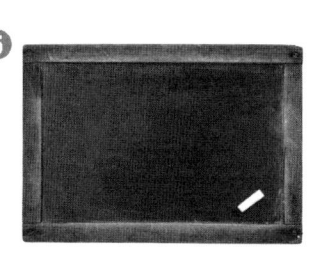 

1 *Es un animal al que evitan los supersticiosos.*

2 _____

3 _____

4 _____

5 _____

6 _____

C LLÁMAME LOCO

13a Relaciona las siguientes expresiones que aparecen en el audio 39 de la actividad **1b** del libro del alumno (página 66) con la definición más adecuada.

1	Dar tablas	a	Rendirse, no seguir intentando algo.
2	Haber buen rollo	b	Tener buen ambiente, buena relación entre las personas.
3	Estar encorsetado/a	c	Proporcionar habilidades o estrategias para hacer algo.
4	Tirar la toalla	d	Llevarse una decepción, desanimarse.
5	No tener precio	e	Tener un valor que no se puede calcular.
6	Venirse abajo	f	No poder improvisar, hacer siempre lo mismo.

13b Ahora completa estas frases con las expresiones anteriores. Haz los cambios necesarios.

1 La verdad es que poder trabajar desde casa, pasar más tiempo con mi familia y ahorrarme dos horas al día en el transporte público es algo que _____.

2 Me considero una persona aventurera, por eso viajo y trabajo por todo el mundo; no podría tener un trabajo de esos de oficina y _____ en la rutina todos los días de 8 a 5.

3 Aunque en ese momento no lo sabía, las clases de teatro del colegio me _____ para mi futuro trabajo como profesor.

4 Estuve estudiando unas oposiciones durante ocho años, y después del último suspenso decidí _____ _____ y hacer otra cosa: ahora tengo mi propia panadería y me va muy bien.

5 En mi empresa puedo teletrabajar cuando quiera, pero en la oficina _____ y no me importa ir para estar con mis compañeros.

6 No importa si nos marcamos objetivos difíciles de conseguir: lo más importante es no _____ _____ y ser constante.

13c Completa estas frases con tu información personal.

1 Un momento en el que pensé en tirar la toalla fue _____.

2 Me vine abajo cuando _____

3 Para mí, algo que no tiene precio es _____

4 El lugar en el que más buen rollo he visto ha sido _____

5 Alguna vez me he sentido encorsetado/a cuando _____

6 Algo que me dio tablas fue _____

14a Selecciona la opción que <u>no</u> es correcta en cada caso.

1 Todos los meses hago una pequeña donación a una ONG…
   a con el objetivo de que personas refugiadas puedan tener acceso a educación.
   b para ayudar a los refugiados que viven en los campos.
   c para que pudiera mejorar el futuro de los refugiados.

2 Cuando estudiaba, siempre llevaba un amuleto…
   a para darme suerte en los exámenes.
   b para sentirme más segura antes de un examen.
   c a fin de que me diera suerte en los exámenes.

3 Según el investigador Richard Wiseman, deberíamos ser más abiertos…
   a para que la suerte llame a nuestra puerta.
   b para que nos trajera mejor suerte.
   c para atraer a la buena suerte.

4 Durante un tiempo, Jankidar compaginó varios trabajos…
   a para que su familia pudiera sobrevivir.
   b para poder pagar las tasas de la universidad.
   c con la intención de que su familia pueda vivir.

5 De pequeño siempre llevaba los mismos calcetines en los partidos…
   a para que no rompiera con la tradición.
   b para que me dieran suerte.
   c para seguir con mi tradición y marcar un gol.

6 Un compañero de trabajo me ha recomendado el libro de Álex Rovira…
   a para que mi suerte mejore.
   b para que mi suerte mejorara.
   c para ser más positivo.

14b Ahora escribe en tu cuaderno otro final correcto para cada una de las frases anteriores.

15 Elige en cada caso *para* o *para que* y completa con el tiempo correcto.

1 Cuando trabajaba como captadora de socios en la calle, mucha gente fingía hablar por teléfono **para / para que** yo no los _____ (parar).

2 Mi abuela era una persona muy religiosa y siempre rezaba **para / para que** todo me _____ (salir) bien en la vida.

3 La mayoría de inmigrantes envían todo el dinero que pueden a su país **para / para que** sus familias _____ (poder) salir adelante.

4 Mi hermana tenía muchísimo talento como bailarina, pero le faltó algo de suerte **para / para que** alguna compañía de danza _____ (fijarse) en ella.

5 Ernesto tenía un TOC y siempre tenía que volver a casa varias veces **para / para que** _____ (comprobar) que la puerta y todas las ventanas estuvieran cerradas.

6 Soy bastante supersticiosa, por eso hablé con la azafata **para / para que** me _____ (cambiar) de asiento: ¡no podía volar en la fila 13!

7 Para mí, la clave **para / para que** _____ (tener) éxito en la vida es mostrar siempre una actitud positiva y estar abierto a todo.

8 La portavoz de la ONG ha hecho un llamamiento **para / para que** _____ (atraer) a nuevos socios.

9 El trabajo como captador de socios de una ONG me sirvió **para / para que** _____ (perder) el miedo a hablar con desconocidos.

10 Hace unos días me llamaron de la ONG con la que colaboro **para / para que** _____ (aumentar) mi aportación mensual, pero les dije que ahora es imposible.

16 Relaciona estas informaciones y escribe frases en tu cuaderno usando *para* o *para que*.
Presta atención a los verbos y haz los cambios necesarios. Hay más de una opción posible.

Mandé un correo electrónico		subir el salario
Va a cambiar de trabajo		celebrar la buena noticia
Fueron al médico		tener un estilo de vida diferente
Habló con su jefa	para (que)	tener más oportunidades laborales
Quiere apuntarse a un curso de francés	a fin de (que)	hacer una revisión
Cambié mi alimentación	con el objetivo de (que)	conocer otras culturas
Van a tomarse un año sabático		atraer la buena suerte
Llevaba un amuleto en el cuello		contentar a su familia
Queremos hacer una fiesta		dar la buena noticia

17 ¿Para qué usarías los siguientes objetos en estas situaciones? Compara tu respuesta con la de tus compañeros y decidid quién tiene las respuestas más originales.

Un abrelatas en un zoo.

- *Usaría un abrelatas en el zoo para que los animales pudieran comer comida de más calidad.*
- *Pues yo lo usaría para cortar las rejas de sus jaulas y liberarlos.*

1 Un mechero en una maratón.

2 Un cargador de móvil en una isla desierta.

3 Unas gafas de sol en la luna.

4 Un paracaídas en los pasillos de un centro comercial.

5 Una tabla de surf en el centro de Madrid.

6 Una nariz de payaso en un funeral.

7 Unos palillos en una entrevista de trabajo.

8 Una tienda de campaña en una boda.

18a 📄 **DELE** Observa la imagen y descríbela grabándote en el móvil durante 2 o 3 minutos. Ten en cuenta los siguientes aspectos para la descripción. Puedes compartirla con tu clase.

- Personas: quiénes son, dónde están, cómo son, qué están haciendo, qué relación hay entre ellas…
- Lugar: ¿cómo es?, ¿sabes dónde están?
- Objetos: qué objetos hay, para qué sirven, cómo son…
- ¿Qué crees que está pasando?, ¿de qué están hablando estas personas?

ESTRATEGIAS PARA EL EXAMEN

Este ejercicio corresponde a la Tarea 2 de la Prueba 4. En la prueba recibirás una lámina con dos imágenes, entre las que tendrás que elegir solo una y describirla durante 2 o 3 minutos. Después, el entrevistador te hará preguntas sobre la situación de la fotografía. Antes de empezar, dispones de algo de tiempo para preparar esta tarea.

- Empieza describiendo lo que ves en la imagen. Sigue un orden lógico (de izquierda a derecha, de arriba abajo…) y usa expresiones como "en primer plano", "en la esquina superior derecha"…
- Describe lo que ves y haz hipótesis sobre lo que crees que pasa.
- Recuerda que no hay una respuesta correcta o incorrecta.

18b 📄 **DELE** En la segunda parte de la tarea, el entrevistador te hará unas preguntas sobre la imagen. Escribe en tu cuaderno una posible respuesta para estas preguntas y añade dos preguntas más que se podrían hacer.

- ¿Qué motivos cree que pueden tener estas personas para abandonar su hogar?
- ¿Qué haría usted en una situación similar?
- ¿Qué deberíamos hacer como sociedad para ayudar a las personas en esta situación?

EN ACCIÓN

19 Aquí tienes las instrucciones de cuatro juegos típicos en España. ¿A qué imagen corresponde cada uno de ellos?

EL PARCHÍS

LA ESCOBA

LA OCA

LA RAYUELA

1 Por turnos, cada uno de los jugadores utiliza uno de los naipes de su mano y tantos como quiera de los que hay encima de la mesa para sumar quince puntos. Si es capaz de sumar quince, se guarda los naipes utilizados para contarlos al final de la partida; si no es capaz de sumar quince, deja una carta en la mesa. Cuando se acaban los naipes, se hace un recuento: el jugador que más naipes haya conseguido obtiene un punto; el que más oros haya conseguido, otro; el que más sietes tenga, otro; y el que tenga el siete de oros, un punto más. Cada vez que un jugador, al sumar quince puntos durante su turno, barra la mesa (es decir, la deje sin cartas para que coja el resto de los jugadores), consigue un punto extra. Gana el que más puntos consigue. ☐

2 Para este juego es esencial tener una piedra (que a veces se llama "tejo") y unas casillas numeradas del uno al diez. Desde la posición del comienzo, hay que tirar el tejo de manera que caiga justo dentro del número uno. Una vez conseguido esto, hay que pasar por todas las casillas saltando (con uno o dos pies, dependiendo de la casilla) hasta llegar a la casilla número diez, y una vez allí volver hasta el principio. Cuando esto se ha conseguido, se repite el proceso, pero esta vez tirando el tejo a la casilla del dos, luego a la del tres... así hasta llegar a la última casilla. ☐

3 Este juego no tiene límite de participantes, y tiene un objetivo claro: que cada uno de ellos llegue, con su ficha, al final del recorrido. Eso sí, no es tan fácil como parece: según la casilla en la que caigamos, nuestra ficha sufrirá diferentes consecuencias. Así, si caemos en una casilla con un puente, la corriente nos transportará al otro puente (¡y puede ser para delante o para atrás!); si caemos en la casilla del pozo, nos quedaremos atrapados dos turnos; y, si la ficha da a parar en la casilla de la calavera, ¡tendremos que volver a empezar desde el principio! La mejor casilla del tablero es aquella con el animal que da nombre al juego: cuando caigamos en una de estas casillas (hay varias a lo largo del recorrido), avanzaremos hasta la siguiente y podremos volver a tirar el dado. ☐

4 El juego está hecho para cuatro personas, cada una con un color. Cada jugador tiene cuatro fichas que debe sacar del círculo de su color (para lo que necesita sacar un cinco en el dado) y conseguir que den la vuelta al tablero, moviendo tantas casillas como indiquen los dados. Por el camino se puede encontrar con varios obstáculos: si otro jugador tiene dos de sus fichas en la misma casilla, el camino estará bloqueado; si la ficha de un jugador cae en una casilla en la que se encuentra la de otro jugador, el primer jugador se "comerá" la ficha del segundo, mandándolo de vuelta a casa y avanzando su propia ficha veinte casillas. Cada vez que una ficha dé toda la vuelta al tablero, el jugador moverá otra de sus fichas diez casillas. Ganará quien primero llegue con sus cuatro fichas al final. ☐

¿Sabías que...?

La rayuela, además de ser un juego muy popular (o quizás precisamente debido a ello), ha dado también nombre a una de las obras literarias más importantes en habla hispana: *Rayuela*, del escritor argentino Julio Cortázar (1914-1984). El nombre de la novela es una referencia a las formas en las que se puede leer: un tablero que se encuentra en la primera página del libro nos explica que podemos leerlo en su orden natural o saltando de unos capítulos a otros, como si de casillas de la rayuela se tratase.

20 📄 **DELE** Lee el siguiente texto sobre un juego tradicional español del que se han extraído algunos fragmentos. Decide en qué lugar del texto hay que colocarlos. Hay dos fragmentos que no tienes que elegir.

Un juego de chinos muy español
Un pastor leonés del siglo XVIII inventó esta popular distracción

M. Arrizabalaga

El popular «juego de chinos» nació en el año 1787 en un pequeño pueblo de León, Bercianos del Real Camino […]. **(1)** ___. Cogió unas pequeñas piedras del suelo –las chinas– e invitó a los otros pastores a hacer lo mismo y a ocultar en la mano las que les pareciera bien para adivinar después, con la mano cerrada, cuántas sumaban entre todos sin repetir el número. […] El juego rural se extendió fácilmente con la trashumancia que pasaba por Madrid camino de las dehesas de Extremadura y Andalucía (…). **(2)** ___. Aunque el secreto de su éxito reside más en la astucia necesaria para ganar. […] Madrid, León, Salamanca o Bilbao son algunos de los puntos geográficos en lo que se sigue oyendo en los bares frases como «gancho al trapero» (el 7), «barreiros» (el 8), «la mano en niño» (el 5) o el «gusanillo» (el 6), del argot del juego. **(3)** ___. […]

Las trampas más comunes

Aunque parece sencillo, son muchas las argucias con las que uno puede resultar engañado. José Antonio Hidalgo ofrece algunas pistas para novatos:

1. Duda de quien te diga siempre que abras la mano primero. Eso le facilita a él sacar o no y dejar caer de alguna manera la moneda o la piedra. «Es muy fácil ocultar una moneda entre los dedos y sacarla o no según convenga» y así lo demuestra. **(4)** ___. Lo suyo es abrir las manos al mismo tiempo y dejarlas bien visibles.
2. Atento si juegas contra dos que son amigos. **(5)** ___.
3. Comprueba que realmente el contrario está jugando con monedas. Hay que verificarlas antes de empezar porque más de uno ha jugado sin tener chinos después de simular el gesto de meterse la mano al bolsillo.
4. Define bien con qué se juega. **(6)** ___.

Extraído de *https://www.abc.es*

FRAGMENTOS

a Atento a si se atusa el pelo, puede dejar caer la moneda al cuello de la camisa.

b Algunos mezclan monedas y palillos, por ejemplo, y luego dicen que el palillo vale o no dependiendo de la jugada.

c Cada ciudad y barrio juega con unas reglas diferentes, a veces muy complicadas.

d Fue Felipe Valdeón Triguero, un pastor de la localidad, quien a los 41 años inventó el juego para pasar las horas durante el pastoreo.

e Su extrema sencillez, apenas hacen falta tres piedras, monedas o incluso palillos u otros pequeños objetos, convertía al juego en el idóneo para ser «transportado».

f Puedes usar señales para darle pistas a tu compañero.

g Porque casi todos los números tienen su correspondiente apodo.

h Mira con detenimiento sus manos porque pueden indicar al otro con los dedos las que llevan ocultas.

ESTRATEGIAS PARA EL EXAMEN

Este ejercicio corresponde a la Tarea 3 de la Prueba 1. En ella tienes que completar un texto con diferentes fragmentos. Hay seis huecos y ocho fragmentos para elegir.

- Lee el texto completo para tener una idea general de su estructura y contenido.
- Después, lee los ocho fragmentos para hacerte una idea de en qué huecos pueden encajar.
- Mira si el fragmento que falta hace referencia a lo ya mencionado o introduce algo de lo que se va a hablar a continuación.
- Asegúrate de que los fragmentos no contradigan la información dada en el texto.

Y PARA ACABAR...

Tu manía más extravagante:

Tu secreto para la buena suerte:

Estudias español para que…

Información interesante de esta unidad:

8 CON DUENDE

A RINCONES CON DUENDE

1a Relaciona estas palabras para formar expresiones referidas a lugares y paisajes.

> arquitectónico - espectáculo - panorámica - con duende - obligada - de la Biosfera - parajes - mediterráneo

1 rincones _____
2 increíbles _____
3 bosque _____
4 reserva _____

5 visita _____
6 conjunto _____
7 vista _____
8 imponente _____

1b Completa las frases con las expresiones anteriores en su forma adecuada.

1 Estuvimos en la Ruta del Cares, un sendero ubicado en un desfiladero de los Picos de Europa, y disfrutamos de sus maravillosos paisajes e _____ .

2 Aunque el lugar ofrece múltiples posibilidades, hay una _____ en la primera toma de contacto con este singular espacio natural, que consiste en el paseo hasta la ermita.

3 Según las últimas investigaciones, el _____ se reducirá prácticamente a matorral (ecosistema de arbustos) en 100 años por los efectos del cambio climático.

4 Me encantó la Alhambra, que como _____ es uno de los monumentos más espectaculares del planeta y, sin duda, el referente del arte islámico en España.

5 Un _____ , o "con encanto", es un lugar con algo especial o mágico que permite la evocación y una intensa respuesta emocional de quien lo contempla.

6 Las cataratas de Iguazú son un _____ natural. Es fácil imaginarse a reptiles voladores planeando sobre las enormes cortinas de agua.

7 Un pequeño camino te lleva al denominado "balconcillo" y a través de una ventana natural en la roca se pueden contemplar unas espectaculares _____ del Parque Natural.

8 España es uno de los países junto con Estados Unidos, México y Rusia en tener más " _____ por la UNESCO" del mundo, con una biodiversidad de flora y bosques increíbles.

2a ¿Qué palabras usarías para describir estos tres lugares? Escribe en tu cuaderno las cuatro expresiones más adecuadas para cada imagen y su traducción a tu lengua.

> | | | |
> |---|---|---|
> | catarata impresionante | vegetación exuberante | aguas cristalinas |
> | extensas playas | paraíso tropical | magníficos edificios |
> | monumento espectacular | paraje asombroso | prodigio de la naturaleza |
> | bien conservado | biodiversidad marina | visita obligada |

A Salto Ángel (Venezuela)

B Plaza de España (Sevilla, España)

C Parque Natural Tayrona (Santa Marta, Colombia)

2b Lee estos textos y relaciónalos con la imagen correspondiente de la actividad anterior.

❶ Realmente es difícil describir con palabras la belleza de este lugar, reserva de la Biosfera por la Unesco desde 1979, gracias a la biodiversidad que habita este escenario natural. Es un lugar totalmente mágico que posee las mejores playas de esta zona del Caribe, pero rodeadas de selva, rocas gigantescas y sierras. El visitante puede encontrarse con más de 770 especies de plantas, 300 tipos de aves y 1000 especies marinas. ☐

❷ Una enorme columna de agua que brota furiosamente de la imponente pared de roca en el Parque Nacional de Canaima cae con un ensordecedor bramido y desaparece entre una densa bruma de agua pulverizada antes de alcanzar el río Churún. Así es la cascada más alta del mundo con sus 979 metros de altitud, de los cuales tan solo 807 son caída continua, mientras que el resto son pequeños saltos de agua entre la rica vegetación. ☐

❸ Es un espectáculo de luz y majestuosidad con una superficie total de 50 000 metros cuadrados. Tiene un canal de 515 metros de longitud, que puedes recorrer a bordo de una barca, y hay grandes bancos decorados con cerámica en los que se representa a las provincias del país, generalmente mostrando algún monumento característico o un momento histórico concreto. La forma semicircular del conjunto arquitectónico simboliza el abrazo a Latinoamérica. ☐

3a Lee las informaciones (a) y ordena los elementos de la oración pasiva correspondiente (b).

1 a El arquitecto Aníbal González diseñó la Plaza de España de Sevilla e hicieron falta 15 años para su construcción.

b fue diseñada / la Plaza de España / Aníbal González / por el arquitecto / de Sevilla

_____

2 a Bautizaron a la cascada como "Salto Ángel" en honor del piloto norteamericano Jimmy Ángel, quien la descubrió oficialmente.

b Jimmy Ángel / fue bautizada / en honor del piloto norteamericano / la cascada / como "Salto Ángel"

_____

3 a Un peregrino francés que llegó a Santiago de Compostela en 1143 escribió la primera guía turística de la historia.

b fue escrita / la primera guía turística / por un peregrino francés / de la historia

_____

4 a La Unesco declaró Patrimonio de la Humanidad el Parque Nacional de Canaima en 1994.

b Patrimonio de la Humanidad / de Canaima / fue declarado / el Parque Nacional / por la Unesco

_____

3b Transforma estas oraciones activas en pasivas con el verbo *estar*. Haz como en el ejemplo.

Cerrarán el bar por vacaciones. → *El bar estará cerrado por vacaciones.*

1 Ya han restaurado la Catedral de Santiago de Compostela y se puede visitar como antes.

_____

2 Han conservado bien la ciudad maya de Chichén Itzá, en Yucatán (México), y por eso es uno de los lugares más turísticos del país.

_____

Recuerda

La voz pasiva se forma con el verbo **ser + participio** y expresa una perspectiva diferente de la voz activa, porque pone el foco en la persona o cosa que recibe la acción y no en quien la realiza:
ACTIVA: _Juan **graba** en vídeo los lugares que visitamos._ (Foco: ¿Quién graba?)
PASIVA: _Los lugares que visitamos **son grabados** en vídeo por Juan._ (Foco: ¿Qué graba Juan?)
El participio de la construcción pasiva concuerda en género y número con el sujeto _(lugares - grabados)._

¡Fíjate!

La estructura pasiva más frecuente en español es la construcción con el verbo **estar + participio**:
Los lugares que visitamos **están grabados** en vídeo.
En la pasiva con _estar_ ponemos el foco en el término o resultado de la acción, a diferencia de la pasiva con _ser_, que destaca el proceso de la acción vista en su desarrollo _(fueron grabados)._
Como la pasiva con _estar_ se utiliza con participios que hacen referencia al estado que resulta de una acción o un proceso, es menos frecuente que la persona que realiza la acción esté explícita y, por ello, no suele llevar complemento con preposición _por_.

4 Elige la opción adecuada para completar las frases. Ten en cuenta si el foco se pone en el resultado o en el proceso.

1 La televisión _____: enciéndela, por favor.
   a está apagada   **b** es apagada

2 Llegué tarde y el museo _____.
   a estaba cerrado   **b** era cerrado

3 La mujer _____ por los bomberos.
   a estuvo rescatada   **b** fue rescatada

4 Nos podemos ir: los niños ya _____.
   a están vestidos   **b** son vestidos.

5 El museo _____ en los años 40.
   a estuvo reformado   **b** fue reformado

6 El parque _____ las 24 horas.
   a estará abierto   **b** será abierto

5 📄 **DELE** ◀)) **16** Imagina que colaboras en la redacción de una guía turística sobre Andalucía (España) y has recibido la propuesta de escribir sobre una ruta de la Málaga tradicional. Escucha el fragmento de una audioguía y toma notas para luego utilizarlas en tu correo de respuesta.

En el correo debes:

- Agradecer la oportunidad de escribir sobre la ciudad y expresar tu interés en el tema.
- Incluir el texto-resumen que has escrito como primer borrador.
- Solicitar algún tipo de información o ayuda para aceptar la propuesta.

El biznaguero

El cenachero

ESTRATEGIAS PARA EL EXAMEN

Este ejercicio corresponde a la Tarea 1 de la Prueba 3. Tienes que escuchar un texto informativo y redactar una carta o correo electrónico de unas **150-180 palabras** con los contenidos más importantes. Escucharás la información dos veces.

- En la primera audición, toma notas del contenido en forma de esquema, diferenciando las ideas principales de las secundarias. Aprovecha la segunda escucha para completar tu esquema y desarrollarlo después por escrito.
- Por otro lado, fíjate en los puntos que debes responder en tu carta o correo y no dejes de contestar a ninguno de los puntos. Ten en cuenta también si el registro de tu escrito debe ser formal o informal, dependiendo del contexto de la tarea.
- Intenta exponer las ideas de manera clara, respetando las reglas del género epistolar (saludo, despedida, tratamiento de usted, etc.).

6a Elige una de estas tres fotografías y y describe en tu cuaderno cómo es el lugar. Utiliza este vocabulario si puede ayudarte en la redacción.

| valle - horizonte - pradera - hierba - poza - rocas |
| acantilado - laguna - monte - entorno - sendero |
| montaña - vegetación - naturaleza - … |

| precioso/a - maravilloso/a - excepcional - virgen |
| bello/a - magnífico/a - espléndido/a - exuberante |
| impresionante - solitario/a - frondoso/a - … |

① Parque Nacional Monte Perdido
(Huesca, España)

② Volcán Rincón de la Vieja
(Guanacaste, Costa Rica)

③ Playa del Sable de Tagle, Suances
(Cantabria, España)

6b Imagina que las imágenes anteriores son fotos de tu álbum de viajes y contesta a las preguntas. Utiliza el siguiente vocabulario si lo necesitas.

> serenidad - alegría - placer - calma - vértigo - cansancio
> energía - relax - soledad - luz - libertad - paz - ...

1 ¿Qué emociones despertó en ti caminar por Monte Perdido?

_____

2 ¿Cómo recuerdas ese baño en Costa Rica?

_____

3 ¿Qué sentiste ante el paisaje de la playa de Cantabria?

_____

6c Ahora grábate en el móvil comentando las fotos de tu álbum a un amigo. Coméntale cómo eran esos lugares y qué sensaciones te transmite su recuerdo.

B LA MAGIA DE LOS RITOS

7a Lee estas frases con la palabra *costumbre* o con palabras derivadas. Después, sustituye las expresiones en negrita por una de las siguientes palabras, en su forma adecuada.

> soler (x2) - adaptarse - habituar

1 Cuando me mudé a Alemania, al principio me costó un poco **acostumbrarme** a los horarios de las comidas. ¡Para mí era muy difícil comer antes de las dos! _____

2 Todos los fines de semana, **tengo la costumbre de** comprar el periódico y tomarme una tostada de pan con tomate en la terraza de un bar. ¡Es mi momento favorito de la semana!

_____

3 Llevo varios años viviendo en el centro de la ciudad, así que ya estoy **acostumbrado** al ruido por la noche: casi ni me molesta.

_____

4 Mi abuelo **acostumbraba a** mandar tarjetas a toda la familia cuando se aproximaba la Navidad: yo todavía conservo todas las que me envió. _____

7b Ahora completa en tu cuaderno estas frases con tu información personal.

1 Me costó mucho acostumbrarme a...
2 La verdad es que no estoy habituado a...
3 Tengo la costumbre de...
4 Cuando era más joven, acostumbraba a...

8a Relaciona para formar expresiones correctas.

> una ofrenda - las velas - los platos - un árbol
> cercano - la unión - íntima - acción

1 soplar _____   5 sellar _____
2 familiar _____   6 buena _____
3 plantar _____   7 presentar _____
4 ceremonia _____   8 probar _____

8b Ahora completa estas frases con alguna de las expresiones de la actividad anterior. Recuerda hacer los cambios necesarios.

1 Aunque ellos siempre habían querido celebrar su boda por todo lo alto, las restricciones impuestas durante la pandemia los obligaron a optar por una _____ a la que solo fueron invitados los _____.

2 ¿Cómo celebráis los cumpleaños en tu país? En el mío es costumbre tirar de las orejas al cumpleañero: ¡un tirón por cada año! También comemos tarta, cantamos el "Cumpleaños feliz" y el cumpleañero _____ de la tarta.

3 En muchas fiestas populares, es costumbre _____ _____ florales a las vírgenes y santos asociados a la ciudad. En otras palabras, la gente les lleva flores para darles las gracias.

4 La mejor opción para _____ de ese restaurante de renombre es pedir el menú degustación: las cantidades son más pequeñas pero así puedes degustarlos.

5 En la boda en la que estuve el año pasado los novios, para _____, además de darse el "sí, quiero", _____ en recuerdo de todas las personas que no pudieron estar presentes. Lo podrán cuidar y ver crecer, y me pareció un gesto muy emotivo.

9a Relaciona las fotografías con los siguientes rituales del mundo hispano.

A Feria de las Flores (Medellín, Colombia)

B Noche de San Juan (Comunidad Valenciana y Cataluña, España)

C Día de Muertos (México)

 ❶ ■

 ❷ ■

 ❸ ■

9b Busca información en internet sobre las fiestas anteriores y clasifica las siguientes palabras según el ritual con el que crees que están asociadas. En ocasiones, puede haber más de una respuesta.

> ofrenda - hoguera - altar - calavera - orquídea - llamas - desfile - solsticio - fallecimiento
> fuego - alma - colorido - cruces - prender - quemar - clavel - difunto - playa

Feria de las Flores	Noche de San Juan	Día de Muertos

9c 🔊 17 Ahora vas a escuchar información sobre uno de los elementos más importantes del Día de Muertos: el altar de muertos. Escucha con atención y contesta a las preguntas.

1 Según esta tradición, los niños…

  a vuelven a la tierra el mismo día que los adultos.

  b regresan a la tierra antes que los mayores.

  c vienen después de sus familiares más mayores.

2 Un altar que tenga tres niveles…

  a significa que el difunto ha vivido tres etapas importantes en su vida.

  b representa el inframundo y los dos estados del alma.

  c incluye el cielo, la tierra y el inframundo.

3 La purificación del alma se representa a través…

  a del color amarillo.

  b del arco de flores.

  c de los olores.

4 Las cruces en el altar de muertos se hacen…

  a con velas.

  b con la disposición de la comida.

  c con varios vasos de agua.

5 ¿Cuál de los siguientes elementos se representa con comida?

  a El viento.

  b La tierra.

  c El fuego.

6 El pan de muerto…

  a simboliza a la persona fallecida.

  b puede ser de azúcar o de chocolate.

  c lleva arroz o mole en su interior.

7 Uno de los elementos fundamentales del altar de muertos es…

  a un juguete.

  b una imagen de un perro.

  c una cámara de fotos del difunto.

9d Piensa en una fiesta o ritual popular en tu país y prepara una presentación similar. Grábate con el móvil y compártela con tus compañeros.

¿Sabías que…?

El Día de Muertos se celebra el 1 de noviembre en México, país en el que la muerte no se vive de manera tan triste y negativa como en otros lugares. Este día, las familias se reúnen alrededor del altar de muertos en los cementerios y celebran la vida de sus difuntos familiares. En España, por ejemplo, ese mismo día se celebra el Día de Todos los Santos, en el que también es tradición acudir al cementerio, pero con un ambiente mucho menos festivo.

10a Relaciona las siguientes situaciones con la expresión de sorpresa más adecuada.

1 Invitas a unos amigos a casa y traen una botella de vino caro.
2 Un amigo te llama para invitarte a cenar después de mucho tiempo.
3 Por motivos laborales, tus amigos no pueden unirse al plan de pasar el fin de semana en una casa rural.
4 Hace unos días te encontraste con un viejo compañero del colegio.
5 Te cuentan que han visto a tu pareja con otra persona en actitud cariñosa.
6 Un amigo te pide que le prestes varios miles de euros.

a ☐ ¡Qué alegría! Me hace mucha ilusión hablar contigo.
b ☐ ¡Qué le vamos a hacer! Otra vez será…
c ☐ ¿Quééééé? ¿Pero qué me estás contando?
d ☐ ¡Qué detalle! No teníais que haberos molestado.
e ☐ ¿Cóóóomo? ¿Te crees que soy el Banco de España?
f ☐ ¡Qué ilusión me hizo que nos viéramos después de tanto tiempo!

10b Ahora piensa tú en una reacción para estas situaciones. Después, grábate y pon atención a la entonación.

1 Ves en un documental que en algunas culturas las bodas duran varios días.

2 Lees que algunos rituales incluyen sacrificios animales.

3 Te vas a jubilar y tus compañeros de trabajo te hacen un regalo inesperado.

4 Te enteras de que están regalando cafés gratis.

5 Parece que un amigo va hablando mal de ti a tus espaldas.

C DIME QUÉ ELIGES, Y TE DIRÉ CÓMO ERES

11a ◀)) 18 Vas a escuchar a tres personas hablar de sus gustos e intereses. Presta atención a lo que dicen y, después, escribe qué resultado crees que obtendrían en el test de la página 74 del libro del alumno y por qué.

Manuel

Marina

Janick

Resultado que sacaría en el test:

Resultado que sacaría en el test:

Resultado que sacaría en el test:

11b A continuación, Manuel, Marina y Janick hablan sobre una de sus experiencias favoritas, pero los textos están incompletos. Coloca en su lugar los fragmentos que faltan.

A El último viaje que hice, a Nueva York, me fascinó, aunque quizás no por las razones por las que la ciudad le suele encantar a todo el mundo: **(1)** ____. Me emocioné al encontrar a tanta gente que compartía mi pasión. Además de compartir mi tiempo y mis experiencias con otros a los que les vuelve locos la misma actividad que a mí, otra de las cosas buenas del viaje fue que pude hacer diferentes actividades y decidir sobre la marcha, porque viajé solo. **(2)** ____. Si tuviera que quedarme con una sola experiencia de todo el viaje, eso sí lo tengo claro: **(3)** ____. El rumor del agua, el sonido de la pelota contra el suelo y el olor a verano en el aire hacen que me emocione cada vez que lo recuerdo.

B ¿Mi experiencia favorita en lo que llevo de vida? No tengo que pensármelo ni un segundo porque, además, la tengo muy reciente: **(4)** ____. Este acontecimiento cultural se suele celebrar en julio, y consiste en una serie de obras de teatro que se llevan a cabo en el corral de comedias de la ciudad, todos los días sin parar durante prácticamente un mes. ¡Me emociono al pensar en ello! Aquel julio tuve la suerte de conseguir unas entradas y quedarme en Almagro durante tres semanas seguidas. **(5)** ____: se respiraba cultura por todas partes, podías hablar de teatro y literatura con los asistentes y, además, la ciudad, debido a su antigüedad y buena conservación, es preciosa y tiene mucha historia de la que se puede aprender. **(6)** ____.

C Siempre que me preguntan cuál fue el día más feliz de mi vida, mis interlocutores se quedan un poco a cuadros por la respuesta. Muchos de ellos me suelen hablar de cómo se emocionaron al casarse, o de lo mucho que les fascinó ver la aurora boreal por primera vez... **(7)** ____. El ingrediente imprescindible es solo uno: mi gente. Creo que hoy en día la sociedad valora más lo material; por eso no entiendo que me vuelva loca pasar todo el día con mis amigos, ya sea en un banco en el parque, dando una vuelta por la ciudad o tomando algo con tranquilidad. **(8)** ____. Era verano, mucha gente acababa de volver a casa por las vacaciones y me pasé el día entero de un lado a otro, viendo a toda mi gente: primero desayuné con unos, quedé a comer con otros, di un paseo con unos compañeros de trabajo y cené con un grupo de conocidos y sus amigos comunes. **(9)** ____.

a Así, si un día me apetecía descansar un poco, podía dar una vuelta a mi aire por la ciudad o sentarme tranquilamente en un parque.

b Precisamente así transcurrió el día más feliz de mi vida.

c Me asustaba aburrirme tanto tiempo allí, pero fue una experiencia que me fascinó, la verdad.

d yo me llevé mi pelota y mis zapatillas y fui de cancha en cancha, jugando con diferentes personas.

e Al final, nos dieron las cuatro de la mañana: pero, al llegar a casa y acostarme, no cabía en mí de felicidad.

f hace dos veranos viajé al Festival Internacional de Teatro Clásico de Almagro, en Castilla-La Mancha, y me gustó muchísimo.

g nunca dejará de emocionarme el partido nocturno que jugué en una pista al lado del río.

h y se sorprenden cuando les hablo del día que nunca olvidaré, porque no incluye experiencias increíbles o espectáculos fascinantes.

i Aunque algunos dicen que no deberías regresar al lugar donde has sido feliz, a mí me encantaría repetir la experiencia otro mes de julio.

11c ¿A quién pertenece cada uno de los textos?

Manuel: texto ____   **Marina:** texto ____   **Janick:** texto ____

12 🔊 19 Vuelve a escuchar el audio de la actividad 2a de la página 75 libro del alumno y señala la opción correcta para cada uno de los mensajes.

MENSAJE 1:
a Le asustaba la posibilidad de sentir dolor en el parto.
b Recordar el momento del parto le agobia.

MENSAJE 4:
a Odia que nieve en invierno.
b Se emociona al caminar por la calle tras una nevada.

MENSAJE 2:
a Adoró tener la posibilidad de dormir al raso.
b No soportaba que la gente fuera tan poco amable.

MENSAJE 5:
a Le fascinó ver la puesta de sol en su viaje.
b Temía la llegada del ocaso en Oporto.

MENSAJE 3:
a No soporta los postres caseros de su abuela.
b Le volvían loca los postres caseros de su abuela.

MENSAJE 6:
a No le agobia preparar nuevos viajes.
b No le entusiasmó la primera impresión de Estambul.

13 ¿Cuál ha sido el momento más mágico de tu vida? Descríbelo en tu cuaderno.

14a Une cada uno de estos inicios de frases con la continuación adecuada.

> 1 A la gente, por lo general,…
> 2 Ver caer la nieve…
> 3 A mi primo del pueblo…
> 4 Las colas en las tiendas…
> 5 Sergio y Chema…
> 6 A mis padres…

> a ☐ me agobian muchísimo.
> b ☐ les encantan las fresas con nata.
> c ☐ adoran las películas de los 90.
> d ☐ le gusta que la valoren.
> e ☐ nos fascina a toda la familia.
> f ☐ no le entusiasma que lo llamen por teléfono.

14b Escoge la opción correcta en los siguientes diálogos.

❶ Cristina: Me emociona mucho quedar con mis amigos después de mucho tiempo sin verlos. ¿Y **a ti / tú**?
Estela: A mí / Yo también. Es una sensación inigualable.

❷ Roberto: Me encanta viajar, pero las trampas para turistas son irritantes: las odio. ¿Y **a ti / tú**?
Agustín: A mí / Yo también. Pagar 10 euros por un café, aunque sea enfrente de la Sagrada Familia, debería estar prohibido.

❸ Alberto: Marina se emocionó cuando Pedro le pidió matrimonio a María. ¿Y **a ti / tú**?
Javi: A mí / Yo no, pero a mi hermano se le cayó una lagrimilla.

❹ Marije: No me agradó en absoluto el viaje que hicimos a Toledo en verano: hacía tanto calor… ¿**A ti / tú**?
Delfín: A mí / Yo sí: a pesar del calor, la ciudad es impresionante, y la comida, riquísima.

❺ Lourdes: En aquellos tiempos, no nos agobiaba mucho pensar en comprar una vivienda. ¿Y **a ti / tú**?
Raquel: A mí / Yo tampoco. En aquella época no había mucha discrepancia entre los sueldos y los precios de los pisos, no como ahora…

15a Completa con el verbo entre paréntesis en su forma correcta. En algunos casos, es necesario que añadas un *que* delante del verbo.

1 De pequeño, temía _____ (despertar, yo) y que mis padres no estuvieran en casa.
2 A mi novia le agobia mucho _____ (volver) a haber una crisis económica.
3 No soporto _____ (decir, impersonal) que los profesores trabajamos poco.
4 A Pablo le vuelve loco _____ (ver, Pablo) fotos de su sobrina: se le cae la baba con ella.
5 Me emocionaría _____ (pedir, a mí) matrimonio el cantante Jorge Drexler.
6 Mis abuelos adoraban _____ (visitar, nosotros) el pueblo los fines de semana.
7 Odiamos _____ (ir, nosotros) a la discoteca para pasar el rato: nos gusta más estar en un lugar tranquilo.
8 Me asustaría _____ (haber) ruidos en casa en medio de la noche.

15b Reformula las siguientes frases utilizando *al* y *cuando*.

> Me entusiasmó ver a mi sobrina por primera vez → *Me entusiasmé al ver a mi sobrina por primera vez / Me entusiasmé cuando vi a mi sobrina por primera vez.*

1 Nos asustó mucho subir a la montaña rusa.
_____ /
_____

2 Me volvía loco oler el aroma del cocido de mi padre.
_____ /
_____

3 A Lorena le ilusionó abrir su primera clínica.
_____ /
_____

4 Les agobia sobremanera pensar en los exámenes finales.
_____ /
_____

5 A mi sobrina le entusiasma ver vídeos en el móvil.
_____ /
_____

16a Lee el texto y coloca cada una de las siguientes palabras en el espacio adecuado.

miembro - escala - provisorio - repensar - improbables - captarán - borrador - comienzo - soporífero - ajustes

---

https://surveyanyplace.com/es

Cómo crear un test de personalidad Chanty Hyder

[…] Todos intentamos dar sentido a nuestras vidas y nos hacemos las mismas preguntas: ¿Quién soy? ¿Quién piensan los demás que soy? ¿Quién quiero ser? Los *quiz* de personalidad ayudan a responder esas preguntas ubicándonos en situaciones divertidas e **(1)** _____, y nos ayudan a conocernos y a descubrir los «quién» de nuestra historia personal. Es la hora […] de ponernos manos a la obra. Entonces, ¿cómo se crea un *quiz* de personalidad? Antes de nada, necesitará un tema. Hay muchos *quiz* de personalidad dando vueltas por ahí, debe intentar que su tema llame la atención. Si su título provoca una sonrisa, ¡será un excelente **(2)** _____!

Aquí tiene 3 consejos que seguramente le serán de ayuda para elegir el título de su *quiz*:

1. Comience con un título **(3)** _____, una especie de **(4)** _____.
2. Que sea divertido […]. Solo asegúrese de que no sea **(5)** _____. No use lenguaje anticuado e intente que sea atractivo y simple. […]
3. Intercambie ideas con otra persona. Escribir es difícil, y encontrar un buen título… es aún más difícil. Por eso es bueno estimular la creatividad compartiendo ideas con un amigo o un **(6)** _____ del equipo. […]

En el momento de redactar sus preguntas, pida que alguien […] las lea y observe su reacción. Si sus encuestados sonríen o se ven complacidos, está en el camino correcto. Si no es así, debería **(7)** _____ sus preguntas. Reescribir su *quiz* es una parte importante del proceso. No se quede con la primera versión, inténtelo nuevamente y haga **(8)** _____. […]

Puede colocar la cantidad de preguntas que desee, pero tenga cuidado. Evite que sus encuestados abandonen a la mitad. La cantidad ideal de preguntas es 7. […] Las preguntas más importantes son la n.º 1, n.º 2, n.º 3 y n.º 7. Las tres primeras **(9)** _____ la atención del encuestado. Si les encantan, puede estar seguro de que se quedarán enganchados y terminarán el *quiz*. La séptima (o la última del grupo, en caso de que tenga algunas más o menos) es la guinda del pastel metafórico, tiene que ser especial. […]

Proporcione diferencias claras entre las respuestas. Esto no es como una evaluación o una prueba, en la que se desea estimular al encuestado a pensar. En un *quiz* las cosas deben ser sencillas. El encuestado debe poder encontrar su respuesta muy muy rápido. Quizás puede usar una **(10)** _____ que mida las opciones de respuesta; como una opción extrema, una promedio, una leve y otra para alguien que no esté interesado en el tema. […]

Mantenga la brevedad. Es el consejo más importante de todos: ¡sea breve! […] ¿Sabía que lo mejor es usar respuestas de una sola palabra? La siguiente mejor opción son las frases de 2 a 4 palabras. Si necesita escribir una respuesta más larga, intente que solo suceda en una de las preguntas del conjunto y ubíquela al final, para no disminuir la velocidad del encuestado. […] ¡Es hora de poner en práctica estos consejos!

Adaptado de https://surveyanyplace.com/es

16b A continuación, tienes cuatro expresiones que aparecen en el texto anterior. Relaciónalas con su significado ayudándote del contexto.

- ☐ **1** dar sentido a algo
- ☐ **2** ponerse manos a la obra
- ☐ **3** dar vueltas
- ☐ **4** ser la guinda

a Comenzar a hacer una tarea, cometido o trabajo.

b Ser el colofón de algo, el punto o toque final.

c Encontrar significado en alguna acción o en alguna cosa.

d Andar moviéndose de un lado a otro.

16c Ahora, completa las siguientes frases con alguna de las palabras o expresiones que has trabajado en las actividades **16a** y **16b** en su forma adecuada.

1. Mi tutor me ha dicho que no le ha gustado cómo he enfocado el tema de mi tesis, que vaya a casa y lo _____.
2. De verdad te digo que odio los libros de acción: pese a que ocurren muchas cosas, a mí me resultan _____ y aburridos.
3. A la mayoría de mis alumnos no les entusiasman mis clases y desconectan al rato… Tengo que buscar alguna manera de _____ su atención.
4. Ya son las cuatro: tenemos que _____ o no terminaremos a tiempo.
5. Alejandro tuvo una idea para una canción que nos volvió locos a todos los _____ de la banda.
6. Mi novio preparó una velada romántica en la montaña: un paseo en caballo, un restaurante con productos de la tierra… Y _____ ver la lluvia de estrellas por la noche, que me fascinó.
7. A Ignacio le asusta mucho la posibilidad de que caiga un meteorito en la tierra, pero yo le digo que eso es muy _____ y que no debería preocuparse.
8. Me agobiaría enviar un correo electrónico que tuviera errores ortográficos: así que, antes de escribir el mensaje definitivo, siempre hago un _____ en un procesador de textos.

EN ACCIÓN

17a Lee estas declaraciones de personas que fueron entrevistadas para un estudio sobre "Felicidad y viajes" y completa el texto con las palabras que faltan.

¿Te hace feliz viajar? ¿En qué lugar has sentido mayor felicidad?

Daniel

rincón - descubrir - naturales - tensiones - encanto - regiones

El placer de (1)_____, la alegría de conocer personas de otras (2)_____ y, finalmente, la emoción de probar comida que no consigo usualmente en mi ciudad superan fácilmente las (3)_____ de viajar. El lugar del que tengo un bonito recuerdo es Chulilla, en la Comunidad Valenciana. El municipio está rodeado de un paisaje natural de belleza inmensa y, seguramente, sea uno de los pueblos con más (4)_____ de Valencia. Rocas, piscinas (5)_____ y frondosos bosques son suficiente motivo para visitar este curioso (6)_____, pero también tiene un castillo, declarado monumento histórico-artístico en el año 1981, situado en lo alto del monte que corona el pueblo.

Mateo

me enamoré - espiritual - rurales - visible - se encontraba - vibrante

Viajar expande la mente y el espíritu, educa y lo pone a uno en contacto con nuevas personas e ideas. Los lugares que me hacen feliz pueden ser grandes ciudades con cultura (7)_____ o paisajes (8)_____ hermosos. En Galicia, (9)_____ de la costa de Finisterre, el punto donde se creía antiguamente que (10)_____ el fin del mundo. De hecho, el general romano que dirigió la conquista de la región pensaba que aquí el sol dejaba de existir. Dicen los lugareños que los fenicios practicaban en Finisterre el culto al sol. En la actualidad, un potente faro de 17 metros de altura y (11)_____ a 32 millas corona el cabo y es uno de los lugares que más peregrinos de la ruta jacobea eligen para poner fin al viaje (12)_____ del Camino de Santiago.

Nora

intenso - prados - adrenalina - paisajes - imprevisibles - acantilados

Lo que más me gusta del viaje es que me crea pura (13)_____. Viajar es verme rodeada de situaciones (14)_____, de paisajes y gente que no conozco, de comportamientos que quiero llegar a comprender. Mis ojos se refrescan y mi espíritu se renueva con los (15)_____ de lugares nuevos para mí, como me ocurrió con la visita al Geoparque de la Costa Vasca, situado entre el mar Cantábrico y las montañas vascas. El verde de los bosques y los (16)_____ contrasta con los cobres y rojizos de la roca y el (17)_____ azul del océano. Tiene 13 kilómetros de (18)_____ con más de 60 millones de años de antigüedad y puedes ver una capa negra que evidencia el impacto de un meteorito y la extinción de dinosaurios.

17b Y a ti, ¿te hace feliz viajar? ¿En qué lugar te has sentido más feliz? Contesta en tu cuaderno explicando los motivos.

Y PARA ACABAR...

Un paisaje que te haya impresionado:

Una fiesta tradicional que te gustaría vivir:

Un recuerdo de tu vida que te emocione:

Información interesante de esta unidad:

9 CON SENTIDO

A AVIVAR LA MEMORIA

1a Vuelve a leer el texto de la página 78 del libro del alumno y busca una palabra o expresión que signifique lo mismo que las siguientes.

1 reaniman: _____   6 captar: _____
2 agitado: _____   7 inesperado: _____
3 adentrarnos: _____   8 lejanos: _____
4 inalcanzable _____   9 impulsaría: _____
5 desplazado: _____   10 intencionada: _____

1b Ahora completa estas frases con alguna de las palabras del texto anterior del libro del alumno. Haz los cambios necesarios.

1 Con la corriente de aire que entró de golpe por la ventana, sentí un _____ escalofrío en mi espalda.

2 He hecho un curso de catador de vino en el que he aprendido varias técnicas para _____ mejor el olor, como por ejemplo "romper el seno del vino" o agitar la copa de una determinada manera.

3 Queríamos ver el atardecer desde el acantilado, pero el mar estaba tan _____ que las olas hacían demasiado ruido al romper; así que nos fuimos.

4 Hay quienes piensan que las emociones, sobre todo las negativas, pueden _____ dolores físicos; pero yo soy un poco escéptico y pienso que el dolor no es emocional.

5 Después de un breve descanso, Daniela y yo volvimos a _____ en el trabajo que estábamos haciendo para terminarlo antes de que acabara el día.

6 Quería recrear el olor de las calles de Marrakech en mi apartamento, así que busqué una vela con esos tonos y olores de forma _____.

7 Después de más de diez años juntos, se apuntaron a una terapia de pareja para _____ la pasión; y la verdad es que les fue muy bien.

8 Mi sueño es viajar a las islas exóticas y _____ del océano Índico, pero no tengo dinero; así que mientras tanto, me recreo viendo fotos y vídeos de esos parajes en internet.

2a Los sentidos están muy presentes en nuestra lengua del día a día. Lee estas frases e intenta deducir el significado de las expresiones relacionadas con los sentidos que aparecen en negrita.

1 Alejandro invirtió bastante dinero en esa *start-up* cuando nadie apostaba por ella y ahora ha ganado mucho dinero; la verdad es que **tiene buen olfato** para los negocios, ¿eh?

2 Si te parece bien, cuando tengas un primer borrador, déjamelo para que le **eche un vistazo** y te doy mi opinión.

3 Estoy deseando que mi hijo crezca y pase la adolescencia… Todo lo que le digo **le entra por un oído y le sale por el otro**, no hace caso de nada ni a nadie… ¡Es desesperante!

4 Tienes que hablar un poco más alto, que mi abuelo **es un poco duro de oído** y probablemente no se esté enterando de nada.

5 Aunque tenía que darme una muy mala noticia, Marisa **tuvo mucho tacto** y eligió sus palabras con cuidado para no hacerme aún más daño.

6 Lleva los auriculares, pero creo que lo hace para disimular porque siempre **está con el oído puesto** y se entera de todo. ¡Vaya cotilla!

7 Mira, a mí no me **regales los oídos**: puedes hablarme claro, que ya soy mayorcito…

8 Creo que mi profesora de francés **hizo la vista gorda** con algunos de mis errores en el examen; sabe que me cuesta y que me estoy esforzando mucho, y quiere que apruebe.

1 tener buen olfato: _____
2 echar un vistazo: _____
3 entrarle algo a alguien por un oído y salirle por el otro: _____
4 ser duro de oído: _____
5 tener tacto: _____
6 estar con el oído puesto: _____
7 regalarle a alguien los oídos: _____
8 hacer la vista gorda: _____

2b Ahora sustituye los fragmentos en negrita en estas frases por alguna expresión de la actividad anterior. Escríbelos en tu cuaderno.

1 Esta vez voy a **ignorar lo que ha pasado**; pero me temo que si vuelve a pasar, tendré que informar al resto del equipo.

2 La verdad es que no soporto a Ricardo; siempre **está diciendo lo que los demás quieren escuchar** en lugar de dar su verdadera opinión.

3 Martina es de las personas más chismosas que conozco; siempre **escucha las conversaciones de los demás**.

4 A pesar de saber que me ofendería, Gustavo no **fue nada delicado** y me dijo las cosas de forma un poco brusca.

3 Relaciona el principio y el final de estas frases.

> ☑ 1 Dadas sus dificultades de visión,…
> ☒ 2 Durante un tiempo perdí los sentidos del olfato y del gusto,…
> ☑ 3 Puesto que sufro muchas infecciones de oído,…
> ☑ 4 Debido a que es una persona con mucho tacto,…
> ☑ 5 Me fijo mucho en los olores…
> ☑ 6 Aunque no fumo, el olor de esa marca de tabaco me gusta,…

a ya que me recuerda a mi abuelo.

b siempre lleva unas gafas especiales y se sienta en primera fila.

c fue la elegida para comunicar la triste noticia al grupo.

d suelo marearme con mucha frecuencia.

e porque me dedico a crear fragancias para una marca de perfumes.

f puesto que estuve enfermo de COVID-19.

4 Elige la opción que **no** es posible en cada caso.

1 Marco siempre ha sido ciego, ___ nació con una patología congénita.
 a debido a *"no hay n que"* b porque c ya que

2 ___ la conexión entre los olores y nuestro cerebro, el olor de una tarta, por ejemplo, puede transportarnos a un momento de nuestro pasado.
 a Dada b Debido a c Puesta

3 A pesar de nacer con problemas de audición, Ignacio oye perfectamente, ___ de pequeño le pusieron un implante coclear.
 a pues b debido a c porque

4 Mi padre a veces es un poco duro de oído, ___ se está haciendo mayor…
 a ya que b dado c debido a que

5 ___ la creciente popularidad de las "cenas a ciegas", el Ayuntamiento ha organizado unas jornadas gastronómicas especiales "a ciegas".
 a Dada b Porque c Debido a

6 De pequeño tenía que llevar unas gafas especiales ___ los problemas de visión que sufría.
 a debido a b por c dado

5 Escribe una causa o una consecuencia lógica para cada caso.

1 Debido al fuerte olor que notamos al entrar en la casa, *queremos limpiarla.* .

2 *No te puedo oír bien actualmente*, ya que tiene una infección de oído.

3 Tengo que ir a revisarme la vista puesto que *últimamente no me sirven los ojos como usual* .

4 *Me gusta mirar series italianos* , dado que me recuerda mucho a cuando viví en Italia.

5 Dados los olores afrutados de este vino, *deberías beberlo con una comida dulce* .

6 *Yo no podría ganar en un lucha con él* puesto que tiene una altísima tolerancia al dolor.

6 Reescribe las siguientes frases usando el conector entre paréntesis. Haz los cambios necesarios y escríbelas en tu cuaderno.

1 Debido a su buen olfato para los negocios, Nico ganó bastante dinero con esa inversión. *(porque)*

2 Aitor aprendió a leer los labios desde pequeño, ya que nació con una discapacidad auditiva. *(dada)*

3 Mi amiga Matilde siempre sabe cuándo me pasa algo dada su gran intuición. *(debido a que)*

4 Debido a que las ciudades no se han diseñado pensado en ellas, muchas personas con movilidad reducida tienen problemas para desplazarse. *(ya que)*

5 Julio perdió la visión en el ojo derecho por un accidente de tráfico. *(puesto que)*

7 Lee estas frases, pon atención a las palabras *aún* y *aun* y corrige el uso de los acentos si es necesario.

1 ¡Este chico no tiene fondo! Después de un aperitivo, varios entrantes, dos platos principales y un surtido de postres, **aun** tenía hambre. _____

2 Llevo varios meses en tratamiento y yendo al fisioterapeuta todas las semanas, pero la verdad es que **aún** tengo bastante dolor de espalda. _____

3 **Aun** después de varios años sin probar las croquetas de mi madre, podría reconocer ese sabor en cualquier lado. ¡Son inconfundibles! _____

4 He recorrido tantas veces estas calles, que creo que podría orientarme perfectamente **aún** con los ojos cerrados. _____

5 Estefanía pasó el COVID-19 hace varios meses, pero **aun** no ha recuperado completamente el olfato y el gusto. _____

6 Mi abuelo ha perdido bastante oído en los últimos años; **aun** con audífono, tiene dificultades para entender lo que le decimos. _____

7 Mi hermana Carla es superfriolera, **aún** en verano tiene que dormir con edredón y nunca sale de casa sin una chaqueta. _____

8 Tengo pendiente ir a la óptica a graduarme la vista, pero **aún** no he tenido tiempo. _____

8 Completa las frases con *aún* o *aun*.

1 _____ sabiendo que la operación puede entrañar algún riesgo, estoy dispuesto a hacerlo.

2 Han pasado muchos años, pero ese olor a vino caliente _____ me recuerda a los mercados de Navidad de Alemania.

3 El mes pasado Álvaro tuvo unas fuertes subidas de tensión que le afectaron a la vista y _____ no ha recuperado completamente la visión del ojo izquierdo.

4 Soy muy bueno con los sabores y _____ con los ojos cerrados, soy capaz de distinguir entre varias marcas del mismo producto.

5 Mi padre es supercaluroso: _____ en invierno y con temperaturas bajo cero, puede ir perfectamente en manga corta.

6 _____ no me he acostumbrado a llevar gafas y siempre me las olvido en casa: ¡ya he ido dos veces al cine sin ellas!

B LA BELLEZA

9a Relaciona las siguientes expresiones extraídas del texto de la página 80 del libro del alumno con su definición.

> deleitarse - desprender - suscitar - detractores - rendirse a algo
> abarcar - manifestaciones - indescriptible - estímulos - nostalgia

1 Despertar alguna emoción, hacer sentir algo: _suscitar_

2 Dejarse llevar por una sensación o un sentimiento, aceptar su influencia: _Rendirse a algo_

3 Contener, tener dentro de sí, rodear: _abarcar_

4 Que no se puede definir, explicar o describir: _Indescriptible_

5 Sentir placer estético: _Deleitarse_

6 Tristeza causada por el recuerdo de algo que ya no tenemos: _nostalgia_

7 Emanar, despedir una cosa o persona algo: _desprender_

8 Elementos externos que causan algún tipo de reacción: _estímulos_

9 Formas, maneras u objetos en los que algo aparece o se refleja: _manifestaciones_

10 Personas que juzgan de forma negativa o están en contra de algo o alguien: _detractores_

9b Ahora, sustituye la palabra o expresión en negrita de las siguientes frases por alguna de la actividad anterior, en su forma correcta, que tenga un significado similar.

1 Lo que siento al escuchar los poemas de Lorca es algo **inexplicable**, algo que ni el mejor escritor podría plasmar con palabras. _Indescriptible_

2 Hasta las mejores obras de arte, aclamadas universalmente, tienen algún **crítico**. _detractor_

3 Aunque tradicionalmente el concepto de arte se limitaba a la pintura, literatura, escultura y arquitectura, hoy en día **engloba** el cine y los videojuegos. _abarcar_

4 El arte naíf de escenas rurales me produce una gran **añoranza** por la vida en el pueblo. _nostalgia_

5 Al principio no estaba seguro de si me gustaría Francisco Tárrega, pero tras la primera canción, **me entregué** por completo **a** sus composiciones. _rendirse a algo_

6 Cuando vivían en Madrid, mis padres **gozaban del** arte del Museo del Prado siempre que podían. _deleitarse_

7 Me encanta visitar el monumento a Cervantes de Madrid: **irradia** tal épica que me dan ganas de ponerme a escribir mi propia novela de aventuras. _desprender_

8 La mera visión de la Catedral de Salamanca le **provocó** tal emoción que tuvo que sentarse en un banco para no marearse. _suscitar_

10a ◄⑳ Escucha el siguiente extracto del canal de YouTube *THE DREAMER* sobre el síndrome de Stendhal y señala si las siguientes afirmaciones son verdaderas (V) o falsas (F). Después, reformula en tu cuaderno como verdaderas las afirmaciones sobre el audio anterior que son falsas.

		V	F
1	Los estímulos que suelen desencadenar este síndrome están relacionados con el arte.	☐	☐
2	Los mareos, el vértigo y la taquicardia siempre indican que se está sufriendo el síndrome de Stendhal.	☐	☐
3	El nombre del síndrome viene del apellido de Henri-Marie Beyle Stendhal.	☐	☐
4	Para su diagnóstico, Stendhal fue sometido a una exploración médica muy minuciosa.	☐	☐
5	En el siglo XX se encontraron más casos de personas que habían manifestado los mismos síntomas que Stendhal.	☐	☐
6	No todas las reacciones que nos suscitan las obras de arte, como el llanto, son indicios de estar sufriendo este síndrome.	☐	☐
7	Los científicos dicen que el síndrome de Stendhal está provocado por una exposición extrema o excesiva a obras de arte en muy poco tiempo.	☐	☐
8	Algunos de los síntomas más comunes de la enfermedad son amnesia, paranoia o alucinaciones.	☐	☐

10b ¿Alguna vez has experimentado una sensación similar a la descrita en el audio anterior o conoces a alguien que la haya experimentado? Cuéntalo en tu cuaderno.

11a Lee el siguiente texto sobre Claude Debussy y contesta en tu cuaderno a las preguntas.

Debussy: poesía y música

Existe un refrán en español que dice "de casta le viene al galgo" o, en otras palabras, "de tal palo, tal astilla". En el ámbito de la música, por ejemplo, podríamos mencionar el caso de Mozart, cuyo padre fue un reconocido violinista; del mismo modo, aunque en un contexto más actual, tenemos a Jakob Dylan, hijo del renombrado Bob Dylan. En realidad, es algo que tiene sentido: si una persona se cría en un entorno musical, es lógico que desarrolle ciertos gustos o aptitudes.

Ahora bien, no todos los músicos provienen de familias de artistas. El caso de Debussy es buen ejemplo de ello. De hecho, no solo no era de familia música, sino que nació y se crio en un entorno familiar humilde, con poco acceso a instrumentos, de forma que Claude no descubriría su interés por la música hasta los siete años, gracias a su tía, que contrató a un pianista italiano para que le diera clase. No obstante, más vale tarde que nunca: en su primer contacto con el piano, Debussy supo que lo suyo era la música; es más, tan solo tres años más tarde, con diez años, Debussy entró en el prestigioso conservatorio de París, donde estuvo estudiando durante más de diez años.

A pesar de sus prontas muestras de talento, tardó un tiempo en alcanzar la fama de la que goza hoy en día. En concreto, en 1884 se le otorgó el mayor galardón musical para compositores jóvenes de Francia, cuyo premio incluía una estancia en Roma para seguir estudiando y mejorando, de ahí que se trasladase a la capital italiana durante una temporada. Sin embargo, Roma no acabó de convencerle y volvió a Francia en cuanto pudo.

A lo largo de su carrera, Debussy siempre se sintió atraído por la literatura. Así, muchas de sus composiciones están inspiradas por poemas de otros autores. Por ejemplo, una de sus obras más famosas, *Claro de Luna*, bebe del poema del mismo nombre de Paul Verlaine. Asimismo, su música ha servido de inspiración a otros artistas y poetas: Federico García Lorca, por ejemplo, tiene un poema titulado *Debussy*, con claras referencias a algunas de sus composiciones.

Por desgracia, Debussy falleció a los 55 años de edad, es decir, relativamente joven. Una larga enfermedad acabó por causarle la muerte en 1918, en plena Primera Guerra Mundial. Sin embargo, ha dejado un gran legado musical: en efecto, muchos lo consideran el padre del impresionismo musical, un movimiento que, en España, ha dado autores como Isaac Albéniz y Manuel de Falla. Así que, al menos, sigue vivo a través de su música y de su influencia.

1 ¿Qué significan las expresiones "de casta le viene al galgo" y "de tal palo, tal astilla"?

2 ¿Podemos aplicarle alguna de las expresiones anteriores a Debussy? ¿Por qué sí o por qué no?

3 ¿Cómo y a qué edad empezó Debussy con la música?

4 ¿Por qué llegó Debussy a Roma?

5 ¿Qué relación se establece entre la música de Debussy y la literatura?

6 ¿Por qué razones, además de sus composiciones, se recuerda a Debussy hoy en día?

11b Ahora, vuelve a escuchar *Claro de Luna* y contesta en tu cuaderno a las preguntas de la actividad **1a** de la página 80 del libro del alumno.

1 ¿Dónde te encuentras? **3** ¿Qué estás haciendo? **5** ¿Estás solo/a?

2 ¿Es un lugar bello? **4** ¿Qué sonidos escuchas? **6** ¿Cómo te sientes?

11c Aquí tienes los dos poemas mencionados en el texto: el de Paul Verlaine, que sirvió de inspiración a Debussy, y el de García Lorca, fruto de la música del francés. ¿Serías capaz de escribir un texto similar, en prosa o en verso, inspirado por la canción *Claro de Luna*? Puedes ayudarte de las respuestas que has dado a las preguntas en el ejercicio anterior. Escríbelo en tu cuaderno.

Claro de Luna - **Verlaine**

Vuestra alma es un exquisito paisaje,
que encanta máscaras y bergamascos,
tocando el laúd y danzando y casi
tristes bajo sus fantásticos disfraces.

Siempre cantando en el tono menor,
el amor triunfal y la vida oportuna
parecen no creer en su felicidad
y sus canciones se unen al claro de la luna.

Al tranquilo claro de luna, triste y bello,
que hacen sonar los pájaros en los árboles,
y sollozar extáticos a los surtidores,
surtidores esbeltos entre los blancos mármoles.

(Traducción de Manuel Machado)

Debussy - **García Lorca**

Mi sombra va silenciosa
por el agua de la acequia.

Por mi sombra están las ranas
privadas de las estrellas.

La sombra manda a mi cuerpo
reflejos de cosas quietas.

Mi sombra va como inmenso
cínife color violeta.

Cien grillos quieren dorar
la luz de la cañavera.

Una luz nace en mi pecho,
reflejado, de la acequia.

¿Sabías que...?

No solo en Debussy música y poesía han ido de la mano, sino que esta es una relación muy común a lo largo de la historia; es más, muchas adaptaciones de poetas españoles al ámbito musical se han convertido en auténticos himnos. Por ejemplo, Serrat publicó *Dedicado a Antonio Machado, poeta*, en el que ponía música a varias obras del autor sevillano; el músico Paco Ibáñez ha cantado poemas de Góngora, Alberti o Goytisolo, entre otros; "Aunque tú no lo sepas", de Luis García Montero, sirvió de base para una canción compuesta por Quique González y cantada por Enrique Urquijo; y Lorca quedó inmortalizado en el disco de Camarón de la Isla titulado *La leyenda del tiempo*.

12a Ahora, vuelve a leer el texto de la actividad **11a** y subraya los conectores del discurso que encuentres. Después, colócalos en la siguiente tabla.

Argumentativos	*en realidad*
De contraste	*ahora bien*
De consecuencia	*de forma que*
De adición	*del mismo modo*
De aclaración	*en otras palabras*
De ejemplificación	*por ejemplo*

Claude Debussy, compositor francés

12b ¿Se te ocurre algún otro conector del discurso que no aparezca en el texto? Completa la tabla anterior con ellos.

13a Relaciona la primera parte de la frase con la continuación adecuada. Fíjate en los conectores.

1 Mi primo me dijo que el *David* de Miguel Ángel me dejaría sin palabras; y, efectivamente,…

2 Si te digo la verdad, soy un apasionado de la pintura; o sea,…

3 Ver muchas obras de arte sin descanso puede provocar el síndrome de Stendhal; esto es,…

4 La música impresionista me suscita sentimientos indescriptibles; en cambio,…

5 La novia de mi amigo se deleita con las obras pictóricas, por eso…

6 Los poetas de la generación del 27 me parecen maravillosos; pero, igualmente,…

7 Me entra nostalgia cuando escucho *Mediterráneo* de Serrat; entonces,…

8 José no viene a ver la película porque tiene muchos detractores; además,…

a dice que los precios de las entradas han subido mucho últimamente.

b cuando vi la escultura de mármol al final del pasillo, me quedé boquiabierto.

c tiene tantos cuadros en casa.

d siempre que puedo, evito hacerlo.

e puede causarnos síntomas tales como mareos, vértigos o taquicardias.

f puedo pasarme horas y horas mirando cuadros.

g los artistas actuales no me parecen estimulantes en absoluto.

h opino que las manifestaciones poéticas actuales tienen mucho valor y son innovadoras.

13b Ordena las siguientes palabras para formar frases con sentido. Las primeras palabras y las últimas ya están colocadas.

1 Los autores / por España; / les influyó mucho / estaban muy preocupados / de la generación del 98 / la pérdida / de hecho, / de las últimas colonias españolas.

2 Mi amiga Letizia / muy potente; / muchas personas / quieren estar / desprende una energía positiva / por tanto, / a su lado.

3 Nos conocimos en / coincidimos enfrente de / el Museo Nacional Thyssen-Bornemisza; / un cuadro de Dalí que / en concreto, / tiene un título larguísimo.

4 El concierto / estuvo bastante guay; / ahora bien, / que dio Rosalía / ese precio por verla / no sé si volvería a pagar / de nuevo.

5 El público / de Benjamín Prado; / se entregó por completo / a los versos / todos se deleitaron / en otras palabras, / con su recital de poesía.

6 No te niego que / no todo tiene / en la sociedad; / a veces, / una utilidad clara / el arte no tenga / no obstante, / por qué ser útil: / ser bello es suficiente.

13c Contesta a estas preguntas utilizando el conector del discurso entre paréntesis. Fíjate en el ejemplo.

¿Crees que el arte es útil? *(es decir)* → *Pienso que el arte sí es útil; es decir, puede ayudarnos a vivir mejor.*

1 ¿Crees que el síndrome de Stendhal es real? *(sin embargo)*

2 ¿Cuál es tu tipo de arte favorito? *(en concreto)*

3 ¿Qué escritores hispanoamericanos te gustan más? *(asimismo)*

4 ¿Qué obra de arte te ha suscitado emociones y por qué? *(de ahí que)*

5 ¿Qué fue lo que más te llamó la atención de ella? *(en otras palabras)*

¡Fíjate!

Por lo general, los conectores del discurso van precedidos de una pausa en la lengua hablada. En la lengua escrita, esto se convierte en un signo de puntuación: dependiendo del contexto, puede tratarse de una coma, de un punto y coma, de un punto o de dos puntos.

14a A continuación, tienes a tres personas que hablan sobre un paisaje u obra de arte que les ha gustado. Escoge el conector del discurso adecuado para cada uno de los espacios.

> además - de ahí que - por eso - es más - en concreto - ahora bien - no obstante - es decir

A Zorana - Solo lo había visto en fotos, **(1)** *por eso* me quedé sorprendida al verlo en persona: es inmenso. A primera vista, parece ser dicromático, **(2)** *es decir*, hecho con tan solo dos colores; **(3)** *No obstante*, cuando lo vi de cerca, me di cuenta de que también se había usado pintura azul. Yo solo conocía algunos de los cuadros de la etapa cubista, con bastante color, **(4)** *en concreto Los tres músicos* y *El Estudiante*, **(5)** *de ahí que* me sorprendieran los tonos tan oscuros. **(6)** *Además*, la escena es triste y caótica, casi desoladora. **(7)** *Ahora bien*, no todos los cuadros tienen que ser bonitos; **(8)** *Es más*, pienso que el arte que más conmueve, en muchas ocasiones, es de temática triste.

> por ejemplo - en otras palabras - de hecho - asimismo - no obstante - de forma que

B Milan - Cuando la vi por primera vez, me quedé boquiabierto; **(1)** *En otras palabras*, me enamoré a primera vista. No había oído hablar de ella nunca, **(2)** *de forma que* la impresión fue todavía más grande. Me gustó todo de ella: **(3)** *por ejemplo*, sus acantilados de roca, que te transportan a un libro de aventuras. **(4)** *Asimismo*, las casas colgantes, esto es, pisos cuyos balcones dan al acantilado, me dejaron anonadado. **(5)** *No obstante*, sé que no podría vivir allí, porque hace mucho frío en invierno y yo no lo tolero bien. **(6)** *De hecho*, la última vez que viví en un sitio frío, solo aguanté un par de meses.

> o sea - del mismo modo - en cambio - de ahí que - en realidad - en concreto - por eso

C Brandon - Mucha gente menciona la de Burgos o la de Salamanca como las más bonitas; **(1)** *En cambio*, para mí, que las he visto todas, la de León no tiene rival, **(2)** *o sea*, es inigualable. **(3)** *En realidad*, aunque podría mencionar cosas como el estilo, el color de la piedra o la ubicación, lo que a mí más me gusta son las vidrieras, **(4)** *en concreto*, los rosetones. Uno de ellos está orientado hacia oriente, **(5)** *por eso*, cuando sale el sol, se ilumina por completo. **(6)** *Del mismo modo*, hay otro rosetón en el lado opuesto, que se ilumina con la llegada del atardecer, **(7)** *de ahí que* desde dentro se pueda asistir a un auténtico festival de luz y color en los días sin nubes. *→ subj.*

14b Escribe a qué persona, según las descripciones anteriores, corresponde cada una de las siguientes fotos. Hay dos que sobran.

1 El ángel caído

2 Vidrieras de la catedral

3 Paseo a orillas del mar

4 Cuenca

5 El Guernica

14c Ahora, escoge una de las dos fotos que sobran en el ejercicio anterior y escribe en tu cuaderno un texto en el que la describas y expliques los sentimientos que te suscita.

C METEOSENSIBLES

15a Fíjate en este vocabulario referido al tiempo atmosférico y completa cada serie con la palabra que falta.

> granizar - relámpago - chaparrón - viento
> soleado - helada - nublado - congelado

1 lluvia - llovizna - *Chaparrón*
2 hielo - escarcha - *helada*
3 tormenta - trueno - *relámpago*
4 nubes - niebla - *nublado*
5 ventoso - vendaval - *viento*
6 helado - gélido - *congelado*
7 granizada - granizo - *granizar*
8 sol - radiante - *soleado*

15b Completa las frases con una de las palabras vistas en la actividad anterior.

1 Estuvimos todo el día en la playa, pero por la tarde empezó a soplar un _____ fortísimo y volvimos a casa antes de lo previsto.
2 ¡Qué frío hace! Estoy totalmente _____, como los cubitos de hielo.
3 No me parece normal que en esta época el tiempo esté así; hace mucho calor y todos los días tenemos _____ eléctrica.
4 Esta noche ha caído una _____ importante; tardé veinte minutos en limpiar los cristales congelados del coche y ponerlo en marcha.
5 Cuando estábamos montando la tienda de campaña, nos cayó un _____ y todo se mojó, así que tuvimos que ir a dormir al pueblo.
6 Hoy hace un día radiante, _____, totalmente despejado, espléndido y luminoso.
7 Mejor salir un poco más tarde, porque ahora hay mucha _____ y la visibilidad es mínima.
8 Menos mal que la _____ duró cinco minutos, porque caían verdaderas pelotas de tenis y el hielo destrozó muchos huertos.

16a ¿Cómo es el clima de tu país o región? Descríbelo brevemente en tu cuaderno.

16b ¿Qué características climáticas de un lugar te gustarían o no para vivir en él? Márcalo en la tabla y añade dos más justificando después por qué te gustan o no esas dos condiciones climatológicas.

1 Hay cuatro estaciones bien diferenciadas: primavera, verano, otoño e invierno. ☐ ☐
2 Hay una estación de lluvias y otra estación seca. ☐ ☐
3 Hay mucha humedad todo el año. ☐ ☐
4 Hace mucho frío en invierno y mucho calor en verano. ☐ ☐
5 La temperatura es suave todo el año. ☐ ☐
6 En invierno hay pocas horas de luz solar. ☐ ☐
7 La nieve está presente durante el invierno. ☐ ☐
8 En verano la temperatura es de 30-40 grados. ☐ ☐
9 _____
10 _____

Me gusta (que) _____

No me gusta (que) _____

17a ¿Qué estados de ánimo asocias con el tiempo meteorológico? Relaciónalos según tu experiencia.

1 sentirse triste / feliz
2 ponerse de buen / mal humor
3 caer en depresión
4 mostrarse irritable
5 estar susceptible
6 estar eufórico/a
7 sentir calma
8 estar hiperactivo/a
9 sentirse soñoliento/a
10 estar de bajón

☐ a Llueve todo el día.
☐ b Hace un frío intenso.
☐ c Las temperaturas son muy altas.
☐ d Hace mucho sol.
☐ e Nieva muchísimo.
☐ f El día está nublado.

17b Escribe frases completas a partir de las relaciones que has señalado en la actividad anterior. Puedes utilizar las siguientes estructuras.

- Me gusta cuando… porque…
- No me gusta que… porque…
- Que… me pone… porque…
- Cuando…, me siento… porque…
- Si…, me pongo… porque…
- No soporto que… porque…

18 Lee estas declaraciones sobre los efectos del clima en el estado de ánimo y selecciona el verbo adecuado en cada caso.

1 A mí, la lluvia de varios días me puede **generar / conducir** a una depresión fácilmente.

2 El tiempo que mejor me sienta es el del invierno, aunque me **predisponga / provoque** hiperactividad.

3 Los días nublados, sin sol, me **producen / sienten** algo de sueño y desánimo.

4 Me encanta la primavera porque no hace ni frío ni calor, y eso **me pone / cae** de muy buen humor.

5 Los cambios del tiempo me **suponen / predisponen** a cambios constantes de humor.

6 Es extraño que el calor unas veces me **muestre / genere** euforia y otras veces, irritabilidad.

19a ¿Conoces estos refranes españoles relacionados con el clima? Relaciónalos con su significado.

1 🇩 Al mal tiempo, buena cara.
2 🇭 La primavera la sangre altera.
3 🇦 En febrero, busca la sombra el perro.
4 🇪 En abril, aguas mil.
5 🇫 Marzo ventoso y abril lluvioso hacen a mayo florido y hermoso.
6 🇧 Hasta el cuarenta de mayo, no te quites el sayo.
7 🇬 Septiembre, o seca las fuentes, o se lleva los puentes.
8 🇨 Año de nieves, año de bienes.

a Las temperaturas bajas de este mes invernal no lo son tanto los días que hace sol y a veces hay que protegerse de él.

b Hay que esperar al 10 de junio para quitarse la chaqueta, pues aún no ha llegado el calor veraniego.

c Un invierno con este tiempo da buenas cosechas; sobre ellas, la capa blanca sirve de protección térmica y mantiene la humedad de los cultivos para que crezcan bien después.

d Su sentido literal referido al clima se hace extensivo a la actitud positiva que conviene tener ante cualquier situación problemática en nuestra vida.

e Es el mes primaveral en el que la lluvia es más constante y abundante.

f Si al principio de la primavera sopla el viento y hay muchas precipitaciones, florecerán bellamente en esta época las plantas, árboles y campos.

g En este tiempo de fin de verano, puede llover con fuerza y haber inundaciones, o por el contrario, ser una época muy seca sin apenas lluvia.

h La subida de la temperatura después del frío del invierno provoca cambios hormonales que nos predisponen a cierta euforia y explosión emocional.

19b Escribe en tu cuaderno si alguno de estos refranes sirve para el clima de tu país y explica qué otros refranes o dichos sobre el tiempo son frecuentes en tu lengua.

20 Lee estos enunciados, subraya las expresiones coloquiales relacionadas con el tiempo y escribe una frase sin ellas que tenga el mismo significado. Fíjate en el ejemplo.

En las noticias del tiempo, han dicho que este domingo va a hacer un frío que pela.

En las noticias del tiempo, han dicho que este domingo va a hacer muchísimo frío.

1 Últimamente el nivel de vida ha subido mucho, todo está por las nubes. *está buenísimo*

2 ¿Crees que esta comida está buena? Sabe y huele a rayos. *figúrate*

3 Cris siempre está en las nubes; no hay manera de que te preste atención. *no está fijando*

4 No se lo tengas en cuenta; Adriana es un sol y no ha sido su intención ofenderte. *una buena persona*

5 La lluvia me pilló sin paraguas y me empapé como un pollo. *muy mojado*

6 Por fin quedé con Germán, pero nos costó muchísimo romper el hielo. *empezaron sentir cómodos juntos* *a conocerse*

21 Completa la tabla de nexos que expresan condición, según la información que se muestra en ella.

Nexo	Modo verbal	Ejemplo	Condición
Se expresa la mínima condición para que ocurra lo dicho en la oración principal			
1 ___	indicativo	*Si llueve, hago las fotos.*	Para hacer las fotos es necesaria la lluvia.
	subjuntivo	*Haría las fotos ___.*	
2 *siempre y cuando*	subjuntivo	*Iremos el viernes ___ un buen día.*	
3 ___		*Podemos mirar un vuelo, siempre que sea barato.*	Para comprar un vuelo, tiene que ser barato.
4 *con tal de que*	subjuntivo	*Iré a la fiesta ___ también María.*	Para ir yo a la fiesta, tiene que ir también María.
5 ___		*Acepté el trabajo a condición de que fuera en Caracas.*	
6 *en (el) caso de que*	___	*En (el) caso de que llegue tarde, la esperamos.*	Para esperarla, tiene que llegar tarde.
Se expresa la única condición que puede impedir que se cumpla lo expresado en la oración principal			
7 ___		*Salvo si hace viento, haré las fotos.*	Lo único que puede impedir hacer las fotos es el viento.
8 ___	indicativo	*Te llamaré, excepto si estoy en casa.*	Lo único que puede impedir que te llame es estar en casa.
9 *salvo que*	subjuntivo	*___ frío, el concierto es en la plaza.*	Lo único que puede impedir que el concierto no se celebre en la plaza es el frío.
10 ___		*Iremos en coche, excepto que haya niebla.*	Lo único que impedirá el viaje en coche es la niebla.
11 *a no ser que*	___	*A no ser que granice, la cosecha va fenomenal.*	
Se expresa la condición como una previsión			
12 *por si (acaso)*	___	*Por si (acaso) nieva, llévate las cadenas del coche.*	Para mayor seguridad, hay que llevar las cadenas de nieve.
	subjuntivo	*Llévate las cadenas del coche ___.*	

22 Lee estas frases y selecciona el nexo adecuado para expresar la condición.

1 ¿Qué os parece si pasamos el domingo en la sierra _____ haga buen tiempo?

    a en caso de que   **b** si   **c** por si acaso

2 Puedo quedar contigo esta semana _____ haya terminado todo lo que tengo que hacer.

    a excepto si   **b** con tal de que   **c** excepto que

3 _____ tengas muchas ganas de ver a Candela, podemos cenar con ella otro día.

    a Si   **b** Salvo que   **c** Salvo si ← *sería indicativo*

4 Este año me mudo a otra ciudad _____ la empresa pague la nueva vivienda.

    a salvo que   **b** excepto que   **c** a condición de que

5 Llévate una maleta grande con el abrigo y las botas _____ hace frío.

    a por si   **b** a no ser que   **c** siempre que

6 Me asustan las tormentas, pero me gustan _____ esté en mi casa.

    a salvo que   **b** si   **c** siempre y cuando

23 Identifica los errores en los verbos y corrígelos. No todas las frases tienen usos incorrectos.

1 Excepto que te levantas pronto, no podremos hacer nuestro maravilloso plan. _____

2 Si encontraría un sofá realmente cómodo, me lo compraría ya. _____

3 He recogido la ropa por si acaso llegaras tarde. Está lloviendo a cántaros. _____

4 Prometo no enfadarme contigo con tal de que estudias un poco más. ¡Tú puedes! _____

5 Salvo que mis compañeros opinan lo contrario, no pienso dar un paso más en este asunto. _____

6 Excepto si quieras contarme lo que pasó, no me llames, por favor. _____

7 Solo cambiaré de idea en el caso de que será lo mejor para ella. _____

8 Me quedaré en casa a no ser que quieras que salgamos a dar una vuelta. _____

24 📄 **DELE** 🔊 **21** Escucha esta conversación entre dos amigos que preparan sus vacaciones. Indica si los enunciados se refieren a Vicente, a Andrea o a ninguno de los dos. Tienes 20 segundos para leer los enunciados.

	Vicente	Andrea	Ninguno
Cometió algunos errores cuando hizo el Camino de Santiago.	[X]	☐	☐
1 Aún no sabe en qué época será su viaje de vacaciones.	☐	☐	☐
2 Excepto que sea invierno, le parece suficiente llevar poca ropa.	☐	☐	☐
3 Siempre que se vaya a dormir al aire libre, recomienda llevar un saco.	☐	☐	☐
4 El presupuesto que cree más probable no supera los 40 euros al día.	☐	☐	☐
5 Tuvo que comprarse unas zapatillas de deporte y usarlas antes del viaje.	☐	☐	☐
6 No llevará cosas en su mochila si no son totalmente necesarias.	☐	☐	☐

ESTRATEGIAS PARA EL EXAMEN

Este ejercicio corresponde a la Tarea 2 de la Prueba 2. Escucharás una conversación entre dos personas y tienes que relacionar seis frases con la persona que expresa esa idea o con ninguno de ellos si nadie da esa información. Escucharás la conversación dos veces.

- Utiliza el tiempo de lectura de los enunciados para identificar la información específica que tienes que reconocer en el audio.
- Durante la primera escucha, intenta identificar quién da la información del enunciado (el hombre o la mujer). Las informaciones suelen aparecer en el mismo orden que los enunciados.
- Aprovecha la segunda escucha para confirmar tu respuesta en cada frase y no dejes ninguna sin contestar. Comprueba ahora si hay informaciones que no ha dicho ninguno de los interlocutores y cuáles son.

EN ACCIÓN

25 En la actividad **1a** de la página 84 del libro del alumno hablamos del cacareo de un gallo y del canto de una cigarra. Relaciona el nombre de estos animales con su imagen y después con el sonido correspondiente.

| El caballo | La abeja | La vaca | La rana | El león | El pájaro | La oveja | El gato |

rugir - mugir - piar - relinchar - zumbar - maullar - balar - croar

Y PARA ACABAR...

Un olor con un significado especial para ti:

La obra de arte más bella que conozcas:

¿Sueles ponerle buena cara al mal tiempo?

Información interesante de esta unidad:

10 HISTORIA

A CUALQUIER TIEMPO PASADO FUE ANTERIOR

1a Escribe las siguientes palabras al lado de su definición.

> deliberadamente - disputa - afeitarse - precolombina - acertar - mutilar - esgrima - rebanar

1 Adivinar la respuesta correcta a una pregunta; decir los datos correctos en respuesta a una incógnita: _____

2 Pelea o discusión entre dos o más personas: _____

3 De manera voluntaria o intencionada; hecho a propósito: _____

4 Actividad o deporte en que se lucha con sable, espada o florete: _____

5 Cortarse los pelos del cuerpo, normalmente de la barba, con algún tipo de cuchilla: _____

6 Cortar una parte del cuerpo de una persona viva: _____

7 Perteneciente a culturas o civilizaciones anteriores a la llegada de Colón a América: _____

8 Cortar algo en trozos o rebanadas; separar una parte de otra mediante un corte: _____

1b Ahora, completa las siguientes frases con las palabras de la actividad anterior en su forma adecuada.

1 Aunque él diga que lo ha hecho sin querer, yo sé que lo ha hecho _____, porque su novia me dijo que llevaba una temporada planeándolo.

2 Tenemos una máquina que sirve para _____ el pan. La verdad es que deja los trozos cortados a la perfección.

3 Mi hijo hace _____ y, la verdad, mejor que hubiera escogido baloncesto: con las espadas que hay que comprar, el traje y la careta, me sale muy caro.

4 El concurso es muy difícil, porque tienes que _____ todas las preguntas; en cuanto fallas una, a la calle.

5 Yo, si tuviera que quedarme con una cultura _____, elegiría la inca; creo que eran los que menos sacrificios humanos hacían.

6 Dalí decía que no quería _____ porque su bigote hacía que lo reconocieran en todo el mundo.

7 Muchos piensan que Cervantes quedó _____ en la batalla de Lepanto, pero nunca llegó a perder el brazo. Eso sí: la mano izquierda le quedó inutilizada después de recibir un disparo.

8 Una de las mayores _____ de la literatura española fue la de Góngora y Quevedo que, aunque no intercambiaron golpes, sí que se dedicaron versos insultantes y hostiles.

2a Lee el siguiente texto sobre la procedencia del nombre de España y elige la opción correcta.

«I-span-ya», el misterioso origen de la palabra España

César Cervera

La palabra «Hispania» tiene su origen **(1)** _____ la denominación que servía a la civilización romana **(2)** _____ el conjunto de la península ibérica, y **(3)** _____ significado vinculaban los escritores latinos a «tierra de conejos». [...] De hecho, en algunas representaciones y monedas acuñadas en «Hispania» suele aparecer una dama **(4)** _____ un conejo a sus pies. [...] Su raíz no latina advirtió a los historiadores **(5)** _____ que con toda seguridad la palabra «Hispania» procede de la fenicia «I-span-ya». [...]

(6) _____ nunca se han podido encontrar fuentes que expliquen si los fenicios denominaban «I-span-ya» a toda la Península Ibérica o cuál era el significado de esta palabra, **(7)** _____ de estudios filológicos se han podido desarrollar distintas **(8)** _____.

[...] La teoría más aceptada **(9)** _____ la actualidad sugiere que «I-span-ya» se traduce como tierra donde se forjan metales, ya que «spy» en fenicio (raíz de la palabra «span») significa batir metales. [...]

Sin embargo, además de la corriente de estudios que ha argumentado el origen fenicio de «Hispania», han existido teorías de todo tipo y condición. **(10)** _____ principios de la Edad Moderna hasta 1927 se defendió la creencia de que «Hispania» es una deformación de Hispalis*, palabra de origen íbero que significaría la ciudad de occidente, y que, al ser Hispalis la ciudad principal de la península, los fenicios y, posteriormente, los romanos dieron su nombre a todo su territorio. [...]

* Nombre de la ciudad de Sevilla en la época romana.

Extraído de *https://www.abc.es*

1	**a**	a	**b**	en	**c**	desde
2	**a**	sobre	**b**	entre	**c**	para
3	**a**	cual	**b**	que su	**c**	cuyo
4	**a**	con	**b**	de	**c**	ante
5	**a**	a	**b**	de	**c**	por
6	**a**	Aunque	**b**	Como	**c**	Dado que
7	**a**	gracias a	**b**	a través	**c**	tras
8	**a**	verdades	**b**	argumentos	**c**	teorías
9	**a**	en	**b**	entre	**c**	por
10	**a**	En los	**b**	A los	**c**	Desde

2b ¿Sabes de dónde proviene el nombre de tu país? Explícalo en tu cuaderno. Puedes utilizar internet si no lo sabes.

3a Relaciona los fragmentos de los dos cuadros para formar frases completas.

1 Esta respuesta no la tengo clara. Puede que…
2 Mi amigo filólogo dice que podría ser que…
3 ¿Estás seguro de que Colón…
4 Si no estudiamos Historia, hay muchas probabilidades de que…
5 Es poco probable que "España"…
6 ¿Tú dices que la correcta es la "a"? Yo diría que…
7 Creo que es bastante probable que…
8 Por mucho que hablaran de 2012, es imposible que…

a los mayas predijeran el fin del mundo hace tantos años.
b es la "c": Picasso nació en Málaga, no en La Coruña.
c repitamos los errores del pasado.
d Shakespeare y Cervantes se conocieran en Valladolid.
e todavía hubiera comedias de Lope de Vega sin descubrir.
f significase "tierra de conejos" en fenicio.
g sea la "b", aunque me suena que Chavela Vargas no nació en México.
h llegó a América en 1492? Mira que, si no acertamos, ¡perdemos!

3b Escribe el verbo entre paréntesis en su forma adecuada.

1 • Estamos hablando del dialecto castellano. ¿Puede que _____ (nacer) en Madrid?
   ▪ ¡No! Estoy seguro de que se _____ (empezar) a hablar en la zona de Burgos.
2 • Nunca recuerdo de dónde era Cristóbal Colón. Diría que no _____ (ser) español…
   ▪ Es un misterio. Hay muchas probabilidades de que _____ (venir) de Génova, pero ¿quién sabe?
3 • ¿Puede ser que Juan López _____ (ganar) Roland Garros en trece ocasiones?
   ▪ ¿Juan López? Es imposible que _____ (tener) tantos, sería famoso… ¿No será Nadal?
4 • ¿Quién pintó *Las meninas?* Yo diría que _____ (ser) Goya…
   ▪ No estoy seguro. Podría ser que lo _____ (pintar) Goya, pero a mí me suena más Velázquez.
5 • Estoy seguro de que el argentino Raúl Pateras Pescara _____ (construir) el primer helicóptero.
   ▪ Puede ser, pero es muy probable que _____ (inspirarse) en el autogiro del ingeniero Juan de la Cierva.

3c Ahora, contesta a estas preguntas teniendo en cuenta las estructuras y la información entre paréntesis. Si solo se expresa probabilidad, añade tu propia hipótesis después. Fíjate en el ejemplo.

¿Quién escribió *La vida es sueño*? *(Quizás / Lope de Vega / Probabilidad)*
Quizás la escribiese Lope de Vega, pero yo creo que fue Calderón de la Barca.

1 ¿Quién diseñó la Sagrada Familia? *(Probablemente / Gaudí / Hipótesis)*
_____

2 ¿Cuándo entraron los árabes en la península ibérica? *(Quizás / 411 / Probabilidad)*
_____

3 ¿Qué cultura precolombina construyó Chichén Itzá? *(Seguramente / Los mayas / Hipótesis)*
_____

4 ¿En qué año se independizó Guinea Ecuatorial de España? *(Posiblemente / 1968 / Hipótesis)*
_____

5 ¿Con quién estuvo casada Frida Kahlo? *(Tal vez / León Trotski / Probabilidad)*
_____

6 ¿Qué monarca sufragó los gastos del viaje de Colón? *(Quizá / Fernando de Aragón / Probabilidad)*
_____

4a Escribe en tu cuaderno ocho frases utilizando un elemento de cada una de las tres columnas, con los verbos en el tiempo adecuado. En algunos casos hay más de una combinación posible.

1 El espectáculo de salsa…		Madrid.
2 La Alhambra…		el teatro nacional.
3 La boda de mi prima…		San Sebastián.
4 La Casa Rosada…	**ser** en	el ayuntamiento.
5 La playa de la Concha…	**estar** en	la catedral.
6 La reunión de vecinos…		Buenos Aires.
7 El discurso del alcalde…		Granada.
8 La Real Academia Española…		el cuarto piso.

4b Escribe la forma correcta del verbo *ser* o *estar* en cada una de las frases. Presta atención al tiempo y al modo verbal.

1 No vi a José en el concurso de historia; es posible que _____ en casa con catarro.

2 En las civilizaciones precolombinas, los sacrificios humanos seguramente _____ en edificios sagrados.

3 ¿En qué momento crees que Colón y su tripulación pensaron que había pocas posibilidades de que _____ en la India?

4 Yo diría que la Batalla de Lepanto, donde luchó Cervantes, _____ en algún lugar del mar Jónico.

5 Es muy probable que los vikingos _____ en América mucho antes de la llegada de Colón.

6 Puede que *Los fusilamientos del tres de mayo* _____ en el Guggenheim cuando fuiste, pero yo lo he visto en el Museo del Prado.

7 Estoy seguro de que el bombardeo de Guernica, que inspiró a Picasso, _____ en 1937.

8 ¿La coronación de Carlos V? Uf, no sé; tal vez _____ en España, pero no me suena mucho.

9 Es imposible que los Juegos Olímpicos de 2016 _____ en Madrid: la ciudad fue candidata, pero quedó segunda.

10 Lo más seguro es que el hombre sí _____ en la Luna, aunque haya gente que no se lo crea.

5a Completa los siguientes diálogos con frases que contengan la interjección *hala* en alguno de sus usos.

1 • ¿Sabías que Andrea y Carlos están juntos?
  ▪ _____

2 • ¡He encontrado un trabajo nuevo en el que me pagan el doble!
  ▪ _____

3 • Mamá, he suspendido inglés este trimestre…
  ▪ _____

4 • No me apetece nada ir a la fiesta de cumpleaños. Aquí en la cama y en pijama estoy en la gloria.
  ▪ _____

5b Fíjate en el contexto de estas interjecciones y señala para qué se utilizan.

A para animar o apremiar a hacer algo	B para expresar sorpresa o admiración	C para mostrar represalias

	A	B	C
1 ¿Que no has hecho los deberes? ¡Hala, castigado sin salir al recreo!	☐	☐	☐
2 ¡Hala, vamos, que son las cinco y la peli empieza a y cuarto!	☐	☐	☐
3 ¿Ya has terminado de cenar? Pues, ¡hala!, a la cama, que son las doce.	☐	☐	☐
4 ¿Cómo ha quedado el partido? ¿5-0? ¡Hala, si yo creía que iba a estar igualado!	☐	☐	☐
5 Si vas a estar enfadado todo el día, ya no vamos a la fiesta, hala.	☐	☐	☐
6 ¡Hala, qué coche tan bonito! ¿Me dejas darle una vuelta?	☐	☐	☐

5c Ahora, grábate leyendo cada una de las frases de la actividad anterior. Presta atención a la entonación de la interjección. Puedes enviarle el audio a tu profesor o compararlo con la entonación del audio del ejercicio **5** del "Anexo de gramática y comunicación" del libro del alumno (página 160).

> **¡Fíjate!**
>
> Además de la forma *hala*, también es común utilizar la variante *hale*, aunque suele utilizarse casi siempre para animar o apremiar a alguien a hacer algo. Al igual que *hala*, se puede escribir tanto con hache como sin ella, pero lo más recomendable y normal es incluir siempre la hache al principio:
> *Hale, vámonos a casa que se ha hecho tarde.*

B ¿QUÉ HUBIERA PASADO SI…?

6a 🔊 22 Utiliza las siguientes expresiones o palabras para completar el diálogo. Después, escucha el diálogo y comprueba tus respuestas.

> situaciones hipotéticas - historias alternas
> eventos históricos - circunstancia clave - especulaciones
> discusión académica - mundos paralelos - fantasear
> imaginación - historia contrafactual

Maite: ¿Te ha gustado el ejercicio sobre la **(1)** _____ _____ de la clase de hoy? A mí no mucho, porque no tengo mucha **(2)** _____.

Raúl: Bueno, no se trataba tanto de **(3)** _____ como de reconocer cuál es la **(4)** _____ que explica las consecuencias de un hecho histórico.

Maite: Sí, ya sé, plantear **(5)** _____, algo que hacemos a menudo en mi terapia de grupo; pero hoy no estaba muy motivada…

Raúl: Pues a mí, como lector de ciencia ficción, me ha encantado; hace tiempo que las **(6)** _____ _____ son el elemento básico de mis lecturas.

Maite: Sí, pero por muchas **(7)** _____ que hagamos y por muchos **(8)** _____ que creemos… la historia siempre se repite.

Raúl: ¿Quieres seguir con esta "**(9)** _____", o lo dejamos para otro día? Yo es que creo que distintos **(10)** _____ hacen una historia diferente y jugar con ellos puede darnos otra perspectiva.

6b Explica en tu cuaderno, con tus propias palabras y ejemplos, qué entiendes por "historia contrafactual".

7a Lee estas informaciones sobre hechos ya ocurridos y relaciónalas con las opiniones sobre sus consecuencias.

☐ **1** El puente de Calatrava en Bilbao fue diseñado con una pasarela de cristal, pero los frecuentes resbalones y caídas de la gente obligaron al Ayuntamiento a colocar una alfombra negra de vinilo.

☐ **2** Ha aumentado el número de personas pendientes de juicio contra Google por no desvincular sus datos personales de situaciones negativas ya resueltas.

☐ **3** Una mujer fue asesinada por su pareja después de 12 denuncias por malos tratos. El juez no había establecido ninguna medida contra el marido.

☐ **4** Entre los años 2007 y 2017, alrededor de 87 000 trabajadores españoles de alta cualificación migraron en busca de trabajo a otros países de la UE.

a Si desde los gobiernos se hubiese limitado el poder a las grandes plataformas digitales, la intimidad y libertad de los ciudadanos no estaría en peligro.

b Si las empresas hubieran promovido el crecimiento profesional de sus empleados y un salario emocional, se habría evitado la fuga de talentos al extranjero en esta crisis.

c Si hubieran pensado en la lluvia y las heladas que caen en esa zona, habrían construido el suelo con otro material más apropiado y seguro.

d Si las autoridades se hubieran tomado en serio las primeras declaraciones, su vida no hubiese estado en manos de un agresor.

7b Completa estas frases sobre las situaciones anteriores.

1 _____,
se habrían evitado muchas caídas en invierno.

2 Si hubieran puesto un cristal antideslizante en lugar de una alfombra, _____.

3 Si los ciudadanos pudieran confiar en las grandes empresas tecnológicas, _____.

4 Si fuéramos conscientes de la cantidad de programas espías que funcionan ilegalmente, _____.

5 _____,
más mujeres se atreverían a denunciar los malos tratos.

6 _____,
la sociedad podría defenderse mejor de la violencia de género.

7 Si menos jóvenes se hubieran ido a trabajar al extranjero, _____.

8 _____
si hubiera una política de empleo que pensara en ellos.

8a Completa las frases con la forma adecuada del pretérito pluscuamperfecto de subjuntivo.

1 ¡Ojalá me _____ (ellos, dar) la beca para estudiar! Pero no fue posible.

2 Si pudiera, estaría viviendo en Canadá si _____ (yo, conseguir) el empleo en el periódico.

3 ¿Te imaginas si _____ (nosotros, comprar) esa casa? Tendríamos un problema.

4 No le gustó el regalo. ¡_____ (ser) mejor comprarle un libro!

5 No sabía que te _____ (tú, casar) tan joven.

6 Vosotros nunca le _____ (pedir) un favor y yo tampoco.

7 Sería mejor si lo _____ (usted, decidir) hace unos meses.

8 Si no _____ (ella, romper) su promesa, no habría sido feliz.

¡Fíjate!

El pretérito pluscuamperfecto de subjuntivo se forma con el verbo **haber** en imperfecto de subjuntivo + participio: *(yo) hubiera / hubiese hablado... (nosotros) hubiéramos / hubiésemos hecho...*

8b Completa los siguientes minidiálogos con frases del ejercicio anterior.

1 • ¿Qué tal el cumpleaños de tu cuñado? ¿Hubo tarta?
  ▪ _____

2 • ¿Sabe? He decidido comprar una casa, aunque ahora los precios han subido bastante.
  ▪ _____

3 • Muchas veces ella misma se reprochaba no haber cumplido su palabra.
  ▪ _____

4 • Fuimos muy felices: cuando nos conocimos, no habíamos cumplido los veinte.
  ▪ _____

5 • ¿Aún no te has adaptado a la calma de este lugar? Tiene su encanto.
  ▪ _____

6 • Últimamente solo hay gastos; espero que mejore esta situación económica.
  ▪ _____

9 Expresa en pasado las siguientes oraciones, como en el ejemplo.

Me extraña que hayan cerrado el mercado.
Me extrañó que hubieran / hubiesen cerrado el mercado.

1 Siento mucho que no hayas podido venir a mi fiesta.
_____

2 Si quisieras, nos iríamos juntos de vacaciones.
_____

3 Te pido que nos aviséis cuando hayáis llegado a casa.
_____

4 Aunque tuvieran dinero, no se comprarían ese coche.
_____

5 Me sorprende que haya vivido solo tanto tiempo.
_____

6 Seguro que haría otras cosas si tuviera más tiempo.
_____

7 No creo que la crisis económica haya terminado ya.
_____

8 Me fastidia que lo haya hecho sin consultar.
_____

10 ¿Qué hubiese ocurrido si hubieras hecho otra cosa distinta en estas situaciones? Incluye en tu respuesta la estructura de la condición "*si* + pretérito pluscuamperfecto de subjuntivo".

1 Tenías que coger un tren a las once de la mañana, pero te levantaste a las once y veinte.

2 Un familiar te regaló su coche viejo, pero no tenías carné de conducir y lo vendiste.

3 Habías decidido estudiar todo el fin de semana, pero un amigo te invitó al cine; fuisteis a ver una buena película y suspendiste el examen.

4 Querías alquilar un piso de tres habitaciones, pero solo tenías ahorrado para uno de dos y te quedaste con el más pequeño.

5 Aceptaste un puesto de trabajo que exigía tu disponibilidad para viajar cuando tus hijos eran pequeños.

6 Conociste a tu pareja en la boda de unos amigos a la que no querías asistir, pero a la que finalmente fuiste.

Recuerda

- Cuando formulamos una hipótesis sobre un hecho pasado que no ocurrió, podemos usar:
  - *Si* + pluscuamperfecto de subjuntivo + condicional simple (consecuencia referida al presente o futuro): *Si hubieras cogido dinero, nos tomaríamos un vino.*
  - *Si* + pluscuamperfecto de subjuntivo + condicional compuesto / pluscuamperfecto de subjuntivo (consecuencia referida al pasado): *Si hubieras cogido dinero, nos habríamos / hubiéramos tomado un vino.*
- Ponemos una coma después de la condición si la anteponemos a la oración principal; no la ponemos si la condición sigue a la oración principal: *Habríamos tomado un vino si hubieras cogido dinero.*

11a 📄 **DELE** Lee el siguiente texto y coloca en su lugar los fragmentos extraídos. Sobran dos.

¿Qué habría pasado si…?

Fernando Trías de Bes

He aquí una de las grandezas del ser humano: la capacidad de decidir. He aquí una de sus miserias: **(1)** ___. Es cierto. Decidir no es más que el hecho de descartar. Y descartar siempre resulta doloroso, porque supone dejar de disfrutar o descubrir lo que contenía un camino alternativo. ¿Qué aventura nos hemos perdido? ¿Qué habría pasado si en lugar de esto hubiera hecho lo otro? […] «**(2)** ___ ¿Qué habría sido de mi vida?». Y entonces comenzará a inventar una vida paralela, extraordinaria y excitante, imaginando que conoció a una enfermera con la que se casó y compartió su vida durante unos años en Estados Unidos. **(3)** ___: «Si no hubiese escogido Biología, no habría ido a estudiar a tal ciudad y no habría conocido a tal amiga, que fue quien me presentó a mi actual mujer…». […] Hay quienes sostienen que de no haber ocurrido algo en un instante, sucedería en el siguiente: «De no haber descubierto Einstein la teoría de la relatividad, otra persona la hubiese formulado». […] La corriente contraria afirma que no, que los momentos estelares de nuestras vidas y de la historia, **(4)** ___, dependen de pequeños e intrascendentes sucesos. […] Fernando Parrado, superviviente de la tragedia aérea de los Andes que inspiró el libro y el filme *¡Viven!,* explica en sus charlas que **(5)** ___. La persona que viajaba en el lugar donde él desechó viajar, murió. Parrado sobrevivió. «Es así de simple», dice, «si yo hubiera escogido el otro asiento, ahora no estaría aquí». Al ingresar en el ejército, Adolf Hitler quiso ser pintor. Hay un momento de su juventud en el que, arruinado, viviendo en la calle como un indigente, casi murió de frío en pleno invierno alemán. Un vagabundo le salvó la vida por lástima. **(6)** ___. Muchos historiadores piensan que, de no haber sido Hitler, otro líder habría provocado una catástrofe similar. Que las condiciones sociales, políticas y económicas de Alemania fueron las determinantes. La persona, en este caso Hitler, se convierte en anécdota de algo que, igualmente, tenía que suceder.

FRAGMENTOS

a en el momento de entrar en el avión decidió, en el último instante, cambiar de asiento

b los momentos en que tomamos las grandes decisiones que condicionarán nuestro futuro

c ¿Qué habría pasado si hubiera escogido Medicina en lugar de Biología?

d Sin embargo, su teoría inició un debate científico sobre los mundos paralelos

e Lo contrario, obviamente, también puede aplicarse

f esta película sitúa al protagonista en la eventualidad de que hubiese perdido el metro un día cualquiera o que lo hubiese cogido a tiempo

g ¿Cómo habría cambiado la historia si aquella persona le hubiera dejado morir?

h decidirse por algo implica rechazar el resto de alternativas

ESTRATEGIAS PARA EL EXAMEN

Puedes ver las estrategias para esta Tarea 3 de la Prueba 1 en la actividad 20 de la unidad 7, página 77.

11b Señala si las siguientes afirmaciones son verdaderas (V) o falsas (F) según el texto anterior.

	V	F
1 Decidir significa mucho más que simplemente desechar opciones.	☐	☐
2 Cuando decidimos algo, ya no es posible conocer las otras posibilidades.	☐	☐
3 Podemos imaginar lo que no ha sucedido, pero también reconocer lo ocurrido.	☐	☐
4 La ciencia no tendría una teoría como la de Einsten sin su investigación.	☐	☐
5 La experiencia de Parrado muestra cómo una decisión insignificante no puede tener gran trascendencia en la vida.	☐	☐
6 Algunos historiadores no consideran importante la anécdota del vagabundo porque otros Hitler hubieran ocupado su lugar.	☐	☐

12 Elige una de estas preguntas y contesta en tu cuaderno.

¿Cómo sería tu vida actualmente si no hubiéramos pasado una pandemia?

¿Cómo habría sido tu vida si hubieses nacido 30 años antes?

C CON MUCHA HISTORIA

13 Elige el conector adecuado en cada caso.

1 Mi amiga Victoria sigue mucho las últimas tendencias y lleva siempre los vaqueros de moda (de campana, pitillo, anchos…), **mientras que / mientras tanto** yo prefiero llevar unos más clásicos, ¡nunca pasan de moda!

2 Cuando mi abuela murió, tuvimos que hacer limpieza en su casa y **mientras tanto / mientras** vaciábamos su armario, encontramos un abrigo precioso que he heredado yo.

3 Ayer me estuve probando vestidos para la cena de Navidad durante horas. **Mientras que / Mientras tanto**, mis hijos y mi hermano dieron un paseo.

4 Uno de mis planes favoritos es escuchar pódcasts **mientras que / mientras** voy a mirar escaparates.

5 **Mientras que / Mientras** muchas personas siguen comprando en tiendas que producen en masa, cada vez hay más gente que prefiere comprar menos pero en tiendas sostenibles.

6 Estuve mirando a mi madre **mientras tanto / mientras** me arreglaba el agujero de los pantalones. ¡Ojalá yo también supiera coser!

7 A mediados del siglo pasado en algunos países las mujeres ya llevaban minifaldas. **Mientras que / Mientras tanto**, en España todavía había una dictadura y muchas mujeres no se atrevían.

8 En mi anterior empresa tenía que ir de traje todos los días, **mientras que / mientras** ahora puedo ir en vaqueros y deportivas. ¡Me encanta!

14 Añade *mientras, mientras que* o *mientras tanto* y escribe un final lógico para estas frases.

1 No me parece bien que se juzgue a la gente por la ropa que lleva _____.

2 El sábado por la mañana me gusta ir de compras a mercadillos _____.

3 La verdad es que no necesito muchas prendas en mi armario _____.

4 En el pasado, las mujeres no podían llevar pantalones _____.

5 Casi nunca compro ropa, pero cuando lo hago, es en tiendas de segunda mano _____.

6 Rocío siempre compra la ropa *online* _____.

15 Forma frases a partir de las informaciones entre paréntesis y añade el conector más adecuado. Fíjate en el ejemplo.

(Isabel - tejer un jersey) (Nosotros - ver la televisión)
Isabel estuvo tejiendo un jersey mientras nosotros veíamos la televisión.

1 (Arturo - comprar mucha ropa nueva) (Yo - preferir comprar en *apps* de segunda mano)
_____

2 (Vosotros - ir de compras) (Nosotras - ir a tomar algo)
_____

3 (Yo - no poder vivir sin mis vaqueros) (Mi padre - no tener ninguno)
_____

4 (Adriana - estudiar moda en Nueva York) (Adriana - lanzar su primera colección)
_____

5 (Sergio - comprar ropa *online*) (David - hacer yoga en casa)
_____

6 (Marta - no importarle lo que piensen los demás) (Pilar - preocuparle mucho su aspecto)
_____

16a Vuelve a leer el texto de las páginas 92-93 del libro del alumno y busca las palabras a las que se refieren estas definiciones.

1 Algo de lo que no podemos prescindir, completamente necesario: _____
2 Característica de algo que sirve para muchas ocasiones, en este caso una prenda: _____
3 Elegante, normalmente poco natural, sencillo: _____
4 Hacer que algo sea más seguro o firme: _____
5 Superioridad o liderazgo sobre el resto: _____
6 Hacer o producir una prenda de ropa: _____
7 Cambiar el color de una tela o del pelo: _____
8 Tela, material con el que se fabrican las prendas de ropa: _____
9 Coser una prenda de ropa rota para poder seguir usándola: _____
10 Persona que se dedica a crear o a arreglar ropa: _____

16b Ahora completa estas frases con alguna palabra de la actividad anterior. Haz los cambios necesarios.

1 Una de mis actividades favoritas en verano es _____ camisetas blancas con distintos colores y crear mis propios diseños al estilo *hippie*.
2 Nunca olvidaré cómo mi abuela _____ los agujeros de los calcetines muy a menudo. Ahora, no perdemos tiempo en esas cosas y preferimos tirarlos y comprar otros…
3 ¿Cuál es la prenda _____ en tu armario, la que no puede faltar?
4 La mayoría de cadenas de ropa _____ sus prendas en fábricas en Asia, donde las condiciones laborales no son muy buenas. Menos mal que cada vez más gente apuesta por el *slow fashion*…
5 Esta marca es muy exclusiva, ya que todas las prendas han sido confeccionadas a mano por un _____ francés con mucha experiencia en alta costura.
6 Hoy en día, las zapatillas deportivas son una prenda muy _____: te las puedes poner con vaqueros, para ir un poco más informal a la oficina… ¡y para hacer deporte, claro! Pegan con todo.
7 Ese conglomerado de empresas de moda ha confirmado su _____ en el mercado latinoamericano tras la compra de otra gran marca de ropa.
8 Claro que hay diferencia en los _____: no es lo mismo llevar una prenda de licra que una camiseta de algodón orgánico. ¡Este es mucho más agradable al tacto!

17 ◻ **DELE** Lee el siguiente texto sobre el armario cápsula y elige la opción correcta para cada caso.

El armario cápsula

El método del armario cápsula surgió durante los años 70 con la intención de tener un armario completo para componer un *look* total con pocas prendas y objetos. El concepto del armario cápsula se aleja de los armarios abarrotados de ropa y quiere romper **(1)** _____ el círculo de los vestidores rebosantes **(2)** _____ compras sin sentido.

El orden es el primer paso para un estilo de vestir (e incluso de vida) más ordenado, **(3)** _____ tener un número de prendas limitado te simplificará mucho el día a día, potenciará tu estilo personal y además te ayudará a ser consciente de las decisiones de compra que tomas. Este sistema te permitirá cambiar para siempre la educación con respecto al consumo y al orden. El armario cápsula, entonces, **(4)** _____ de conseguir tener una colección de artículos esenciales e imprescindibles, que no pasan de moda y que por lo tanto perduran en el tiempo.

Para conseguir un armario cápsula ideal, las expertas en este **(5)** _____ aconsejan tener: una chaqueta, que es de las piezas más importantes; una falda y un pantalón; una blusa, un jersey, un par de zapatos, medias, un abrigo o chubasquero, un vestido, un bolso, un cinturón, un par de guantes, joyas y algún modelito de fiesta. Para poder conseguir un armario cápsula en tu casa, deberás **(6)** _____ de muchas cosas que no vas a necesitar y que, aunque creas que no, te sobran y lo único que hacen es ocupar espacio innecesario. Te dejamos algunos consejos para aplicar este método revolucionario.

¿Cómo afectará el armario cápsula a tu vida?

Las expertas creen que no hay un número de prendas ideal, sino que dependerá de cada persona y del estilo de vida que lleve. La idea es tener espacio suficiente, es decir, si te queda espacio y ese espacio está ordenado, ya es suficiente. [...]. La cuestión y la clave es que esté ordenado y que **(7)** _____ ropa que uses y que no la guardes porque sí. Así es, pues, que el tamaño de la cápsula dependerá de cada persona.

¿Qué prendas descartar?

Como ya hemos dicho, debes ajustarte a la máxima de "menos es más" y por lo tanto tener lo que realmente necesites y aprovechar tu espacio y presupuesto. Lo ideal es crear un vestuario funcional con ropa de alta calidad y adaptado a tu estilo de vida, espacio en casa y presupuesto. [...]

¿Qué prendas elegir?

En realidad, esta es la primera pregunta que debes hacerte, ya que es el primer **(8)** _____ para conseguir tener un armario cápsula ordenado y con la ropa esencial. Por eso, las expertas recomiendan que te deshagas de la ropa que no usas, que no te gusta y que no te reporta felicidad. [...]

¿Qué debes hacer para que funcione el método?

El mayor secreto es elegir prendas que combinen **(9)** _____ ellas, por eso las expertas aconsejan que sean básicas y atemporales, que incorporen tendencias que prevalecen y que todas hagan juego entre ellas **(10)** _____ la perfección. De esta manera conseguirás tener muchos conjuntos y modelos distintos pero usando las mismas prendas.

El truco de los trucos

Más **(11)** _____ del orden y de optimizar el espacio, el gran objetivo del método del armario cápsula es identificar qué compras son necesarias y cuáles son las **(12)** _____ temidas compras compulsivas. Aprenderás a ser más responsable y sostenible a la hora de comprar. Cuando vayas de compras, lo harás pensando en tu estilo, en lo que necesitas **(13)** _____ tu estilo de vida y no siguiendo una lógica consumista de lo que es tendencia hoy pero mañana ya no, así lo aseguran las gurús de este método.

Cambiará tu modelo de consumo

Las expertas en el tema creen que planificar *looks* para cada día es muy importante para que el método del armario cápsula **(14)** _____ resultado. Además afirman que es importante que la persona se conciencie de hacer compras prudentes y piense si va a combinar o no con las otras prendas del armario. De esta manera, también aconsejan que cada vez que entre algo nuevo al armario, debe salir algo viejo, porque si no se hace eso, volveremos a acumular ropa innecesaria. [...]

¿Cuántas prendas poner?

La gurú japonesa del orden, Marie Kondo dice que "el primer paso para ser feliz es ordenar tu casa". Con este método estás priorizando las cosas (ya sea ropa o cualquier otra cosa) que te hacen feliz y las que no. Al descartar ropa u objetos, pensarás en ti, en tu estilo de vida, en los que te rodean y en lo que realmente es satisfactorio para tu vida.

Extraído de *https://www.revistainteriores.es*

1 **a** con	**b** de	**c** en		**8** **a** paso	**b** punto	**c** etapa
2 **a** en	**b** de	**c** desde		**9** **a** con	**b** entre	**c** en
3 **a** como	**b** dado	**c** ya que		**10** **a** a	**b** en	**c** desde
4 **a** se basa	**b** consiste	**c** se trata		**11** **a** allí	**b** allá	**c** lejos
5 **a** área	**b** terreno	**c** moda		**12** **a** tan	**b** así	**c** tantas
6 **a** deshacerte	**b** tirar	**c** reducir		**13** **a** de acuerdo	**b** en base	**c** según
7 **a** es	**b** sea	**c** será		**14** **a** dar	**b** da	**c** dé

ESTRATEGIAS PARA EL EXAMEN

Puedes ver las estrategias para esta Tarea 4 de la Prueba 1 en la actividad 12 de la unidad 5, página 53.

EN ACCIÓN

18a 📄 DELE 🔊 23 **Vas a escuchar a seis personas diferentes hablando de varias series de televisión. Relaciona los enunciados con cada persona. Tienes 20 segundos para leer los enunciados.**

Persona 7: enunciado A

ENUNCIADOS

A Piensa que los actores no estaban a la altura.

B Destaca el carácter didáctico de la serie.

C No quiere volver a ver esta serie.

D La serie no se ajusta 100 % a la realidad.

E Destaca la ambientación de la serie.

F Piensa que la adaptación a serie es mucho mejor que el libro.

G Habla de una adaptación de un libro.

H No comprende bien por qué esta serie tuvo tanto éxito.

I Le gustó especialmente el guion.

J Habla de la nostalgia que produce esta serie.

ESTRATEGIAS PARA EL EXAMEN

Este ejercicio corresponde a la Tarea 4 de la Prueba 2. Vas a escuchar seis monólogos o conversaciones cortas y tendrás que relacionarlos con seis enunciados, de un total de nueve. Escucharás a cada persona dos veces seguidas.

- Lee con atención los enunciados y piensa cuál es la idea principal de cada uno. En la primera escucha, extrae también la idea principal que transmite cada persona. Intenta descartar alguno de los enunciados.

- Recuerda que los enunciados usan expresiones similares o sinónimos, pero normalmente no usan las mismas palabras que las personas que hablan.

- Usa la segunda escucha para comprobar tus respuestas.

18b **Aquí tienes una lista de las series de las que se habla en la actividad anterior. Si ya has visto alguna de ellas, escribe en tu cuaderno un pequeño párrafo con tu opinión. Si no, busca información sobre ellas en internet y escribe sobre cuál te gustaría ver y por qué.**

La peste

Patria

Las chicas del cable

El Ministerio del Tiempo

Cuéntame cómo pasó

Y PARA ACABAR...

Tu dato histórico favorito de España:

Una decisión en el pasado que te hubiera cambiado la vida:

Una prenda indispensable en tu armario:

Información interesante de esta unidad:

11 LA IMAGEN

A ETIQUETAS

1a Escribe estas palabras al lado del léxico con el que se relacionan.

replantearse   neologismo   cuestionar

no estar de acuerdo   fobia   odio   etiqueta

temor   antipatía   discrepar

1 nombre - eufemismo - _____ - _____

2 miedo - pánico - _____ - _____

3 rechazo - hostilidad - _____ - _____

4 reconsiderar - revisar - _____ - _____

5 disentir - no coincidir - _____ - _____

1b Selecciona la opción adecuada según el contexto de cada frase.

1 A casi todos nos han puesto alguna vez una **fobia / etiqueta / antipatía**, pero en esta ocasión me parece que es una absoluta falta de respeto.

2 Aunque **rechacemos / discrepemos / cuestionemos** de su idea de libertad de expresión, hay aspectos que sí compartimos.

3 De pequeña tenía **hostilidad / simpatía / fobia** a las arañas y mi hermano me asustaba a menudo con una enorme tarántula de plástico.

4 Después del debate, tuve que **reconsiderar / disentir / aceptar** mi punto de vista por estar de acuerdo con algunos enfoques diferentes sobre el tema.

5 Hay **sinónimos / dichos / neologismos** muy bien construidos, como "trampaoído": el engañado es el oído, no el ojo del trampantojo.

6 Las fobias, además del miedo irracional que a veces son, pueden llegar a causar un verdadero sentimiento de **odio / duda / responsabilidad** muy dañino.

7 Los datos son evidentes y por ello **entiendo / confirmo / no coincido** totalmente con su opinión, además de que sus argumentos son débiles.

8 Rosa pudo superar su timidez cuando dejó de sentir ese gran **temor / deseo / horror** de adolescente a no ser aceptada en el grupo.

2a Fíjate en las pistas sobre estos neologismos y relaciona cada uno de ellos con su significado.

PISTA

☐ 1 **obesofobia:** además de "obeso", decimos que una persona tiene exceso de peso con los adjetivos "corpulento, fuerte, grueso…".

☐ 2 **aporofobia:** en griego *áporos* significa "sin recursos".

☐ 3 **aracnofobia:** las arañas, como los escorpiones y los ácaros, pertenecen a la familia de los arácnidos.

☐ 4 **transfobia:** las palabras "transgénero" y "transexual" se refieren a opciones personales de identidad de género.

☐ 5 **gordofobia:** "gordo" como sustantivo es sinónimo de "grasa, tocino"; a menudo tiene connotaciones negativas como adjetivo referido a personas.

☐ 6 **xenofobia:** *xénos* en griego significa "extranjero, extraño".

☐ 7 **nomofobia:** este neologismo se forma a partir de un acrónimo del inglés *(no-mobile-phone)*.

☐ 8 **coronafobia:** algunos virus recuerdan por su forma a la corona solar.

¿Sabías que…?

La FundéuRAE (Fundación del Español Urgente) tiene como principal objetivo impulsar el buen uso del español en los medios de comunicación y en su buscador *online* puedes consultar el uso adecuado de las palabras. Anualmente elige la palabra del año por su relevancia social e interés lingüístico y muchas de ellas son neologismos ("selfi" en 2014, "microplástico" en 2018, "confinamiento" en 2020…). Los neologismos nombran realidades nuevas para hacerlas visibles; sin esas nuevas palabras, tales realidades no existen o quedan difuminadas y no se podrían defender o denunciar en muchos casos.

SIGNIFICADO

a Desagrado y rechazo hacia las personas con sobrepeso.

b Miedo intenso o patológico a ser contagiado por el COVID-19.

c Temor anormal y angustioso a no poder conectarse y quedar incomunicado.

d Desprecio y rechazo hacia la pobreza y los pobres.

e Rechazo o prejuicio contra personas que no aceptan su condición masculina o femenina por nacimiento.

f Miedo intenso o pánico a las arañas.

g Terror a engordar y padecer obesidad.

h Odio u hostilidad hacia identidades culturales diferentes a la propia.

2b Piensa en alguna realidad de estos días que te preocupe y escribe en tu lengua la palabra o expresión para nombrarla (puede ser un neologismo). ¿Cómo la traducirías al español?

Realidad: _____

En mi lengua: _____ En español: _____

3a ◀))24 Escucha a la filósofa española Adela Cortina, que nos habla de una fobia cuyo nombre pertenece al listado de palabras elegidas por la Fundéu. Contesta a las siguientes preguntas.

1 ¿Qué palabra da nombre al concepto que explica la filósofa? _____

2 ¿Qué palabra existe en tu lengua para nombrar esa actitud? _____

3 ¿Qué otra fobia se nombra en el audio y qué significa? _____

4 ¿Qué motivó a Adela Cortina para crear una palabra que identificara la realidad que describe?

_____

_____

3b Consulta la transcripción de este audio en la página 141 y escribe las expresiones utilizadas por Adela Cortina para dar su opinión o cuestionar las cosas que damos por hechas.

1 *Yo me planteaba* si hay tanto rechazo al extranjero, porque cuando vienen los turistas… _____

2 Toda esta mezcla *lleva a cuestionarse*, y en todos los países pasa: ¿pero realmente molestan los extranjeros o lo que molestan son los pobres? _____

3 *Yo creo que* lo que molestan son los pobres y además eso es transversal. _____

4 Es el rechazo al pobre, que *en mi opinión* tiene una base cerebral y, por lo tanto, es universal. _____

4 Lee estas frases y subraya las expresiones usadas para mostrar opinión, certeza o valoración. Después, escríbelas en la tabla correspondiente del modo verbal con el que se usan (A) y en la de su intención de uso (B).

Es evidente que el uso de filtros fotográficos ofrece una imagen distorsionada o falsa.

1 Yo diría que la antipatía que provocan sus declaraciones es generalizada.
2 No creía (posible) que estas personas tan cercanas a mí estuvieran sufriendo discriminación.
3 Me resulta increíble que en esas circunstancias haya gente tan solidaria y hospitalaria.
4 Parece obvio que no voy a hacerte cambiar de opinión, pero míralo desde este otro punto de vista.
5 Considero que hay que tener en cuenta otros factores para comprender del todo ese tipo de comportamientos.
6 Que el miedo a envejecer uno mismo pueda producir el rechazo de los que ya son viejos me parece terrible.

A

Indicativo	Subjuntivo
es evidente que	

B

Damos una opinión afirmativa (declaramos)	Expresamos certeza (declaramos)	Valoramos un hecho u opinión, o lo negamos (no declaramos)
	es evidente que	

5 Completa las frases con el verbo en el tiempo y modo adecuados. Hay más de una opción para el tiempo verbal.

1 Pienso que Amina _____ (deber) considerar nuestra oferta antes de que sea demasiado tarde.
2 Está claro que muchas de las fobias sociales _____ (acabarse) con una educación inclusiva.
3 Me parece que _____ (invitar) a esos periodistas no añade nada nuevo al debate.
4 No creo que la razón de su baja autoestima le _____ (venir) de nacimiento.
5 Nos parece muy triste que Antonio _____ (sufrir) acoso escolar en silencio.
6 Que se _____ (criticar) su forma de vestir me resulta despreciable.
7 Yo más bien diría que las etiquetas _____ (poder) ser útiles si aportan algo positivo.
8 Yo no considero que la polémica _____ (estar) sobre la mesa por sus declaraciones, sino por la información falsa sobre ellas.

6 ¿Estás de acuerdo con la reflexión del audio de la actividad **3a**? Puedes utilizar las expresiones que has subrayado en la actividad **4** para mostrar tu opinión. Escríbelo en tu cuaderno.

7 Completa los enunciados dando a las frases un significado completo que hable de ti.

1 Un tema actual sin resolver que me parece importante es _____.
2 Me resulta cuestionable que _____.
3 Considero que las etiquetas _____.
4 Yo diría que la gordofobia _____.
5 Parece obvio que la aporofobia _____.
6 No estoy de acuerdo con la idea de que _____.

8a Lee el artículo y ordena los elementos de las frases que aparecen al final del texto. ¿Puedes añadir otra consecuencia?

El peligro de las etiquetas

Podríamos decir que las etiquetas nos sirven para clasificar la realidad, ya sean personas, objetos o situaciones. Catalogamos el mundo que nos rodea para tener la percepción de que existe cierto orden y estabilidad en él y así poder hacernos un esquema de cómo funciona sin tener que realizar un análisis profundo constante: "tú eres tal", "aquella persona es cual" […]. En este rápido procesamiento de información, asignamos y utilizamos adjetivos para atribuir rasgos estables de personalidad a las personas. Esto lo solemos hacer con independencia del grado de conocimiento que tengamos de la persona, priorizamos nuestra economía cognitiva y pensamos que si nos equivocamos… ya le pondremos otra etiqueta más tarde. No hemos estado presentes en la mayoría de sus acciones, no conocemos la historia que hay detrás de ellas ni sabemos qué circunstancias han podido llevar a que actúe de una determinada manera. […]

Consecuencias de aplicar etiquetas

1 en la superficie de las situaciones / sin darnos la oportunidad / Nos quedamos / de aprender y crecer
2 y no nos demos la oportunidad / Hace que nos formemos / o ser más comprensivos con ellas / de conocerlas / opiniones subjetivas de las personas
3 "etiquetadas" / Daña / de las personas / la autoestima
4 y se sienta peor / de que no avance, / Incrementa / las probabilidades / se frustre más

Extraído de https://lamenteesmaravillosa.com

1 _____
2 _____
3 _____
4 _____

8b ¿Te parece que esta frase tiene relación con el contenido del texto anterior? Escribe la respuesta en tu cuaderno.

Contra toda opinión, no son los pintores sino los espectadores quienes hacen los cuadros. (Marcel Duchamp)

B COMER CON LOS OJOS

9a Lee otra vez el texto de la página 98 del libro del alumno y busca palabras o expresiones que signifiquen lo siguiente.

1 más de lo necesario: _____
2 aspecto físico: _____
3 cesta: _____
4 tirar sin usar: _____
5 día a partir del cual un producto no debería consumirse: _____
6 decir que "no" a algo: _____
7 característica extraña: _____
8 distribuidor que vende pequeñas cantidades: _____

9b Ahora completa estas frases con alguna de las palabras o expresiones de la actividad anterior.

1 La _____ indica el momento hasta el cual el producto está en su mejor estado, pero eso no significa que no se pueda consumir unos días después.

2 Me he bajado una *app* en la que puedes comprar alimentos y otros productos que sobran o no se venden al final del día y así evitar _____ tanta comida.

3 Es fantástico que los _____ quieran concienciar a los consumidores sobre el desperdicio de alimentos o sobre el uso exagerado de los plásticos, pero no servirá de nada si las grandes cadenas lo permiten.

4 Gracias a estas campañas de concienciación, cada vez es más frecuente ver en los _____ de los mercados frutas y verduras que en el pasado nadie habría elegido.

5 El objetivo de estas campañas es que no nos fijemos en las _____ de los productos, ya que sus vitaminas, beneficios y sabor están intactos.

6 Este estudio muestra cómo la mayoría de españoles compran _____ : con una buena organización en la lista de la compra y alguna receta de aprovechamiento, este problema se solucionaría.

9c ¿Se te ocurren otras medidas que se pueden tomar contra el desperdicio de alimentos? ¿Hay alguna medida que se lleve a cabo en tu país? Escríbelo en tu cuaderno.

10a Lee este texto sobre el uso de los diminutivos en España y di si las siguientes afirmaciones son verdaderas (V) o falsas (F).

Una cosita que revela tu origen: el diminutivo

Lola Pons

Más allá de que tu carné de identidad muestre el lugar de donde vienes y el sitio donde vives, tu forma de hablar puede revelar muchos datos de tu procedencia, y no solo a través de la forma de pronunciar o la entonación: hay otros indicios que pueden descubrirte como oriundo de una zona concreta de la superficie hispanohablante. Una pista inequívoca la ofrecen los diminutivos, esas cositas (en gramática, sufijos) que se añaden a las palabras para cambiar significados y añadir connotaciones. Hay muchos disponibles en español: el más común es -ito / -ita (casita, llavecita), también el que menos marca; pero con él conviven muchos otros que sí son claros signos de pertenencia al habla de una zona específica.

La primera pista la da la mera elección de qué sufijo utilizamos: con una frase como "el niñuco de Carmen va a nacer en febrero" te estás mostrando como proveniente de Cantabria, más conocida como "La Tierruca". Si dices que "el muchachino de Carmen se llamará Mateo", entonces, querido lector, eres occidental, como lo es el sufijo -ín(o) / -ina: asturiano, leonés, extremeño o de la preciosa sierra de Huelva. Si le mandas "besiños" al bebé recién nacido, probablemente seas de Galicia y tengas este diminutivo por influencia de tu lengua gallega. Si dices que es un crío "muy bonico", estarías revelándote como usuario del diminutivo en -ico que usan los hablantes de las áreas andina, caribeña y centroamericana o, en el español de España, los de la zona este (Aragón, La Mancha, zona oriental andaluza, si eres de Murcia incluso con -iquio…). Si afirmas que es un "chiquillo" muy guapo y que sale a su madre, estás empleando el sufijo -illo, el más general en el español hasta el siglo XVIII pero que hoy solo conserva cierta vitalidad en el español de Andalucía.

Sí: por el humo de los diminutivos se sabe de dónde es el fuego. Y no solo por los propios diminutivos, sino también por la forma de construir con ellos: otra pista está en qué tipo de palabras escogemos para colocar delante de un diminutivo. Aunque "despacito" se diga (y se cante) a ambos lados del Atlántico, en el español americano se ponen diminutivos en muchos más adverbios que en el español de Europa, desde el famoso "ahorita" hasta "despuesito". Y una tercera pista está en cómo juntamos a la palabra con el diminutivo, si directamente o no. Estas terminaciones se pueden añadir directamente a la palabra a la que complementan (mesita) o utilizar una especie de puente de enlace entre la palabra y el diminutivo, por ejemplo, ponerle al pie un enlace (técnicamente se llama interfijo) y decir "pie-cec-ito". Pues bien, es común que el español de España emplee más esos enlaces que el americano. Los viejecitos de España son viejitos en América y las fiestitas de México son fiestecitas en España. […]

¿Para qué usamos estos diminutivos? Se supone que para achicar o aminorar una realidad: una escuelita es más pequeña que una escuela, y su puertecita será más chica que una mera puerta; también pueden intensificar: estar solito esconde más soledad y tristeza que meramente estar solo. Pero lo cierto es que junto con esa interpretación de tamaño o intensidad habitan muchas otras que van desde la atenuación más bienintencionada y pía al escarnio más vil.

Y todo, como casi siempre en las lenguas, depende del contexto. Contestar a la pregunta de un turista diciendo que algo está "lejillos" no acerca el lugar por el que te preguntan (que está donde el diablo perdió el poncho), pero te aproxima empáticamente al visitante; afirmar que tu pareja tras las navidades se ha puesto gordito, y no gordo, no es tampoco cuestión de volumetría, sino de atenuación: él ha comido los mismos kilos de mantecados con o sin diminutivo.

Esto tiene también un reverso oscuro, y es el del diminutivo que insulta o veja: es ningunear a nuestra jefa llamarla jefecilla y no tienes mucha fe en nuestro éxito en Eurovisión si dices que España concursa con una cancioncilla. Los diminutivos, en fin, no siempre hablan de magnitudes, y muy frecuentemente ponerle una de estas terminaciones a una palabra no la empequeñece en tamaño sino en relevancia. […]

Fuente: *https://verne.elpais.com*

	V	F
1 Deducir el origen de una persona en función de los diminutivos que emplea al hablar no suele ser un método fiable.	☐	☐
2 El sufijo "-ito / -ita" es el que más información revela sobre el origen de una persona.	☐	☐
3 Los sufijos que usamos en español también reciben influencias de otros idiomas.	☐	☐
4 El empleo de un sufijo u otro puede variar a lo largo del tiempo.	☐	☐
5 Si utilizo el sufijo "-ito / -ita" con adverbios, probablemente no haya nacido en España.	☐	☐
6 Los interfijos en los diminutivos son menos frecuentes en el español de América.	☐	☐
7 El empleo de un diminutivo u otro puede tener consecuencias en las relaciones personales.	☐	☐
8 Con los diminutivos también podemos hacer daño a otras personas.	☐	☐

10b Lee el texto de la página anterior otra vez y relaciona estas palabras con el posible origen de las personas que las dicen.

cansadiño   siestecina

cafecico   ahorita   casita

puebluco   cervecilla

a Cantabria: _____   e Galicia: _____
b América Latina: _____   f León: _____
c Murcia: _____   g Andalucía: _____
d Madrid: _____

11 Elige la palabra con el sufijo más apropiado para cada situación.

1 ¿Te has enterado de que a Juanmi le ha tocado la lotería? Lo vi el otro día montado en su **cochazo / cochecito** descapotable. ¡Qué suerte ha tenido!

2 Pfff, ¿de verdad tú te mudarías ahí? Yo no podría vivir en esa **islita / islucha** en mitad de la nada, completamente incomunicado. ¡Qué horror!

3 ¡Tú ni te acerques, que seguro que lo rompes! Lo siento, pero es que eres un poco **manitas / manazas**.

4 ¡Madre mía! Su vida parece una telenovela. ¿Has visto qué **dramones / dramitas** tiene? ¡**Pobrecilla / Pobrona**!

5 Sergio se enfadó muchísimo y se fue de casa rápidamente dando **una puertecita / un portazo**.

6 Claro que sabes quién es Luz; es esa chica **altota / altita**, que mide más de dos metros y está en clase de Miriam…

7 Ahora que me he mudado a las afueras necesito un **cochazo / cochecito** para moverme por la zona, hacer la compra, llegar a la ciudad… Pero cualquier cosa me vale, la verdad.

8 La tienda está un poco escondida, sí… Se entra por **una puertecita / un portón** que es difícil de ver, así que estad pendientes.

12 Sustituye las palabras en negrita por un diminutivo o aumentativo que exprese lo mismo.

1 Mikel acaba de hacerme **una foto muy buena**: ¡voy a subirla a Instagram inmediatamente! _____

2 Carlos y Marta acaban de adoptar **un perro enorme**. ¡No sé cómo se las van a apañar a vivir los tres en **ese piso tan pequeño**! _____

3 Después de las navidades y de todo el turrón que se ha comido, Luis está **un poco más gordo**. _____

4 Bueno, buen viaje: avísame cuando lleguéis, ¿vale? Venga, sí, **un beso enorme**. _____

5 Aunque al principio no estaba seguro de si quería tener hijos o no, la verdad es que Manu es **muy buen padre**: parece que lo lleva en las venas. _____

6 Se acaba de comprar **un piso enorme** y nos ha invitado a una cena de inauguración. _____

7 Bueno, ¿qué? ¿Hacemos una pausa y nos tomamos **un café rápido**? _____

8 No te metas por ahí: ¿no ves que es **una calle estrecha y pequeña** sin salida? _____

C ¿UNA IMAGEN VALE MÁS QUE MIL PALABRAS?

13a En el audio de la actividad **1b** del libro del alumno (página 100) aparecen las siguientes palabras o expresiones. Utilízalas en las frases en su forma adecuada.

credibilidad - pilar - captura (de pantalla) - destacado/a - poliédrico/a - muro

1 Te voy a enseñar lo que me envió un amigo por WhatsApp ayer. Él lo borró, pero yo le hice una _____ y la tengo guardada.

2 No entiendo cómo la noticia más _____ de Twitter cuenta lo que han comido hoy unos actores: con la de cosas más importantes que están ocurriendo.

3 Yo solo utilizo Facebook para escribir mensajes a mis amigos; hace años que no publico nada en mi _____.

4 La _____ de este periódico está por los suelos; todo el mundo sabe que la mayoría de las cosas que publican son mentira.

5 El novio de Sandra tiene una personalidad _____: tiene muchas facetas e intereses, tanto que Sandra todavía se sorprende de las cosas que lee de vez en cuando.

6 Mi mujer y mis hijos son los _____ de mi vida: sin su apoyo en los momentos difíciles, no sé qué sería de mí.

13b 🔊 25 Escucha otra vez el audio de la página 100 del libro del alumno y marca si estas informaciones son verdaderas (V) o falsas (F).

	V	F
1 La desinformación es un problema que lleva existiendo bastante tiempo.	☐	☐
2 La capacidad de desinformar está limitada a instituciones tales como el estado o medios de comunicación.	☐	☐
3 Los medios de comunicación son menos fiables desde hace cierto tiempo.	☐	☐
4 El formato de una información ya no es indicador de su veracidad.	☐	☐
5 No hay una razón para el contenido que nos llega en las redes sociales.	☐	☐
6 Las personas saben que cuanta mayor visibilidad tenga cierta información, mayor es su credibilidad.	☐	☐

13c Ahora, corrige las afirmaciones falsas de la actividad anterior para que coincidan con lo que se dice en el audio.

_____

_____

_____

_____

14a Busca en el texto de la actividad **2a** del libro del alumno (páginas 100-101) palabras o expresiones que signifiquen lo siguiente.

1 Que forma parte de algo, que está metida en algo o comprometida con algo: _____
2 Proceso por el que una cosa o información corre o pasa de unas personas a otras: _____
3 Conjuntos de ideas o pensamientos que un grupo de personas tiene sobre algo: _____
4 Que ha sido comprobada por alguien o comparada con algo: _____
5 Difundirse o extenderse con mucha velocidad por las redes sociales u otras herramientas de internet: _____
6 Dicho de alguna cosa que se ha hecho o llevado a cabo de forma intencionada o con un fin concreto: _____
7 Apoyar algo, dar un estímulo a algo o alguien para que crezca o se desarrolle: _____
8 Conjunto de operaciones matemáticas que rigen un sistema: _____

14b Elige la palabra o expresión correcta en las siguientes frases.

1 Mi hermana está muy **involucrada / contrastada** en las causas sociales: colabora con varias organizaciones no gubernamentales.
2 Hay ciertas personas que utilizan las redes para **avivar el discurso del odio / desmentir un bulo** con mensajes ofensivos, hostiles o falsos.
3 La **circulación / alfabetización mediática** es imprescindible para que no nos la cuelen en internet.
4 Uno de los pasos más importantes antes de publicar algo en tu muro es **incentivar / contrastar** la información que vas a compartir para no publicar ningún bulo.
5 Las **organizaciones sin ánimo de lucro / herramientas de verificación** nos ayudan a comprobar si un artículo o una publicación en una red social es fiable.
6 Todo lo que leemos en internet y las noticias que nos llegan sirven para crearnos unos **algoritmos / imaginarios** concretos, que pueden llegar a ser dañinos para la sociedad.
7 Si quieres **desmentir un bulo / viralizarte**, lo mejor es que compartas la información dudosa con agencias que se dedican a la verificación de datos.
8 Este curso está hecho **poliédrico / _ex profeso_** para los trabajadores de nuestro periódico.
9 Es muy importante que **se viralice / se incentive** el aprendizaje de habilidades de lectura crítica.
10 Un buen signo para saber si puedes confiar en una empresa es comprobar si se trata de una **sociedad civil / organización sin ánimo de lucro**; si no trabajan por dinero, es probable que sean más fiables.

15a ¿Alguna vez te ha llegado algún bulo por WhatsApp u otra aplicación de mensajería? ¿Cómo has reaccionado? ¿Cómo supiste que se trataba de un bulo?

15b ◄)) 26 Ahora, escucha este extracto del pódcast *Tenemos que hablar* en el que explican las medidas que ha tomado WhatsApp para restringir los bulos y contesta a las siguientes preguntas.

1 ¿Cuál es la diferencia entre WhatsApp y otras redes sociales a la hora de transmitir bulos?

2 ¿Por qué WhatsApp no puede eliminar directamente las noticias falsas?

3 ¿Cómo avisa WhatsApp de que un mensaje se ha reenviado muchas veces?

4 ¿Qué diferencia hay a la hora de reenviar mensajes entre 2018 y 2019? ¿Por qué?

16a Une partes de cada una de las dos columnas para formar frases con sentido.

1 Cuando me marche, te quedarás a cargo de tu hermano. ¡Cuidado…

2 He revisado la traducción y hay muchos errores: la próxima vez presta atención…

3 Carmen es una mentirosa. ¡No te fíes…

4 Siempre conduces muy rápido: ojo,…

5 Solo tienes el carné de conducir desde hace un año: estate atento…

6 ¿Te han robado la cuenta de Facebook? Te he dicho que no te fíes…

7 Por la noche, algunas partes de la ciudad son peligrosas. ¡Mucho ojo…

8 Acabo de venir de hablar con tu profesora. ¡Mucho cuidado…

a por qué calles vuelves a casa!

b de ningún sitio que te pida información personal por internet.

c con volver a copiar en clase!

d con lo que le das de comer! Recuerda que el azúcar no le sienta bien.

e no vayas a tener un accidente algún día.

f ni un poquito de sus palabras, aunque te guste!

g al trabajo en lugar de estar con el teléfono.

h a las señales de tráfico que veas.

16b Escribe qué responderías en las siguientes situaciones utilizando una advertencia o una amenaza. Usa alguna de las fórmulas que conoces.

Cariño, me llevo el coche a casa de mi abuela. Si quieres algo, llámame al móvil.
¡Ojo con conducir y usar el móvil! Si te llaman, para el coche antes de coger el teléfono.

1 Voy a subir una foto de mi hija a las redes sociales.

2 Les voy a decir a todos mis contactos el secreto que me contaste.

3 He visto en internet un truco para hacerme rico invirtiendo.

4 Me ha llegado una foto increíble al WhatsApp.

5 Le voy a pasar tu número de teléfono a una amiga que me lo ha pedido.

17 Completa con el verbo entre paréntesis en su forma adecuada. Hay más de una opción posible.

1 • ¿Consideras que hoy en día la gente _____ (deber) tener más cuidado con las redes sociales?
  ▪ Sin ninguna duda; hay mucha desinformación que puede confundirnos.

2 • ¿Qué os parece lo de _____ (compartir) todo lo que comemos con nuestros seguidores?
  ▪ No nos parece que sea malo poner una foto de nuestra comida de vez en cuando…

3 • ¿Opinas que actualmente _____ (enviarse) muchos bulos por WhatsApp?
  ▪ La verdad es que sí; además, mi padre se los traga todos.

4 • ¿Qué piensan tus amigos de que tú no _____ (tener) ninguna red social?
  ▪ Al principio les parecía raro, pero ahora se han acostumbrado y saben que pueden llamarme al móvil para lo que sea.

5 • ¿Qué os parece lo de que _____ (ser) obligatorio dar tanta información para abrirte una cuenta en algunas redes sociales?
  ▪ En realidad nos parece bien; quizás así haya menos cuentas falsas.

6 • ¿Piensas que tu familia _____ (necesitar) una mejor alfabetización mediática?
  ▪ Sí, pero no solo mi familia: a todos nos viene bien para que no nos la cuelen tan fácilmente.

7 • ¿Qué opinas de que Twitter _____ (eliminar) las cuentas de los usuarios que aviven el discurso de odio?
  ▪ Creo que es una idea genial: no necesitamos que la gente cree malestar por internet.

8 • ¿Qué le parece a tu hermana lo de no _____ (utilizar) el móvil en clase?
  ▪ No le hace nada de gracia, pero las reglas son las reglas.

18a Lee el siguiente bulo desmentido en *Maldita.es* y completa el texto con uno de los títulos para cada una de las advertencias que se dan.

> Testimonios falsos - ¿Quién publica la oferta? - El aspecto de las webs - Acude a un asesor financiero
> Qué hacer para que no te la cuelen - Denuncia si has sido víctima

---

Maldita.es

No, Pablo Alborán no ha ido a El Hormiguero a promocionar Bitcoin Trader: es un timo

"Mi receta para el éxito siempre ha sido aprovechar las nuevas oportunidades rápidamente y sin vacilar. Y ahora mismo, mi mayor generador de ganancias es un **programa de operación automática de criptomoneda llamado Bitcoin Trader**".

Estas son las palabras que supuestamente ha pronunciado el cantante Pablo Alborán en el programa El Hormiguero y que publica una página que se hace pasar por *El Mundo*.

Que no te la cuelen, son contenidos disfrazados de medios de comunicación que utilizan a personas famosas y aseguran que han dicho que han ganado una gran cantidad de dinero tras invertir en determinadas plataformas. Se trata del timo de las falsas inversiones en bitcoin del que ya os hemos hablado otras veces en Maldita.es. […]

---

(1) _____
Hay varios trucos que te pueden ser de utilidad para no ser víctima de este tipo de fraudes:

- **(2)** _____: antes de dar tus datos es imprescindible que mires quién está detrás de la supuesta promoción. Busca siempre el nombre de la empresa en Google para conocer las opiniones de otros clientes y comprobar si algún portal especializado la ha tachado de fraude.

- **(3)** _____: en la mayoría de casos utilizan colores llamativos e incluyen algunos detalles para presionarte a hacer la inversión. Por ejemplo, te meten prisa con *banners* en los que cuentan que la oferta es limitada y que si no inviertes antes de unos pocos minutos perderás la oportunidad. No te precipites.

- **(4)** _____: a veces también te la intentarán colar con declaraciones falsas de expertos inversores y clientes satisfechos. No te fíes.

- **(5)** _____: un especialista será capaz de descifrar si la oferta que has recibido es de fiar o no.

- **(6)** _____: si te han timado y has perdido dinero a través de estas ofertas falsas es importante que acudas a la policía e interpongas una denuncia. Ellos sabrán asesorarte. […]

Extraído de *https://maldita.es*

18b Ahora, escribe posibles preguntas para estas respuestas sobre temas mencionados en el texto anterior utilizando las palabras, o palabra, entre paréntesis. Fíjate bien en la concordancia y en el modo de los verbos.

Posible pregunta: *¿Qué te parece lo del timo con personas famosas?* (timo con personas famosas)

Respuesta: Me parece que con más alfabetización mediática seguro que no tendría tanto éxito.

1 **Posible pregunta:** _____ (comprobar quién publica la oferta)

Respuesta: Opino que es una buena idea; siempre es inteligente saber más sobre la página o empresa que está detrás de una promoción.

2 **Posible pregunta:** _____ (analizar la página web)

Respuesta: Considero que es una recomendación muy buena. Es fácil diferenciar una página web profesional de una que no lo es tanto.

3 **Posible pregunta:** _____ (testimonios falsos)

Respuesta: Me parece fatal. Hay mucha gente a la que seguro que se la cuelan.

4 **Posible pregunta:** _____ (asesor financiero)

Respuesta: Pienso que está bien, la verdad; ¿quién sabe más que un especialista?

5 **Posible pregunta:** _____ (denuncia)

Respuesta: Me parece genial, porque creo que la policía seguro que sabe cómo ayudarnos en el caso de un timo de este tipo.

EN ACCIÓN

19a Observa las imágenes y toma algunas notas como descripción de estas personas.

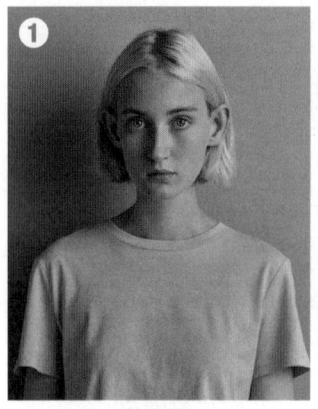   

19b Elige dos fotos de la actividad anterior que puedas relacionar de alguna manera y explica en tu cuaderno el porqué de tu elección.

19c Estos son algunos adjetivos que según la forma en que se usen (contexto, tono…) pueden ser despectivos. Elige uno para cada imagen de 19a y añade otro rasgo de la persona como etiqueta positiva.

canijo/a   rechoncho/a   larguirucho/a   feucho/a   blancuzco/a

barrigudo/a   esquelético/a   culón/ona   gordinflón/ona   fondón/ona

dientudo/a   orejón/ona   calvorota   narizotas   cabezón/ona

survey

20 📄 **DELE** Imagina que colaboras para una revista y te han pedido que escribas un artículo sobre el resultado de una encuesta. En el texto debes incluir y analizar la información que aparece en la infografía.

Tu texto debe tener entre **150-180 palabras** y en él debes:
- comentar la actualidad e importancia del tema;
- comparar de forma general los porcentajes de la infografía;
- destacar los datos que consideres más relevantes;
- expresar tu opinión sobre la información los resultados de la encuesta;
- elaborar una conclusión.

ESTRATEGIAS PARA EL EXAMEN

Este ejercicio corresponde a la Tarea 2 de la Prueba 3. Esta tarea tiene dos opciones, este ejercicio corresponde a la opción A. Tienes que redactar un artículo de opinión para un periódico, blog o revista a partir de los datos estadísticos de un gráfico o una tabla, y en tu argumentación, valoración u opinión debes incluir los puntos que se proponen.

- Lee con atención los datos que muestra el gráfico o tabla e interprétalos para darles un significado que puedas relacionar con los puntos de redacción propuestos.
- Haz un esquema de ideas principales y secundarias o cualquier otra que pueda servirte para desarrollar tu respuesta, con los argumentos y valoraciones que sean más relevantes.
- Escribe el texto exponiendo tu opinión de manera clara, detallada y bien estructurada: ideas que se desprenden de la lectura del gráfico, argumentos y ejemplos para mostrar tu acuerdo o desacuerdo, conclusión que resuma lo que dice el gráfico en relación con tus propias ideas, experiencias o valoraciones.
- Utiliza las expresiones que te sirven para valorar y opinar: *(no) me parece que…; yo diría que…; me parece peligroso / estupendo / bien / mal… (que)…; es evidente que…; considero (que)…; me planteo si…; parece obvio que…; sin embargo (no) creo que…; estoy de acuerdo / discrepo con (que)…*

Body shaming*
*Vergüenza por el cuerpo

La encuesta se ha realizado en ocho países: Dinamarca, Finlandia, Italia, Suecia, Alemania, Francia, Noruega y España. A la mayoría de la gente le gustaría cambiar algún aspecto de su físico.

Alemania 62 %	España 72 %	Noruega 53 %

¿Qué harían los europeos para mejorar su aspecto?

	Alemania	España	Noruega
Adelgazar a través de un cambio significativo en los hábitos alimenticios.	50 %	43 %	45 %
Retoques estéticos como las inyecciones de botox o la liposucción.	33 %	42 %	38 %
Adelgazar haciendo deporte o ejercicio.	49 %	49 %	53 %
Cambiar de *look* o estilo de vestir.	22 %	31 %	26 %

• La mayoría ha experimentado este tipo de acoso por parte de conocidos.

acoso

compañeros de trabajo	amigos	familia
45 %	**26 %**	**19 %**

• En todos los países, la mayoría de los encuestados cree que los movimientos en contra del *Body Shaming* son positivos.

 Alemania 63 %　 España e Italia 79 %　 Suecia 45 %

Extraído de *https://es.yougov.com*

Y PARA ACABAR…

Una fobia que tengas o hayas tenido alguna vez en tu vida:

Una idea para luchar contra el desperdicio de comida:

Una estrategia para identificar los bulos:

Información interesante de esta unidad:

12 MÁS QUE PALABRAS

A NO SOLO DE GRAMÁTICA VIVEN LAS LENGUAS

1 **Vuelve a leer el texto de la actividad 1b del libro del alumno (página 104) y contesta a estas preguntas.**

1 La autora del texto piensa que el nombre lingüístico de estas estructuras…

   a es mucho más preciso que hablar de "adjetivos monógamos".

   b no llama tanto la atención como "adjetivos monógamos".

   c es menos preciso que los "adjetivos monógamos" que proponen los tuiteros.

2 Según el texto, las palabras que forman las colocaciones…

   a pueden aparecer en más de una colocación lingüística.

   b solo tienen otra única palabra con la que relacionarse.

   c se utilizan de forma exclusiva dentro de estos "emparejamientos".

3 A diferencia de las colocaciones, con las locuciones…

   a podemos cambiar alguno de sus elementos sin que afecte al significado.

   b podemos comprender su significado basándonos en los distintos elementos.

   c tenemos que fijarnos en el significado global de la expresión.

4 De acuerdo con el texto, la combinación de palabras dentro de las colocaciones…

   a responde a normas gramaticales.

   b no sigue normas establecidas.

   c tiene un razonamiento léxico.

5 Estas combinaciones de palabras…

   a son únicas para cada idioma.

   b son las mismas en todas las lenguas.

   c funcionan en todas las lenguas por la arbitrariedad.

6 Gracias a las colocaciones…

   a comprendemos las reglas básicas de la gramática.

   b podemos usar un lenguaje más especializado en todos los ámbitos.

   c nos expresamos de forma más natural y eficaz.

2 **Lee otra vez el texto y completa esta lista de colocaciones.**

1 _____ precio

2 horas _____

3 fumador _____

4 pertinaz _____

5 _____ sepulcral

6 llevarse un _____

7 _____ acalorada

8 _____ atención

tomar una decisión

entrar ganas

estirar la pata

traje a medida

persona de fiar

tomar el pelo

dar un paseo

pronunciar un discurso

error garrafal

loncha de jamón

sano y salvo

cometer un error

poco a poco

carne de cañón

3 Sustituye la parte en negrita por alguno de los siguientes adjetivos. Haz los cambios necesarios.

> torrencial - adquisitivo - intachable - crudo - ciego
> radiante - infernal - intermitente - barato - garrafal

1 Me quiero mudar a un pueblecito en las montañas porque estoy harta del ruido **tan fuerte y ensordecedor** que hay en el centro de la ciudad.

2 La verdad es que olvidarse de los documentos para la venta de la empresa fue un error **muy grave que tuvo unas consecuencias muy negativas**.

3 Las lluvias **tan fuertes y sin parar que arrastraron árboles, coches…** causaron graves destrozos en la aldea.

4 Debido a las distintas crisis económicas el poder **que tienen los ciudadanos para comprar cosas** ha ido decreciendo y cada vez pueden gastar menos.

5 Anoche me costó mucho dormirme porque por la ventana entraba una luz **que se encendía y se apagaba continuamente** y me molestaba muchísimo.

6 A pesar del frío, ayer pudimos dar un paseo por el parque bajo un sol **que brillaba y calentaba mucho**.

7 Después de unos días de vacaciones completamente aislados y sin acceso a internet, tuvimos que volver a la **difícil y amarga** realidad.

8 Estoy un poco molesta con Adrián… Lo invité a mi fiesta y no vino. Si no quería venir, no hay problema, pero no me gusta que se invente excusas **poco creíbles y sin demasiadas explicaciones**.

9 Mi padre se acaba de jubilar y le han dado un premio por su conducta **tan buena y que no se puede criticar** durante toda su carrera profesional.

10 Tengo una confianza **completa y absoluta** en mis amigos: sé que ellos no me van a fallar nunca y siempre me van a apoyar.

4a En los siguientes grupos de palabras hay un intruso, es decir, una palabra que no se combina con la palabra en negrita. Identifícala en cada caso y añade una más que sí combine.

1 **perder** la cabeza / el tiempo / el hilo / la salud / una oportunidad / _____

2 **llevar** prisa / a cabo / en marcha / las riendas / la contraria / _____

3 **dar** envidia / rechazo / una fiesta / la razón / una conferencia / _____

4 **trabajo** basura / intermitente / fijo / estable / temporal / _____

5 **hora** punta / libre / clave / extra / exacta / _____

4b ¿Cómo son estas colocaciones en tu idioma? ¿Coinciden con las colocaciones en español? Escríbelo en tu cuaderno.

5a En el texto de la actividad **1b** del libro del alumno (página 104) se mencionan los binomios lingüísticos: pares de palabras que siempre siguen el mismo orden. Lee las siguientes frases con binomios y, después, escribe su significado.

1 El árbitro lanzó una moneda al aire para elegir **a cara o cruz** en qué parte del campo jugaría cada equipo. _____

2 A pesar de ser hermanos, Alberto y Juan **se llevan como el perro y el gato** y cada vez que se ven acaban discutiendo. _____

3 Los personajes de esa película estaban diseñados por ordenador, pero eran tan reales que parecían **de carne y hueso**. _____

4 Esther tiene una gran facilidad para los idiomas: para ella todo es **coser y cantar**, y los demás pasamos horas y horas estudiando… _____

5 Aunque ese corredor se perdió varias horas en la carrera por el desierto, finalmente consiguió llegar a la meta **sano y salvo**. _____

6 Mi padre dijo que me iba a ayudar con el jardín y… **¡dicho y hecho!** Unas horas más tarde ya estaba en mi casa con todas las herramientas. _____

5b Ahora relaciona el principio y final de estos otros binomios y comprueba en internet o en el diccionario su significado.

1	en cuerpo f	a	o después
2	uña b	b	y carne
3	blanco h	c	y marea
4	tarde e	d	ni voto
5	antes a	e	o temprano
6	ni voz d	f	y alma
7	contra viento c	g	y espalda
8	entre pecho g	h	y negro

5c Completa estas frases con algunos de los pares de palabras de la actividad anterior.

1 Desde que se conocieron el primer día de colegio, Belén y Gustavo son _uña y carne_: siempre hacen todo juntos y confían mucho el uno en el otro.

2 Creo que las fotos en _blanco y negro_ tienen un encanto especial. Me parecen mucho más artísticas, ¿no crees?

3 Mi amiga Sonia es profesora y se entrega a sus estudiantes _en cuerpo y alma_: siempre está pendiente de ellos, se preocupa por sus familias, sus problemas… ¡Es fantástica!

4 Ana abrió su pastelería un par de meses antes de que empezara la pandemia. Tuvo que luchar _contra viento y marea_, pero consiguió hacer envíos a domicilio y sacó el negocio adelante.

5 ¡No sé cómo tiene tanta hambre! Para ser tan pequeñita, Noemí se metió más de treinta piezas de sushi _entre pecho y espalda_.

6 Durante demasiados años, las mujeres no tuvieron _ni voz ni voto_ y no podían participar en las decisiones que se tomaran en casa, en el trabajo…. ¡Menos mal que eso está cambiando!

5d ◀) 27 Escucha algunas de las expresiones de las actividades anteriores y marca la unión en cada caso.

1 en cuerpo y alma
2 entre pecho y espalda
3 uña y carne
4 blanco y negro
5 coser y cantar

6 ◀) 28 Escucha de nuevo la audición de la página 105 del libro del alumno e indica si las siguientes informaciones son verdaderas (V) o falsas (F).

	V	F
1 La lingüista María Ferreira es una de las expertas que ha participado en la creación del prestigioso diccionario REDES.	☐	☐
2 Antes de la publicación de este diccionario, ya había diccionarios combinatorios en otros idiomas.	☐	☐
3 La diferencia de este diccionario frente a otros es que incluye definiciones detalladas.	☐	☐
4 El diccionario de REDES está dirigido a un público tanto nativo como no nativo.	☐	☐
5 Según el diccionario, la palabra "derrumbarse" solo se combina con "casas" y "rascacielos".	☐	☐
6 Para la lingüista María Ferreira este diccionario está pensado solo para aquellos que trabajan o estudian la lengua.	☐	☐

B LA LENGUA Y SUS MATICES

7a Escribe las siguientes palabras del texto de la actividad **1c** del libro del alumno (página 106) al lado de su definición:

> manía - bufete - mandar - clon - tenso
> sostener - rígido - elocuencia

1 Estar al mando de algo, tener el poder para decidir algo: _____

2 Defender o sustentar una idea o argumento con palabras: _____

3 Capacidad o habilidad de hablar bien: _____

4 Preocupación sin lógica y, en algunos casos, extraña por un tema o una cosa concreta: _____

5 Que se encuentra en tensión, que está excitado o impaciente por algo: _____

6 Que no se puede doblar, que no es flexible; riguroso o serio: _____

7 Mesa para la escritura con muchos cajones; despacho de abogados: _____

8 Persona, animal o cosa absolutamente idéntica a otra: _____

7b Ahora, completa las siguientes frases con las palabras de la actividad anterior en su forma adecuada.

1 Para ser un buen orador y poder tener éxito hablando en público, hay que tener _____ además de no ser vergonzoso.

2 Mi madre tiene una _____ terrible con que sea ingeniero: siempre está diciéndome que estudie matemáticas y física.

3 Las leyes referidas a ese tema son muy _____ y no se pueden seguir a medias.

4 Mi padre es abogado y pasa mucho tiempo en su _____, en todos sus sentidos.

5 Te aseguro que hay mucha gente que solo quiere ser presidente para poder _____ mucho.

6 ¿Seguro que no tienes algún _____ por ahí perdido? ¡Acabo de ver a una chica que era clavada a ti!

7 Pese a que las pruebas son claras, hay gente que todavía _____ que la tierra es plana.

8 Antes de dar un discurso en público siempre me pongo muy nerviosa y muy _____ y tengo que hacer ejercicios de relajación.

8a A continuación, tienes un artículo sobre los falsos sinónimos en español. Lee el texto y completa los huecos con la opción correcta.

Falsos sinónimos: parecen lo mismo, pero no lo son

Estamos convencidos **(1)** _____ que son equivalentes, pero hay diferencias de significado. Tres pares de palabras que no **(2)** _____ que confundir.

Por Silvana Stabielli

Aprendimos que es una virtud escribir sin repeticiones. Aprendimos también que con solo buscar en el diccionario de sinónimos tendremos opciones **(3)** _____ la carta para reemplazar un término. Bueno, es así, pero no es tan así. Primero empecemos **(4)** _____ especificar qué es un sinónimo. La RAE lo define como "palabra que tiene el mismo significado que otra". Usa como ejemplo el par "verdura y hortaliza". En ese caso no hay ningún problema y el sinónimo funciona muy bien.

Sin embargo, a veces no es tan fácil. En el afán de no repetir, usamos palabras que pertenecen a otro registro y que no combinan en el contexto en el que son empleadas. Si bien "regalo" y "obsequio" quieren decir lo mismo, la segunda es un término más artificial y poco habitual. Lo mismo ocurre **(5)** _____ "cumpleaños" y "onomástico", la segunda es una forma rebuscada que, además, no quiere decir lo mismo. [...]

Este es un tema que puede tener **(6)** _____ entregas, pero para empezar elegí tres pares clásicos que generan bastante confusión.

1 Oír y escuchar

"No me escuchás" y "no me oís" son cosas bien distintas. El primero es un reproche que alguien le hace a otro **(7)** _____ no le está prestando atención. Escuchar es eso: oír con atención. Alguien escucha atentamente una explicación o deja de escuchar porque no cree **(8)** _____ las excusas del otro. Oír pertenece al ámbito de la percepción. "No te oigo" es lo que se dice cuando hay mucho ruido en la comunicación telefónica y no se logran distinguir las palabras del otro. [...]

2 Plausible y posible

[...] Plausible quiere decir "digno de aplauso" y, **(9)** _____ extensión, "admisible y recomendable": "extender el tendido eléctrico es una iniciativa plausible que va a beneficiar a los vecinos". **(10)** _____ otras palabras, es una iniciativa recomendable y que merece un aplauso, pero no una iniciativa posible. [...]

3 Advertir y avisar

El fenómeno de "advertir y avisar" se repite con muchos verbos declarativos que usamos indistintamente, por ejemplo "sugerir y comentar". Los empleamos **(11)** _____ sinónimos de "decir" y no son lo mismo. Las palabras tienen matices y esos matices las vuelven específicas y las alejan de esta idea de **(12)** _____.

[...] El significado del verbo avisar es "informar", ¿es lo mismo que advertir? No, en el verbo "advertir" hay otro ingrediente. Cuando advierto, aviso **(13)** _____ algo para que el otro esté atento y actúe con precaución. Hay implícito un peligro, algo que no puede pasar inadvertido. Por eso no son sinónimos, porque no son intercambiables.

"La nuance, rien que la nuance" (el matiz, solo el matiz), decía Verlaine en su *Arte poética*. En la lengua **(14)** _____, la cotidiana, también hay que distinguir esas pequeñas diferencias.

Extraído de https://tn.com.ar

1	**a** de	**b** a	**c** en	**8**	**a** de	**b** a	**c** en
2	**a** tenemos	**b** debemos	**c** hemos	**9**	**a** en	**b** sobre	**c** por
3	**a** por	**b** en	**c** a	**10**	**a** En	**b** Por	**c** De
4	**a** en	**b** por	**c** para	**11**	**a** de	**b** como	**c** donde
5	**a** entre	**b** con	**c** sobre	**12**	**a** comodines	**b** concretos	**c** divergentes
6	**a** apenas	**b** bastante	**c** varias	**13**	**a** por	**b** a	**c** sobre
7	**a** que	**b** el que	**c** a quien	**14**	**a** literaria	**b** estándar	**c** vulgar

8b Vuelve a leer el artículo anterior y fíjate en las palabras subrayadas. Escríbelas al lado de su sinónimo.

1 usual - _____	**5** ovación - _____	**9** tácito - _____
2 recriminación - _____	**6** comenzar - _____	**10** consiguen - _____
3 vocablos - _____	**7** sustituir - _____	**11** parejas - _____
4 crean - _____	**8** justificaciones - _____	**12** separan - _____

8c Ahora, con ayuda del diccionario de la RAE, averigua si hay algún matiz que diferencie ambos términos y explícalo en tu cuaderno.

9a Dos tipos de palabras entre los que se establece una relación de sinonimia especial son los eufemismos y las palabras tabú. ¿Sabrías relacionar cada una con su significado?

eufemismo   palabra tabú

1 Palabra o expresión que una sociedad considera que suena bien y que usa para sustituir a otra malsonante u ofensiva. _____

2 Palabra que una sociedad considera ofensiva o malsonante y cuyo uso suele evitarse. _____

9b 🔊 29 Escucha el siguiente audio sobre los eufemismos y las palabras tabú y contesta a las preguntas.

1 ¿De dónde viene la palabra "eufemismo" y qué significa?
bueno y hablar (griega)

2 ¿Cuándo se empezaron a utilizar los eufemismos?
Los romanos siempre han existido

3 ¿De qué registro son propios los eufemismos, del registro coloquial o del culto?
los dos: coloquial y culto

4 ¿Qué ámbitos en los que los eufemismos son comunes se mencionan en el texto? Escribe algunos ejemplos.
economía, gobierno

5 ¿Cómo suele ser el ciclo vital de un eufemismo?
Va cambiando siempre porque es reaccionario a los tabúes de la etapa

6 ¿De dónde proviene la palabra "tabú" y qué significa?
sagrado y prohibido

10a Lee el siguiente texto y rellena los espacios con los siguientes sinónimos eufemísticos.

gerente - barrenderos - dentistas - cocinero - prestamistas - carceleros - basureros
inspectores de Hacienda - camarero - peluqueros - jardineros - mecánicos

¿Te avergüenza tu curro?

ENRIQUE GALLUD JARDIEL

Muchas personas quieren parecer más importantes y a veces ocultan su verdadero trabajo bajo eufemismos [...].

Es lógico querer dignificar aquellos trabajos que han estado mal considerados socialmente. Por ello se habla de funcionarios de prisiones (1 *carceleros*), agentes sanitarios (2 *basureros*), procesadores de residuos urbanos (3 *barrenderos*), intermediarios financieros (4 *prestamistas*) o verificadores fiscales (5 *inspectores de*). *hacienda*

Extranjerismos: Las palabras de otras lenguas siempre nos han parecido más elegantes. Por eso se emplea chef (6 *cocinero*), mánager (7 *gerente* , representante, apoderado) o barman (8 *camarero*). [...]

Técnico: Esta es una palabra mágica que dota de prestigio a quien la ostenta. Hay técnicos de mantenimiento (9 *mecánicos*), técnicos de parques y jardines (10 *jardineros*) [...].

Cultismos: Si la palabra tiene una raíz culta, el oficio se considera más digno. Existen [...] estilistas (11 *peluqueros*) y odontólogos (12 *dentistas*). [...]

Extraído de *https://www.20minutos.es*

10b ¿Conoces algunos otros eufemismos en español? Escríbelos, explícalos y, después, compártelos con tus compañeros.

11a A continuación, tienes unas frases de Acción Poética. Une cada una con la parte adecuada.

1 Si nada es para siempre…
2 ¿Qué traerá el año que viene?…
3 Llámame luego,…
4 Dormir temprano…
5 Seamos realistas,…
6 El mundo cambia con tu ejemplo,…

a hagamos lo imposible.
b 365 oportunidades.
c no con tu opinión.
d yo te invito a ser mi nada.
e pero sin elle.
f para soñarte más tiempo.

11b ¿Cuál de las frases anteriores es tu preferida? Explica por qué brevemente y cómo la interpretas.

11c En este tipo de frases poéticas es habitual utilizar algunas figuras literarias. Lee las definiciones de tres figuras retóricas. ¿Puedes relacionarlas con los ejemplos?

Paronomasia: uso de palabras que suenan parecidas para crear significados diferentes o inesperados.
Rima: uso de los mismos sonidos al final de dos versos o líneas.
Paralelismo: repetición de la misma estructura sintáctica en dos o más versos.

Paronomasia	
Rima	
Paralelismo	

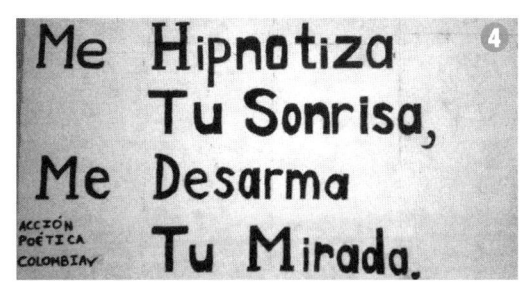

¿Sabías que...?

El movimiento Acción Poética nació en Monterrey (México), en 1996, de la mano del poeta mexicano Armando Alanís Pulido. El objetivo principal era pintar pequeñas frases poéticas en algunos de los muros de la ciudad que ayudaran a combatir la cultura de la no lectura que imperaba en Monterrey. Desde esta ciudad mexicana se extendió por otras del país, e incluso más allá de sus fronteras. Hoy en día, es posible ver poesía en los muros de casi cualquier ciudad hispanohablante, incluso, en lenguas nativas americanas o en otras lenguas romances.

Extraídas de *Acción Poética*

C ESCRIBIR UN CUADRO

12 Lee el texto y elige qué título le pondrías. Razona la respuesta en tu cuaderno.

Pintar una escena - Escuchar historias - Dibujar un poema - Pintar con palabras - Leer un relato - Escribir un cuadro

Es lo que en literatura se conoce como "describir". Y lo que en nuestro medio (la radio) llamamos "imágenes auditivas". ¿Cuáles son las mejores palabras para hablar por radio, las expresiones que comunican más? Aquellas que se pueden ver, oler, tocar y saborear, las que entran por los sentidos y van derecho a la imaginación. Por ejemplo: "A esta comunidad le faltan los servicios básicos". Esta frase es correcta y bastante clara. Pero no "veo" nada con ella. No puedo imaginar nada con ella. Cambiemos ese concepto frío de servicios básicos: "A esta comunidad le falta agua, luz y caminos". En esta otra frase la mente tiene donde reposar. Porque el agua se bebe, la luz se mira, los caminos se recorren. Son palabras concretas, materiales. Son palabras vivas, se proyectan y se mueven en nuestra pantalla interior. Pongamos otro ejemplo. Yo puedo decir: "En el curso hay muchos latinoamericanos y latinoamericanas". Perfecto, todo el mundo entenderá. Incluso he empleado un lenguaje inclusivo, no sexista. Pero podemos ensayar otra manera más imaginativa de decir lo mismo: "En el curso hay peruanas y panameños, colombianos y chilenas, del Brasil brasilero y del México lindo... ¡de toda América Latina!". [...] Veamos otro ejemplo: "Esa niña hace de todo en la casa". Es una frase corta y clara. Pero no sugiere mucho, carece de color. Pongamos verbos concretos: "Esa niña lava, plancha, cocina, atiende a los hermanitos...". Ahora estamos "viendo" el trajín de la muchacha. Pongamos sustantivos a esos verbos: "Esa niña lava los platos, plancha las camisas, cocina los frijoles...". Y adjetivos a los sustantivos: "Esa niña lava una torre de platos grasientos, plancha las camisas blancas para el señorito..." Mientras más elementos materiales proporcionamos, mejor puede el oyente representarse la situación.

Extraído de https://radialistas.net

13a Ordena los elementos de estas frases, que expresan una definición de "descripción".

1 un tipo de texto (oral o escrito) / que el receptor sepa cómo es / sin necesidad de verlo. / La descripción es / que pretende / algo

_____
_____
_____

2 sin introducir opiniones / Es objetiva / que describe. / cuando se describe algo / o sentimientos de la persona

_____
_____
_____

3 o sentimientos personales / si a los rasgos objetivos / valoraciones, opiniones / Y es subjetiva / del que describe. / del elemento descrito se añaden /

_____
_____
_____

4 usa metáforas / para destacar, / o enfatizar determinados rasgos. / La descripción / y comparaciones que sirven / subrayar

_____
_____
_____

13b Según la definición anterior, selecciona en el texto de la actividad **1b** del libro del alumno (página 108) dos enunciados para cada tipo de descripción y una de las expresiones metafóricas que contiene el texto.

Objetiva	Subjetiva	Expresión metafórica

14 Fíjate en las siguientes palabras y completa las frases con ellas, adaptando su forma si es necesario.

> blanquecino - berrear - al unísono - arremeter - boca abajo - de un modo eléctrico - ráfaga - escrutar - crío - gacha

1 El doctor me ha dicho que no duerma _____ hasta que no cicatrice bien la herida.

2 Me incomoda bastante cuando alguien me _____ y siento cómo me mira de la cabeza a los pies.

3 No he podido descansar en toda la noche, con el niño _____ sin parar.

4 Hizo buen día y la calle estaba llena de _____ jugando al fútbol.

5 Estaba muy concentrado y cuando le hablé, reaccionó _____ y casi tira la lámpara.

6 Es una playa de arenas _____ y aguas de intenso azul turquesa, y me encanta.

7 Cuando les pregunté a los niños quién lo había roto, todos respondieron _____: "el perro".

8 Estaba avergonzada y entró en el cuarto con la cabeza _____, pero enseguida se le pasó.

9 Aunque no tuviera intención de _____ contra nadie, al final, sus amigos se sintieron atacados.

10 De repente, por la ventana ha entrado una _____ de viento y ¡se me han desordenado todos los papeles!

15a Piensa en un día en la playa. ¿Qué palabras te vienen a la mente?

15b Comprueba si en el texto de la actividad **1b** del libro del alumno (página 108) están algunas de las palabras de tu lista.

16a ¿Qué te sugieren estas palabras? Relaciónalas según tu propio criterio.

> playa - viento - grito - arena - carcajada - fondo - mano - camino

1 fragilidad: _____

2 invisibilidad: _____

3 meta: _____

4 felicidad: _____

5 compañía: _____

6 enfado: _____

7 intranquilidad: _____

8 diversión: _____

16b Ahora, escribe cada una de las parejas que has formado debajo del concepto con el que crees que mejor se relacionan. Puedes comentarlo con tus compañeros o justificarlo en tu cuaderno.

Vida	Amor	Muerte	Tiempo

17a Fíjate en estos otros conceptos que expresan las siguientes metáforas. ¿Se expresan de igual manera en tu lengua?

1 La vida es un río que fluye. _____

2 La vida es un camino. _____

3 La vida es sueño. _____

4 El tiempo es oro. _____

5 El amor es una enfermedad. _____

6 El amor es un tirano. _____

17b Lee estas frases y marca la opción adecuada que relaciona cada una con una metáfora de la actividad anterior. Escríbela debajo de la frase que la contiene.

"Nuestras vidas son los **ríos / tiempos / viajes** que van a dar a la mar, que es el morir" (Jorge Manrique, *Coplas por la muerte de su padre*).

_____

"Es hielo abrasador, es **hielo / oro / fuego** helado, es herida que duele y no se siente" (Quevedo, soneto "Definiendo el amor"). _____

"Caminante, son tus huellas el **sueño / camino / amor** y nada más" (Antonio Machado, *Proverbios y cantares XXIX*).

_____

17c ¿Cuál de las metáforas de la actividad **17a** puedes identificar en el último párrafo del texto de la actividad **1b** del libro del alumno (página 108)? Contesta en tu cuaderno.

17d ¿Te atreves a crear una metáfora que exprese alguno de los conceptos de la actividad **16b** a partir de tus parejas de palabras?

_____

_____

18 Elige el verbo adecuado según el contexto de estas frases. En algunas se pueden usar los dos verbos: explica en estos casos el matiz que diferencia su significado.

1 No me compré las gafas de sol porque **eran / estaban** demasiado oscuras.

2 Mi amiga Lola es un mar de dudas: **es / está** muy indecisa.

3 Su sentimiento de reproche **es / está** muy profundo, pero sus gestos lo evidencian.

4 La sombrilla era blanca como la tumbona, pero ya **es / está** amarillenta.

5 No conozco a su padre, aunque parece que siempre **es / está** malhumorado.

6 **Fue / Estuvo** todo el día navegando y no encontró información.

7 Ayer pasamos el día en la playa: ¡el mar **era / estaba** una piscina!

8 Creo que no **es / está** consciente de sus actos: ha perdido el rumbo.

9 Marta **es / está** muy obediente: le hace caso a su padre en todo.

10 No me extrañaría que Pepe **fuera / estuviera** tan cariñoso por puro interés.

> **Recuerda**
>
> *Ser* y *estar* no son dos verbos opuestos, sino dos verbos para hacer cosas diferentes. Con el verbo *ser* clasificamos, mientras que con el verbo *estar* comentamos un cambio respecto a una clasificación. El adjetivo que sigue a estos verbos no cambia de significado, pero recibe un matiz de carácter permanente (identificativo, clasificador) con el verbo *ser* (sean rasgos permanentes o no), y temporal (resultado de una acción anterior) con el verbo *estar* (sean rasgos permanentes o no): *Leo es muy generoso, siempre trae regalos para todos.*
> *Leo está muy generoso desde que le ha tocado la lotería.*

19a Corrige en estas frases el verbo que no es adecuado en el contexto. No todos son usos incorrectos.

1 Marta no es sorda, es que no quiere escucharte. _____

2 La cafetería que es en la esquina de tu calle es mi preferida. _____

3 Está tan aburrido que lleva todo el día dormido. _____

4 La conferencia está en la sala de la primera planta. _____

5 Este regalo es para ti de parte de mi familia. _____

6 Es una casa que está de ladrillo y madera de pino. _____

19b Fíjate en los adjetivos numerados: su significado varía según se usen con el verbo *ser* o *estar*. Une cada adjetivo con un verbo y el significado que le corresponde. Escribe un ejemplo.

1 verde		incómodo
2 violento		observador
3 negro	ser	enfermo
4 atento	estar	introvertido
5 delicado		cortés
6 despierto		enfadado
		inexperto
		cuidadoso

Recuerda

Además de los adjetivos que solo pueden usarse con *ser* (religión, nacionalidad, carácter…), de los que solo se usan con *estar* (estados de ánimo…) y de aquellos que pueden usarse con ambos con una diferencia de matiz (permanencia con *ser* y temporalidad con *estar*), hay otros adjetivos que sí cambian de significado según se combinen con uno u otro verbo:

Lucio es molesto. (su presencia o actos molestan a otros)

Lucio está molesto. (incómodo, enfadado…)

1 _____

2 _____

3 _____

4 _____

5 _____

6 _____

20a ◀) 30 Escucha el relato de Mar del Rey, donde nos describe un momento especial de su vida, y elige la opción que contesta a las preguntas.

1 La niña espera a su madre…
  a en la orilla de una playa de piedras.
  b buceando muy cerca de una roca.
  c junto a una boya mar adentro.

2 Mientras la niña nadaba hacia la boya, su madre…
  a buceaba para llegar al fondo del mar.
  b cantaba canciones que le gustaban.
  c miraba asombrada la inmensidad del mar.

3 ¿Quién viajaba en el barco con actores de teatro?
  a El bisabuelo de la pequeña.
  b Los teatreros viajeros.
  c El abuelo de la pequeña.

4 La madre salía del fondo…
  a llevando piedrecitas del suelo marino.
  b con un puñado de arena en su mano.
  c agarrándose con fuerza a la boya roja.

5 ¿Qué sentimiento tenía la niña cuando su madre buceaba?
  a Sentía impaciencia por ver qué le traía del fondo.
  b Tenía miedo por sentirse sola en medio del mar.
  c Temía que su madre no subiera a la superficie.

6 Cuando volvían a la orilla, la niña…
  a disfrutaba cogiendo más arena del fondo.
  b se sentía decepcionada y frustrada.
  c sentía ganas de regresar a la boya.

20b Responde brevemente a las preguntas sobre el relato del audio anterior. Utiliza los verbos *ser* y *estar* en tus respuestas.

1 ¿Dónde están las protagonistas y qué están haciendo?

_____

2 ¿Cómo es el lugar y el ambiente dónde están?

_____

3 ¿Cómo es la relación entre las dos?

_____

4 ¿Cómo es la niña? ¿Y su madre?

_____

20c Al final del relato, la autora se refiere a la muerte con una expresión metafórica. ¿Cuál es esa metáfora (idea) y qué es lo qué dice exactamente para expresarla? Escríbelo en tu cuaderno.

21 Imagina que la Martita del texto de la actividad **1b** del libro del alumno (página 108) ya es adulta. Escribe en tu cuaderno el monólogo de Marta recordando aquel verano de su infancia.

EN ACCIÓN

22a 📄 **DELE** Lee el siguiente artículo sobre palabras intraducibles y contesta a las preguntas de la siguiente página.

¿Sabías que los japoneses tienen una palabra para el acto de comprar un libro, no leerlo, y dejarlo apilado sobre otros libros no leídos? Se dice *tsundoku*. ¿Y que en idioma tagalo, en Filipinas, existe una palabra -*kilig*- para esa sensación de tener mariposas volando en el estómago?

Yo me encontré por casualidad con estas expresiones en un libro de palabras intraducibles llamado *Lost in Translation* de la escritora británica Ella Frances Sanders, quien se ha dedicado a recopilar estos vocablos de significados tan diversos como encantadores.

¿Pero por qué son intraducibles estas palabras y dónde está el secreto de la fascinación que pueden ejercer sobre nosotros? […]

El primer paso fue escribirle a Ella Frances Sanders a Londres para preguntarle a qué llamaba una "palabra intraducible", y ella me contestó que no existe una respuesta inamovible a esta pregunta, o una estricta definición académica. "Considero que hay palabras que necesitan oraciones, párrafos o libros enteros para tener la esperanza de traducirlas, de atisbar sus matices; palabras que nunca pueden significar lo mismo dos veces, porque habitan cada lengua de forma diferente", dijo. […] "Pienso que estos resquicios léxicos son tercos recordatorios de que no podemos simplificarlo todo; no hay por qué restringir nuestras experiencias o nuestras palabras; no debemos temer que ciertas explicaciones nos tomen un poco más de tiempo: está bien quedarse sin papel", opinó la escritora. […]

Con las respuestas de la autora del libro creí haber llegado al final de mi viaje, pero me quedaba una duda: ¿qué pensarían de estas palabras intraducibles, que Sanders encontraba tan hermosas, aquellos que se ganaban la vida traduciendo? "Traducir es arriesgado en el sentido de que muchas veces no sabes cuál es la intención que hay detrás de las palabras", me respondió desde Madrid Rebeca García Nieto. […]

Para García Nieto, las palabras adquieren a lo largo de su historia diferentes sentidos y matices; como un arqueólogo se enfrenta en una excavación a las distintas etapas de una civilización, las palabras tienen diferentes estratos que muestran la evolución de una cultura. En este aspecto coincide Ariel Magnus, traductor de inglés, portugués y alemán, para quien lo "intraducible", en la mayoría de los casos, "es el mundo de referencia y el lugar que estas referencias ocupan dentro de una sociedad". Pero este escritor argentino me dice desde Buenos Aires que él no es amigo de dictaminar qué es o no es traducible. "Incluso con los juegos de palabras, que a veces resultan letales para el traductor, me parece que siempre cabe la posibilidad de que venga un traductor mejor que uno y logre traducirlo. Por eso no me gustan las notas al pie que hablan de 'juego de palabras intraducible' como si se tratara de un absoluto".

Como el libro de Sanders tiene varias palabras en alemán, le consulto sobre esta lengua a Magnus y me responde que este idioma tiene una facilidad para juntar dos o más palabras en una. "Una breve búsqueda en internet da algunos ejemplos graciosos, como *schnapsidee* (una idea que uno tiene tomándose una copa) o *kummerspeck* (la grasa que nos queda por comer de más buscando paliar alguna pena). Mi preferida, sin embargo, es *verschlimmbessern*: "empeorar algo tratando de mejorarlo". Para este escritor y traductor argentino, las palabras compuestas, sea en alemán o inglés, pueden exigir explicaciones muy extensas. […]

La dificultad para traducir una palabra parece depender de sus inalcanzables matices, de su referencia a mundos perdidos o a su pertenencia a una jerga o dialecto.

Pero lo intraducible también pertenece a la forma en que una nación, una sociedad o un grupo concibe el mundo y lo nombra. […]

Extraído de *https://www.bbc.com*

ESTRATEGIAS PARA EL EXAMEN

Puedes ver las estrategias para esta Tarea 1 de la Prueba 1 en la actividad 13a de la unidad 5, página 54.

1 El autor de este texto…
   a ha recopilado ejemplos de palabras intraducibles en un libro.
   b descubrió por azar el libro de *Lost in Translation*.
   c ha escrito junto a Ella Frances Sanders un libro de palabras intraducibles.
2 La escritora Ella Frances Sanders…
   a defiende que algunas palabras cambian de significado dependiendo del contexto.
   b piensa que para todas las palabras hay un sinónimo adecuado.
   c cree que es necesario limitar las palabras que usamos.
3 Para Rebeca García Nieto, la dificultad de la traducción reside…
   a en encontrar la palabra equivalente en la lengua a la que se traduce.
   b en conocer exactamente qué quería decir el autor original con esa palabra.
   c en darle el sentido correcto a las palabras que elegimos.
4 Según la traductora García Nieto, las palabras…
   a siempre conservan un significado inalterable a lo largo del tiempo.
   b tienen significados ocultos que hay que "excavar" como los arqueólogos.
   c pueden ir modificando su significado con el paso del tiempo.
5 El traductor Ariel Magnus…
   a se ha encontrado en numerosas ocasiones con palabras que no ha podido traducir.
   b prefiere no hablar de qué se puede o no se puede traducir.
   c argumenta que los juegos de palabras son intraducibles.
6 Según el texto, los idiomas como el alemán…
   a necesitan explicaciones más extensas en las notas del traductor.
   b son más difíciles de traducir debido a sus palabras compuestas.
   c agrupan palabras con más facilidad que otros idiomas.

22b Vuelve a leer el texto anterior y busca los ejemplos de palabras intraducibles que se mencionan. ¿Cómo los explicarías en tu idioma?

_____
_____
_____

22c Estas son algunas de las palabras del español que normalmente se consideran "intraducibles" a otros idiomas. Relaciona el significado con su definición y después piensa cómo las expresarías en tu idioma.

1 estrenar
2 sobremesa
3 merendar
4 tutear
5 desvelarse
6 anteayer

☐ a Comer algo ligero a medio tarde, entre la comida y la cena.
☐ b Usar la forma de "tú" en lugar de "usted" para referirnos a otra persona.
☐ c El día anterior a ayer.
☐ d Tiempo que pasamos sentados a la mesa hablando después de la comida.
☐ e Usar una prenda de ropa por primera vez.
☐ f Despertarse por la noche y no poder volver a conciliar el sueño.

Y PARA ACABAR…

Una colocación en tu idioma:

Información interesante de esta unidad:

Una frase poética que te guste:

Un momento de tu vida para un cuadro:

UNIDAD 1

Pista 1

Hola, ¿cómo estás? Te doy la bienvenida a una de las clases más importantes del curso, porque cuando queremos un buen nombre de marca, queremos también que cumpla una serie de atributos. Son siete:

- Que sea descriptivo. Que cuente ya un poquito de qué va ese producto. Por cierto, cuando digo "producto", piensa que puede ser "producto, servicio, empresa, ONG…", pero para abreviar diré siempre "producto".

- Que sea corto. Que sea corto, esto te lo va a pedir entre el 90 y el 99 % de tus clientes.

- Que sea recordable. Que de alguna manera sea nemotécnico, para facilitar que el cliente lo tenga y retenga en su mente.

- Que sea pronunciable. Preferiblemente en cualquier idioma, porque si el cliente no lo puede pronunciar, ¡cómo lo va a pedir en un establecimiento!; incluso si no sabe pronunciarlo, le podría dar vergüenza pedirlo y pedir el producto de la competencia. Por ejemplo, en España, *Schweppes*, la marca suiza de tónica, tuvo muchos problemas para introducir el producto en el mercado, porque la gente no sabía pronunciarlo; el que mejor lo pronunciaba decía "Suepes", de ahí a peor. Y al final lo consiguieron, pero con una inversión de muchos millones de euros en publicidad, bueno, de pesetas en aquella época, que era la moneda que había. […]

- Que sea evocador. Esto, quizás, es lo más difícil de explicar con palabras, precisamente porque va directamente al alma de la gente. Algo evocador es algo que te recuerda a otra cosa pasada que ya conoces, pero habría que matizar que esa evocación debe ser positiva, un nombre que durante una décima de segundo te ha producido una sensación positiva, preferiblemente relacionada con el producto que está vendiendo. […]

- Que sea original. Que te suene algo nuevo sin que sea absolutamente extraño, porque te podría despistar. […]

- Que no exista. Fundamental. […]

Como veis, son un montón de condicionantes y estos son los más importantes. […]

Pero ¿sabéis qué? Os he engañado un poco… ¿Por qué? Porque ningún nombre puede reunirlos todos… Imposible. Cuanto más tenga, mejor, pero no se le puede pedir tanto a una pequeña palabra… así es que como imprescindibles, nos vamos a quedar con dos: que sea evocador y, más importante aún, que no exista.

Extraído de "Claves para elegir un buen *Naming* para tu marca". Crehana (*https://youtu.be/IdPVrJBp8WQ*)

Pista 2

1 No le gusta nada su nombre y por eso diariamente piensa en cambiárselo. **2** Ciertamente, la imagen actual de la marca es mucho mejor que la que teníamos antes, ¿no te parece? **3** Inevitablemente, muchos nombres antiguos y tradicionales acabarán por desaparecer. **4** Durante muchos años, a los niños había que bautizarlos con el nombre de "José" o "María" obligatoriamente. **5** El nombre, logo, imagen de una marca, etcétera, son, realmente, factores más importantes de lo que pensamos para que una empresa tenga éxito. **6** Desgraciadamente, muchas pymes tuvieron que cerrar durante la crisis económica.

UNIDAD 2

Pista 3

Mona León: Lo primero y lo necesario para hacer un caso de *Negra y Criminal* es eee… seleccionar qué caso vamos a hacer. Para esto yo hablo con el periodista, con Mónica, con Neus, con quien sea, y entonces hacemos lo que se llama una selección *Negra y Criminal*, es decir, hay como varias preguntas, digamos, que tendríamos que contestarles. ¿Este es un caso… eee… este es un caso para *Negra y Criminal*? Es decir, ¿es un caso dramatizable? Cuando… cuando decimos que es un caso dramatizable, porque esa es la diferencia entre *Negra y Criminal* y a lo mejor otros programas que tienen expedientes criminales o lo que sea. La diferencia es que nosotros hacemos las… las dramas, ¿no?, lo que son las pequeñas dramas, hacemos cuatro dramas. Entonces, un caso para nosotros desarrollable es un caso que, efectivamente, tenga un planteamiento-nudo-desenlace. De hecho, solemos coger casos que ya están sentenciados, que están ejecutados, y… y lo que nos interesa en realidad es el ser humano, ¿vale?, que hay detrás del caso. Es que haya, digamos, miga eee… miga para contar.

Neus Sala: El intentar entender por qué ha ejecutado el crimen como lo ha ejecutado y por qué ha elegido esas víctimas; y dos, la complejidad que ha tenido la policía a la hora de investigarlo y a la hora de… de resolverlo, o incluso, a veces, en crímenes no resueltos, el porqué la policía no ha llegado a encontrar nunca… nunca al asesino.

Mónica González: Esos… esos casos que yo he elegido además han sido casos que me han conmovido, que me han puesto los pelos de punta, que me han dejado sin dormir alguna que otra noche y que yo he investigado profundamente. Y luego también sobre el tema de la viralidad, aquellos casos que [a] la gente [le] gusta, y que quieren escuchar una y otra vez en la radio. Yo creo que eso es lo más importante: aquellos casos que son muy escuchados, muy documentados y que tienen una historia y una matriz detrás importante.

Mona León: Claro, nuestro reto es que normalmente nosotros solemos ir con el asesino, entonces no… no buscamos que te identifiques con el asesino, pero sí eee… esta especie de cosa un poco a la Truman Capote, *A sangre fría,* de meterte en la piel.

Extraído de "¿Cómo se prepara un Caso Real de *Negra y Criminal?* - Paso 1". *Negra y Criminal* - Podium Pódcast (*https://youtu.be/MeXaa5plsm0*)

Pista 4

Escucha unos fragmentos de una entrevista sobre el pensamiento lateral o divergente y contesta a las preguntas. Tienes 30 segundos para leer las preguntas.

Entrevistador (E): Bien, entonces ser inteligente no es sinónimo de pensar bien.

Psicólogo (P): Exacto.

E: Bien, vale. Esto los psicólogos lo llaman… mmm… ¿cómo lo llaman? ¿Pensamiento lateral?

P: Pensamiento lateral.

E: Pensamiento lateral. ¿En qué consiste esto?

P: Pensamiento lateral o pensamiento transversal eee… lo que significa es un acercamiento diferente para resolver un problema del que sería el lógico, el habitual, ¿no? Por lo tanto, cuando tenemos un problema, igual puede ser más importante centrarnos en lo que nos preguntan que en agobiarnos por saber la respuesta, porque la técnica, unos dirían "el truco", está en cómo se pregunta. Si nos centramos en los interrogantes, quizás encontremos mejor la resolución del problema. Es otro aborda… otra forma de abordar un problema. […]

E: Pero ¿estamos hablando de abandonar la lógica? ¿Estamos hablando de decir: no, esto no es lógico…?

P: No, no, no, no, no, no.

E: No, no.

P: No, no. La lógica no es una única lógica, la lógica tiene procedimientos diferentes de llevar a la lógica. Es decir, eee… la racionalidad impera en… en cómo se resuelve un problema, porque tan racional puede ser enfocarnos primero a la pregunta y luego a la respuesta, como de la respuesta posible deducir cuál era la pregunta. La racionalidad, digamos, que es el método. […]

E: Y dices que la creatividad también puede ser y debe ser racional. Aquí ya sí que yo ya me pierdo… Porque la creatividad racional… en fin, no sé, me parece que son dos conceptos que… son como el agua y el aceite.

P: No, no, no, no tienen por qué ser tan divergentes, es decir, eee… a veces asociamos la palabra "creatividad" a… a la… a la originalidad, el ser una persona muy bohemia, a veces la extravagancia, algo que solo surge de la improvisación… Bueno, la creatividad también se entrena, también se… no digo que todas las personas tengamos la misma facilidad, igual que no todas las personas tenemos la misma facilidad de expresión verbal, o de resolver crucigramas…, cada uno tenemos más facilidades en unas áreas que en otras. Pero la creatividad se ensaya, se trabaja, se entrena. […]

E: Ya, ¿pero aquí la lógica dónde… dónde entra? Porque efectivamente ser creativo es una maravilla…

P: Sí…

E: … porque puedes solucionar muchos problemas desde el punto de vista de la creatividad: problemas muy complicados…

P: Claro, porque la creatividad suele ir asociada a una mejora, a un rendimiento y a una efectividad. Yo puedo ser muy creativo en un anuncio, pero si luego no vendo nada no tiene ninguna…

E: Ya…

P: … racionalidad esa… esa creatividad, puede ser muy estridente, pero cuando la creatividad cobra todo su peso, es cuando es lógico, y lógico es que es útil socialmente, es una idea muy llamativa, lo hay en todo, no solamente en la publicidad, también en las ideas de… de cualquier eee… elemento que creemos. Por… por lo tanto, la racionalidad, es decir, una creatividad que tenga una efectividad. Esa es la… la razón fundamental.

Extraído de Despierta Aragón: "Consulta al psicólogo: el pensamiento lateral" (https://www.cartv.es/)

UNIDAD 3

Pista 5

Siempre, quizás, eee…, podría decir que he llevado una mochila detrás mía [detrás de mí] cargada con una serie de ingredientes que creo que me han llevado a tener éxito, no solamente para subir los catorce ochomiles. Sobre todo éxito de hacer lo que a mí me apasionaba: escalar montañas.

El primer ingrediente es la ambición. Creo que tenemos que tener ambición en la… en la vida. En el buen sentido de la palabra "ambición": pero hay que tenerla.

El segundo ingrediente que iba en mi mochila era el afán de superación. El querer

hacerlo cada vez mejor; o por lo menos superarme. Para hacer catorce montañas de ocho mil metros hice veintiséis expediciones, en diez años. Lo cual, haced cálculos: de esas veintiséis expediciones muchas veces llegué a casa sin haber hecho la cumbre. ¿Sabes lo que nos cuesta a todos? Nos cuesta mucho ponernos enfrente [frente] a un espejo y decir qué es lo que puedo cambiar o qué es lo que puedo mejorar para la próxima vez. Yo tenía una lista con catorce montañas de ocho mil metros. Si yo de una volvía sin la cumbre, sin haber llegado a la cumbre, decía: "Joé, eee… la próxima vez tengo que volver a escalar esa montaña. Y si no cambio algo, si no lo hago mejor, si no entreno más, si no soy capaz de darme cuenta [de] qué es lo que ha fallado en esta expedición, no voy a aprender". Pues eso es el afán de superación.

El tercer ingrediente que va dentro de mi mochila es tener hambre por el éxito. ¿Qué quiere decir esto? Que nos tenemos que creer, que nos lo tenemos que creer que somos capaces de hacer. Y esto nos cuesta, nos cuesta muchísimo. La primera vez que fui al Himalaya a intentar escalar una montaña de ocho mil metros era en el año noventa y ocho. Yo no subí aquella cumbre, no subí a aquel ochomil. Y volví el año noventa y nueve [e] intenté otra vez otro ochomil. Y tampoco subí. Y volví el año dos mil, y tampoco subí. Tres veces al Himalaya, con todo lo que aquello suponía, y no hacía cumbre. ¿Sabéis por qué volvía? Volvía porque cuando yo me daba la vuelta, a veces a siete mil, u otras veces a ocho mil metros, cuando estaba allí y me daba la vuelta, yo ya sé, y nosotros ya sabemos la sensación que tenemos. Ya sabemos que esforzándonos un poquito más, seguramente vamos a poder llegar la próxima vez a esa cumbre. Por eso pienso que nos lo tenemos que creer. Y la parte más importante de la mochila creo que tiene que ir cargada de una cosa que creo que es imprescindible: es la pasión. Creo que sin pasión difícilmente hubiera escalado los catorce ochomiles y sin pasión seguramente muchas de las cosas que hacemos no las haríamos.

Extraído de "Cuatro ingredientes en mi mochila de la vida. Edurne Pasaban, alpinista". BBVA AprendemosJuntos (https://youtu.be/amTMqQfEpqg)

Pista 6

1 superará; 2 compraran; 3 estudiaras; 4 se lanzará; 5 hablará.

Pista 7

Vas a escuchar seis conversaciones. Contesta a las preguntas seleccionando la opción correcta. Tienes 30 segundos para leer las preguntas.

Conversación 1

NARRADOR: Vas a escuchar a dos amigos hablando de la pandemia.

HOMBRE: Eva, ¡cuánto tiempo sin vernos! ¿Cómo estás llevando esta situación?

MUJER: No muy bien, la verdad. Me he quedado en paro y estoy planteándome cambiar de vida.

HOMBRE: ¡Estamos todos intentando sobrevivir a esta crisis! ¡Hay que tirar para adelante sea como sea!

MUJER: Sí. En eso me empeño cada día, pero es difícil ver la luz…

Conversación 2

NARRADOR: Vas a escuchar a una pareja que conversa sobre cambios en su vida.

MUJER: Tony, ¿no crees que nos hemos vuelto muy vagos?

HOMBRE: No lo creo, ¿por qué lo dices? ¿Te has puesto melancólica?

MUJER: Un poco. Es que no aguanto esta inactividad. Si quisiéramos cambiar algo, lo haríamos. ¡Y claro que echo de menos hacer algo de deporte!

Conversación 3

NARRADOR: Vas a escuchar a dos contertulios comentar experiencias de cambio.

MUJER: A mí la experiencia de esta mujer sí me parece motivadora, porque deseaba llevar una vida diferente y que su trabajo la satisficiera plenamente, también estar rodeada de personas que compartieran su inquietud, que la inspiraran y con las que pudiera ser ella misma.

HOMBRE: Sí, eso es cierto… Efectivamente se ha convertido en lo que quería. Sin duda.

Conversación 4

NARRADOR: Vas a escuchar a una corresponsal de guerra que habla de su trabajo.

HOMBRE: ¿Y qué hace usted para superar tanta muerte?

MUJER: Nosotros no somos diferentes de otros. Cuando te caes, intentas ponerte en pie para sobrevivir a la destrucción…

HOMBRE: Dicen que la vida se abre paso siempre…

MUJER: Los humanos tenemos una gran capacidad de supervivencia y seguimos andando aunque nos quedemos cojos, o solos… Yo intento no quedarme ciega o muda…

Conversación 5

NARRADOR: Vas a escuchar a una pareja hablando de sus hijos.

MUJER: Tengo la sensación de que nuestros hijos se han vuelto unos tiranos.

Hombre: A mí me pasa lo mismo. Me quedo atónito con sus exigencias. No comprendo por qué se empeñan de esa manera en fastidiarnos las vacaciones.

Mujer: ¡Pues hay que hablar con ellos y solucionarlo ya!

Conversación 6

Narrador: Vas a escuchar a una psicóloga hablar con un nuevo paciente.

Mujer: Entonces, ¿es la primera vez que acudes a un psicólogo?

Hombre: Sí, ya no aguantaba más esta situación tan estresante y emocional. Me gustaría que usted pudiera ayudarme a centrarme en la vida y a levantar la cabeza nuevamente. No confío mucho, pero es lo que necesito…, tirar para adelante.

UNIDAD 4

Pista 8

Entrevistadora (E): Pues tengo el honor de estar hoy aquí en Talent Woman con Ale Rod, que es la cofundadora de Talent Woman. Así que, bueno, gracias por la entrevista y me gustaría preguntarte cómo se te ocurrió esta iniciativa tan interesante, qué es lo que querías hacer tú.

Ale Rod (AR): Bueno… eee… les voy a platicar un poco. Yo empecé una empresa de desarrollo de *software* hace cinco años… Eee… somos de Guadalajara, Jalisco, en México, y allá, mientras obviamente estaba descubriendo el movimiento STEM, estaba en varias comunidades de mujeres en tecnología. Al mismo tiempo que yo me estaba involucrando en este ecosistema, se estaba formando lo que ahora es Talent Network, que… pues que nos dedicamos [a] hacer eventos… eee… con giro STEM y tal… Bueno, pues Talent Woman es una línea de Talent Network; o sea, es el espacio donde las mujeres inspiran por medio de investigación, de divulgación y de tecnólogas, programadoras… y, bueno, claro que… que se les tiene que dar ahora un espacio importante pues, como sabrán, somos apenas el 27 % de… que nos dedicamos a estas áreas. Lo importante de un "talent woman", o lo que siempre queremos hacer hincapié, es que no se hable como… más de la brecha de género, los datos que ya conocemos, sino que las mujeres, desde su profesionalismo, su perspectiva, platiquen su historia, lo que se dedican… Porque, ahora, escuchas a una científica de la NASA y hay un público lleno de niñas y de niños… algo [en] que se inspiran… Y eso es realmente lo que queremos hacer.

E: Claro… Tener a esos referentes, ¿no?, para poder inspirarlos, porque siempre hace falta, pues eso, tener alguien que tú te sientas similar y poder decir: "Ah, yo quiero ser como esa persona"…

AR: Totalmente.

E: … porque si no ves, a lo mejor, a científicas o mujeres eee… emprendedoras, puedes pensar: "Ah, bueno, eso es una cosa de hombres", ¿no? Si eres una niña pequeña y no tienes esos referentes…

AR: Probablemente lo que queremos hacer es "normalizar"…

E: Sí.

AR: … normalizar temas donde las mujeres no están ahorita tan inmersas, pues que un día sea normal, y ya está. Algo que también me gustaría… bueno, ya para terminar, es que Talent Woman no está cerrado a hombres.

E: Exacto.

AR: Exactamente, es… Siempre que me preguntan "¿es solo para mujeres?"… No, es liderado por mujeres; o sea, que las líderes, las *speakers*, es verdad que son mujeres, pero está abierto a la sociedad.

E: Pues muchas gracias, Ale, y, bueno, vamos a seguir disfrutando del evento.

AR: Gracias. Síganos en las redes sociales, en talentwoman.mx y también en la de talentwoman.es. ¡Gracias!

Extraído de "Talent Woman España 2019 - Mi experiencia"
(https://youtu.be/Oo_NOyguReM)

Pista 9

Entrevistador (E): Mariluz, la pregunta que se está haciendo en estos momentos toda nuestra audiencia es "¿cómo podemos convertirnos en *influencers*?", porque la mayoría de ellos no son celebridades.

Mariluz Moraleda (M): Bueno, Paco, así es. Parece una cosa divertida, incluso fácil, que es cuestión de hacerse *selfies* y salir en un paisaje idílico, guapísimo…, pero hay mucha disciplina y mucho trabajo detrás. Lo que recomiendan… lo que recomiendan siempre es que haya una estrategia eee… bastante marcada: quién es tu público, a quién te quieres dirigir, en qué redes sociales están, qué edad tiene, eee… qué nivel de estudios… También, por supuesto, qué vas a contar, cuál es tu especialidad, si va a ser turismo, si va a ser belleza…, pero dentro de esa especialidad ya hay otros *influencers*. ¿En qué te vas a diferenciar? ¿Por qué va a haber que seguirte? Por supuesto, ser muy visual, pensar mucho en diseño gráfico, en buenas fotografías y, sobre todo, estar dispuesto a estar bastante *online* en momentos en los que haya mucha interacción, en ir… eee… momentos a hablar en *live* cuando puedas interactuar con ese público si quieres que una marca llegue a tu puerta.

E: Pero, cuéntanos, ¿cómo trabaja un *influencer*?, ¿cómo hace para hacernos llegar esa marca, ese producto?

M: En realidad, eee… esto ha roto los esquemas de la publicidad convencional porque el *influencer* es el que se vende por sí solo. No se vende la marca más, se vende todo el tiempo el *influencer* y el producto, la marca, es un valor añadido que acompaña el estilo de vida de ese *influencer*, que hace que de la forma más natural, más creativa, ese *influencer* hable de ese producto, pero en realidad recomendándolo de amigo a amigo, algo que también se pone en cuestión mucho por el tema de la publicidad encubierta, ya que a veces esas publicaciones de Instagram o esos videos de YouTube no se sabe hasta qué punto están pagados o no y hace que, bueno, incluso sean denunciados algunos.

E: Algo que me llama la atención, Mariluz, es que la mayoría son mujeres: ¿a qué se debe esto?

M: En realidad tiene que ver mucho con el origen de la red social. En el caso de Instagram, la mayoría son mujeres, efectivamente, pero un dato importante…, y es que aquí hay brecha salarial, Paco… Aquí… las mujeres *influencers* ganan casi la mitad más que los hombres y es porque en sectores como moda o belleza las mujeres llevan más tiempo o… llevan más tiempo en este mercado de Instagram… y además en YouTube, cuando se inició, la categoría más popular era moda y belleza. Todos recordamos estos tutoriales de algunas chicas. Eso sí, por ejemplo, en el mundo de los juegos o *videogames* ahí los hombres *youtubers* son los que tienen la prioridad y eso hace que estos géneros, estos clichés por géneros acaben extrapolando al mundo *online* también.

E: Brevemente, si yo fuera una marca, ¿por qué he de contratar un *influencer* y no publicidad convencional?

M: Porque vas a llegar al público joven, a esa audiencia que ya es la base con la que interactúa todos los días ese *influencer*. Además no vas a tener que pensar una campaña publicitaria porque te va a dar el formato, el estilo natural de ese *influencer*. Y en tercer lugar, porque lo vas a poder medir mejor, vas a saber si han hecho clic en la marca, si ha habido la llamada conversión, si automáticamente han comprado el producto…

E: Mariluz Moraleda, muchísimas gracias por haber estado hoy con nosotros.

Extraído de "¿Cómo convertirse en influencer*?". DW Español*
(https://youtu.be/xoHcrOk8Vck)

UNIDAD 5

Pista 10

CARLA: Lo que me… lo que me llama la atención es el modo en que los escritores relatan sus historias, más que las historias en sí mismas. El tipo de literatura que más me enamora es el que está arraigada [arraigado] en hechos eee… históricos y geográficos reales. Sobre esa base de… de realidades históricas eee… se puede tejer cualquier historia y… y me parece… me parece maravilloso. Nunca dejo un libro sin terminar, nunca. Siento que tengo una deuda personal eee… y algo me… me… me queda haciendo ruido… ¡Debe ser mi TOC! Aun si el libro me parece aburrido y tedioso, lo termino hasta la última hoja. […] No soy amante de los libros digitales, no tengo nada en contra, nunca tuve esa necesidad de tener que leer un libro digital, porque eee… disfruto enormemente el olor de las librerías, me encanta entrar [en] una librería y perderme en mí misma ahí adentro. Es como "el paseo", para mí, entrar a una librería. Debe ser por eso que no soy amiga de los… de los libros digitales. […]

LUCIANO: Ni los libros se leen hasta el final, ni los libros se abandonan: depende de cada uno. Eee… no me acuerdo exactamente cómo es que decía Borges, pero si el libro… si empezaste a leer el libro y el libro no es para vos, entonces el libro tenés que dejarlo. Hay gente que se empecina y prefiere terminarlo. Yo, eee… si no me enganché al tercer o cuarto capítulo, habitualmente los cuelgo, los dejo, porque no tiene sentido, porque estoy leyendo sin leer y estoy pensando en cualquier otra cosa y cuando vuelvo a las hojas, dije: ¿Y acá qué pasó?, ¿qué me perdí? Y en realidad no es que me perdí nada, lo había leído, pero no le estaba prestando atención. Suelo dejarlo si no me gusta. […] No tengo ningún problema con las plataformas de los libros: suelo leerlos en papel y suelo leerlos… este… digitales. Desde hace un tiempo a esta parte, tengo varios *e-readers* y lo que hago es comprar… este… libros digitales y la diferencia de precio es mucho mayor que habitualmente lo es al libro de papel, o si son libros de una lectura más bien pasajera, "pasatista": este… libros de investigaciones periodísticas, libros de biografías, no sé, casos policiales… Si quiero comprarme un libro más de fotografía o arquitectura que me gustan, ahí sí me los compro en papel, porque tiene mucho más sentido, eee… aunque sean muy caros. En el caso de los libros… más de una lectura pasajera, suelo hacerlo en formato digital.

Extraídos de pódcast de Carla Ritrovato y Luciano Zampa
(https://soundcloud.com/un-libro-que)

Pista 11

1 ALICIA BORRACHERO: Bueno, mi abuela española, porque yo… eee… mi nombre viene de… de mi otra abuela, que era cubana, se llamaba Luisa, eee… y… y bueno, pues ella se fue hace unos años, pero era una mujer con una fuerza enorme, yo creo que… algunas de las cosas que yo he hecho en mi vida han estado inspiradas por su ADN, y… yo no tuve con mi abuela una relación eee… normal, de abuelita cariñosa, mi abuela era más bien cañera, de mucho carácter, me decía las cosas muy directamente e incluso cuando se enteró de lo que iba a hacer con mi… con mi vida profesional, y me vio por primera vez, que la verdad que me salió bien, me dijo que me había equivocado. […]

Extraído de "Entrevista a Alicia Borrachero".
El Faro Cadena SER (https://youtu.be/3VeEyRjFmyI)

2 JORGE DREXLER: Aquellos versos realmente me… me impactaron mucho. Le dije: "qué lindos versos, Joaquín, ¿son tuyos?". Me dijo: "no". Me dijo que eran de otro compositor, que se llamaba Chicho Sánchez Ferlosio, menos conocido que Joaquín pero muy grande también. Entraban justo en algo que yo quería decir hace tiempo, los versos, y que no sabía muy bien cómo. Me estaba poniendo de pie como para irme a casa a escribir, cuando Joaquín me detiene, me dice: "espera, espera". Y me plantea el siguiente desafío, me dice: "escribe las estrofas para esa canción en décimas". Ahora yo, este… en esa altura de mi vida, todavía no tenía una idea muy clara de qué eran las décimas, pero me… me daba mucha vergüenza decir al maestro que no lo sabía, entonces puse mi mejor cara de entendido y me fui a mi casa a… a buscar a ver de qué se trataban las décimas. […]

Extraído de "Jorge Drexler". TED
(https://youtu.be/C2p42GASnUo)

3 ALFONSO CUARÓN Yo… yo le daba a los técnicos y a… y a los colaboradores listas. Yo había separado el guion por fechas específicas donde sucede la acción. La lista correspondía a cada fecha, qué necesidades… qué escenas se iban a hacer [en] esta fecha y qué necesidades se necesitaban, muy específicas. Aaa… con los actores, yo no les… yo no les dije nada de qué se trataba la película, nada; lo único que, individualmente a cada uno, antes de empezar el rodaje, les expliqué lo que conocen de… de su propia vida, hasta que inicia la película; lo que conocen de la vida de los demás hasta que inicia la película. Eee… les platiqué quiénes eran sus alianzas emotivas, con quién había rivalidades, con quiénes había competencia, eee… con quiénes compartían secretos. Pero eso fue información muchas veces contradictoria, lo que le iba diciendo a cada uno. […]

Extraído de "Entrevista Alfonso Cuarón". Mi cine, tu cine
(https://youtu.be/l7MjtcDTdAY)

4 ANA GUERRA: ¿Nuevo *single* y…? Nuevo disco. Ya lo tenemos hecho. Vamos a decir que viene muy bien elaborado. Tengo un equipo detrás maravilloso, que nos hemos inventado una historia que ya os contaré un poquito más adelante. Durante todo mi recorrido por la academia canté versiones de cualquier estilo musical: era como que me… me tocaba a mí. Y este tiempo, estos casi cuatro años, yo he ido un poco en la búsqueda de esa identidad, ¿no? En este momento estoy haciendo como canciones… estoy haciendo más la música que escucho, que son canciones más pop, pop italiano, *pop-rock*, baladas… Pero sí, he encontrado un poco mi identidad con este disco y voy más definida que nunca y estoy muy muy cómoda con este ahora, con mi ahora musical, ¿no? […]

Extraído de "20 preguntas a Ana Guerra". HOLA4u
(https://youtu.be/PU9HdcbMuEs)

UNIDAD 6

Pista 12

La filosofía del Kintsugi consiste en apreciar la belleza que tienen nuestras propias cicatrices, reconociéndolas como parte de nuestra esencia, y aprendiendo a repararlas para mejorar la versión de nosotros mismos. El poeta Rumi decía: "La herida es el lugar por donde entra la luz". En esta filosofía hay algo casi diametralmente opuesto a la manera occidental de ver la fractura, tanto anímica como material. En lugar de que un objeto roto deje de servir y lo desechemos, su función se transforma en otra, en un mensaje activo: el objeto roto pasa de ser una cosa a ser un gesto gráfico que nos incita a emular su poderosa transformación, y, metafóricamente, la herida pasa de ser un trazo de oscuridad, a ser una ventana de luz. Como lo indica la revista *Psychology today* son estas vivencias las que nos fortalecen y nos hacen evolucionar; a la vez dan una nueva perspectiva sobre la vida, aumentan la capacidad de resiliencia y te dan el impulso para seguir adelante después de una caída.

¿Cómo practicar el Kintsugi en tu vida? Para volver el Kintsugi parte de tu día a día, puedes seguir una serie de consejos que te ayudarán a superar cualquier obstáculo que se te presente:

TRANSCRIPCIONES

- No temas a recordar. Recordar aquello que te lastimó en el pasado puede ser un proceso doloroso, pero te ayudará a aprender de tus errores y a identificar lo que quieres para tu futuro.

- Ser perseverante. Aprender esta filosofía de vida es un proceso lento que requiere de paciencia. Es probable que algunos días te sientas derrotado y sin ganas de seguir. Esto no significa que estés fracasando en repararte, sino que forma parte de tu transformación.

- Date el tiempo que necesites. Descansar, dormir bien y divertirte son también pasos fundamentales del Kintsugi. Es como dejar que el pegamento respire para dar paso a que las heridas sanen y así llegar a la recuperación.

- Aférrate a lo que amas. Para terminar este proceso es importante enfocarte en lo que amas, para así restaurar lo que está roto: puede ser un *hobby*, tu trabajo, tu pareja, familia o amigos.

- No temas pedir ayuda. El Kintsugi es más fácil de alcanzar si se tiene la ayuda de otros. No tengas miedo ni te avergüences de ir a terapia, acudir a grupos de apoyo o desahogarte con tus seres queridos.

Extraído de "Kintsugi. Convierte las heridas del pasado en aprendizaje". Road to PhotoArt *(https://youtu.be/gtZU_X1A0uu)*

Pista 13

Escucha este audio, que habla de la historia de una canción muy conocida y versionada en el mundo hispano, y responde a las preguntas con la opción correcta. Tienes 30 segundos para leer las preguntas.

Hoy le traemos un episodio más de la historia detrás de canciones muy conocidas; en esta oportunidad le hablaremos sobre una hermosa y popular canción de la tradición mexicana que ha permanecido por generaciones en la cultura popular de ese país.

Salías de un templo un día, Llorona,
cuando al pasar yo te vi,
hermoso huipil llevabas, Llorona,
que la Virgen te creí...

No sé lo que tienen las flores, Llorona,
las flores de un camposanto...

Dicen que esta canción está inspirada en el trágico romance de una joven pareja oaxaqueña. La historia narra que un muchacho

de Tehuantepec fue a una fiesta en la comunidad vecina, llamada Juchitán, y ahí conoció a una chica que salía de la iglesia vistiendo el famoso traje regional istmeño, llamado "huipil".

Cuando las mueve el viento, Llorona,...

El muchacho se esforzó para conquistar a la joven, la cual al final aceptó y cuando los planes de la boda iban viento en popa, los aires de la revolución mexicana llegaron a Oaxaca, por lo que el joven fue reclutado y enviado a la lucha.

El que no sabe de amores, Llorona,
no sabe lo que es martirio.
El que no sabe de amores, Llorona,...

El día de su partida, mientras el muchacho se despedía de su amada, el llanto corrió por los ojos de ella, mientras los suspiros de dolor la invadían. La joven juró esperar a su novio y casarse con él a su regreso, pero él nunca volvió.

Un día llegó al pueblo un exsoldado, con la misión de encontrar a la muchacha para contarle que su novio había muerto en el campo de batalla, pero no antes de fallecer le entregaría una carta a su gran amor. Así que el muchacho llegó a cumplir con su promesa.

Ay de mí, Llorona, Llorona,
Llorona, llévame al río,
tápame con tu rebozo, Llorona,
porque me muero de frío...

Se dice que en la carta estaba la letra de "La llorona", que, eso sí, no sabemos cómo llegó a manos del poeta Andrés Henestrosa, quien le hizo algunas modificaciones, que han hecho que muchos lleguen a pensar que es de su autoría. Pero lo que sí es un hecho real es que la canción se convertiría prácticamente en un himno para los mexicanos, interpretada por grandes voces como Raphael, Chavela por grandes voces como Raphael, Chavela Vargas y la joven hija de Pepe Aguilar.

Extraído de "La historia detrás de la canción «La llorona" *(https://www.panoramadigital.co.cr)*

UNIDAD 7

Pista 14

Todos tenemos nuestras manías, nuestras creencias e, incluso, alguna superstición. Es algo innato al ser humano, ya sabéis: somos seres de costumbres. Ahora bien, ¿qué diferencia hay entre una manía patológica y una que no lo es? ¿Cuándo lo podríamos decir que una superstición es dañina y otra que puede ser fruto, quizá, de alguna inspiración intuitiva que puede ayudarnos a tomar decisiones importantes? Este es el tema que os

tenemos preparado en el programa de esta noche: manías, supersticiones, creencias y alguna certeza. [...]

Por ejemplo, algo tan simple e higiénico como lavarse las manos puede convertirse en un problema, eso que llaman TOC. Cuando esto se repite mucha... con mucha frecuencia, y te causa angustia no poder hacerlo las veces que tú crees. Una superstición lleva arraigada una creencia que, a menudo, ha estado instalada por un convencimiento mental e influenciada, a veces, por la religión, la educación o la cultura del territorio.

Pasar por debajo de una escalera trae mala suerte, cruzarte con un gato negro es signo de mal augurio, pisar las rayas horizontales del suelo te puede[n] hacer un día difícil, derramar la sal es un mal presagio, levantarse con el pie izquierdo te anuncia un mal día, tocar madera para que te traiga buena suerte... La lista de supersticiones sería tan larga como el *Quijote*, o interminable...

Extraído de "Curiosas manías y supersticiones" *(https://www.tiooox.com)*

Pista 15

• Yo creo que hay gente que tiene muy buena suerte, no en el sentido de que le toque por azar el euromillones al día siguiente de haber tenido una herencia millonaria de un familiar lejano y desconocido, pero sí suerte en cosas más cotidianas, como tener buena salud, o que el maestro o el médico de sus hijos sea supermajo o superempático...

Más o menos, pero ten en cuenta que eso de decir que una persona con salud es alguien con suerte nos puede servir como expresión coloquial y poco más, porque la salud, aunque puede tener un componente aleatorio, no es totalmente cuestión de suerte, sobre todo cuando hablamos de patologías que van asociadas al estilo de vida, como puede ser el... el sobrepeso.

● Pero entonces... ¿piensas que la suerte no es otra cosa que decisiones?

Totalmente lo pienso así; otro ejemplo son los niños a los que les gusta la verdura o los que son respetuosos o educados con los demás, o los adolescentes que tienen una relación cálida y amorosa con sus padres...
A ver si no va a ser tanto cuestión de suerte como el resultado de la acción consciente de unos padres por educar a sus hijos.

● Vale, estoy de acuerdo en que las personas que tienen buena o mala suerte habitualmente es por algo: hacen algo que influye en que eso finalmente acabe sucediendo.
Lo de "Oye, qué suerte, qué bien [que] te llevas con tu pareja"... tampoco es suerte,

sino una serie de decisiones y de pequeñas acciones que esa pareja lleva a cabo en su día a día, ¿no?

■ Sí, aunque también hay situaciones que no dependen de nuestro esfuerzo directamente, quizás son más cuestión de actitud. Ante una misma situación podemos sentirnos afortunados, desgraciados o de una manera neutra, y muchas veces depende solo de nosotros que nos sintamos de esa forma.

● Tienes toda la razón. Porque hay gente que tiene la crítica como forma de vida: no los tratan como se merecen en un restaurante, los compañeros de trabajo, los profes o los médicos de sus hijos… Tienen problemas allá donde van.

■ Sí, no son conscientes de que nuestra actitud es percibida por los demás y que acaba influyendo en cómo nos tratan. Por eso, mejor que andar maldiciendo nuestra mala suerte, hay que generar las condiciones adecuadas para que la buena suerte se acabe dando.

UNIDAD 8

Pista 16

Imagina que colaboras en la redacción de una guía turística sobre Andalucía (España) y has recibido la propuesta de escribir sobre una ruta de la Málaga tradicional. Escucha el fragmento de una audioguía y toma notas para luego utilizarlas en tu correo de repuesta.

Situados en la popular plaza de la Marina, donde Málaga mira al mar y a su puerto, empezamos esta ruta que llamamos "De la Málaga tradicional", teniendo a nuestra vista dos de los monumentos más cercanos en el tiempo, y también, más cercanos a las personas.

El primero de ellos, a la espalda de la Oficina de Información Turística: *El cenachero*. Una estatua del siglo XX, obra del escultor Jaime Pimentel, de 1968, hecha en bronce, y que representa un tipo tradicional malagueño, hoy desaparecido: el de un pescador que vende su pescado paseándolo y pregonándolo por las calles. Esta forma de colgar las bandejas de pescado, llamadas "cenachos", era típica de Málaga, y el cenachero llevaba estos cenachos como se ve en la estatua, colgados de los hombros y controlándolos con los codos, lo que los hacía casi bailar mientras él los anunciaba cantando en forma de pregón, otra de las costumbres tradicionales malagueñas.

Está situada aquí, frente al puerto, como una imagen de la tradición marinera y pescadora de la ciudad y es compañera de otra estatua de la misma fecha y autor, *El biznaguero*, situada

desde el 2003 en el parque y que muestra otra de nuestras tradiciones: el vendedor de biznagas, que son las flores del jazmín ensartadas una a una en un ramillete muy especial, y que era otro de los personajes que pregonaba su mercancía de forma tradicional y del que todavía se pueden ver algunos, ya solo como reclamo turístico, por nuestras calles.

Pista 17

¿Verdad que algo muy típico de nuestra tradición del Día de Muertos es la devoción con la que se pone el altar u ofrenda? Alimentos y bebidas que en vida disfrutaban nuestros muertitos.

Es la única oportunidad en el año para que los difuntos vuelvan a la tierra en esencia a convivir con sus seres queridos alrededor de una fiesta muy especial. El primero de noviembre llegan los niños difuntos, y el día dos, los adultos.

Pero ¿cuáles son los elementos que se deben incluir en un altar de muertos y cuál es su significado? El altar consta de dos, tres y hasta siete niveles. Por ejemplo, si es de dos niveles, representa el cielo y la tierra. Si es de tres, incluye los dos anteriores y el inframundo. Y si es de siete, los siete lugares que el alma ha de atravesar para alcanzar su descanso. Esto es según la mitología de los pueblos indígenas.

Entre los elementos que se incluyen en un altar están:

- el olor, que simboliza la purificación del alma y puede representarse con plantas aromáticas, con copal o sahumerio con incienso;

- el arco. Simboliza la entrada al "más allá" y se coloca en el nivel superior, hecho con palmilla o carrizo;

- el papel picado de colores. Representa el viento: así los colores amarillo y morado se utilizan para significar pureza y duelo;

- las velas, veladoras o cirios, son representación del fuego, símbolo de amor que guía a las almas hacia el altar. Se colocan cuatro cirios para representar una cruz y los cuatro puntos cardinales, o también estos puntos se logran con una cruz de cal.

- otro elemento es el vaso con agua, que tiene múltiples significados, entre los cuales está el del calmar la sed del espíritu;

- la tierra. Se representa por medio de diversas semillas, frutos y especias. Asimismo se utiliza aserrín pintado de diferentes colores para representar este elemento. Incluso se puede hacer un camino con ellas de la puerta hacia el altar;

- uno de los elementos más importantes es la calaverita, sea de azúcar o chocolate, con el nombre del difunto o difuntos a quienes está dedicado este altar;

- la comida, según la tradición, debe ser del agrado del difunto. Puede contener arroz, mole, frutas de temporada y mucho más, incluso pan de muerto. Este se caracteriza por su decoración que representa los huesos del difuntito;

- también se colocan algunos objetos personales que el difunto usaba con frecuencia, entre los que se ha de incluir alguna fotografía del mismo;

- no pueden faltar los objetos religiosos: cruces, imágenes de santos. Así como la representación de un perro, que se considera es el guía del muerto;

- en caso de que haya algún niño difunto, se ponen juguetes para su diversión; y por último, un plato con sal, que significa el medio de purificación de las almas.

Muy interesantes cada uno de los elementos que lleva nuestro altar. Todo sea por amor a nuestros muertos. No olvides montar tu ofrenda y mantén viva esta tradición.

Pista 18

MANUEL: Diría que soy una persona bastante activa a la que le gusta mucho hacer actividades al aire libre. Viajar me apasiona, pero depende mucho del plan que tengamos: por ejemplo, me agobia hacer viajes organizados con muchísima gente en los que no pueda sacar un rato para perderme yo solo o salirme del recorrido planificado. Además, intento siempre mezclar el viaje con alguna actividad deportiva, cosa que me apasiona.

MARINA: Pues, a mí, si te digo la verdad, no me gusta mucho estar sola. Prefiero hacer cosas con mis amigos o conocer gente. El plan no suele ser tan importante siempre que haya otras personas involucradas: puede ser un viaje o en nuestra ciudad. Salir a tomar algo, por ejemplo, es algo que me entusiasma, y adoro esas tardes de conversación que se van alargando y se convierten en noches o madrugadas. No me gustaría mucho mudarme porque echaría de menos a mi gente, aunque creo que no tardaría en hacer nuevos amigos.

JANICK: Me apasiona la cultura. Desde pequeñita siempre me ha vuelto loca aprender cosas nuevas y pasé mi infancia y mi adolescencia entre libros. Las palabras siempre me han fascinado, y encuentro algo mágico en ellas, en sus combinaciones y en la cadencia al pronunciarlas. Nunca he temido los exámenes ni las pruebas académicas porque me parecen una oportunidad para demostrar las cosas que sé, y puedo pasarme horas y horas leyendo, admirando obras de arte, escuchando poesía o viendo obras de teatro.

Pista 19

1 Uno de los momentos más fascinantes de mi vida fue cuando vi la cara de mi bebé por primera vez. No podía parar de llorar de la emoción. Temía que fuera un momento doloroso, pero la alegría que sentí al verlo me hizo olvidar el dolor. No me cansaré de recordarlo.

2 El año pasado hice un viaje al sur de Marruecos y me emocionó que la gente fuera tan amable. Una familia nos alojó en su casa. ¡Me fascinó dormir bajo un cielo plagado de estrellas! Jamás lo olvidaré.

3 De pequeña me entusiasmaba que me llevaran a visitar a mis abuelos. Aún recuerdo el olor a bizcocho que hacía mi abuela. Nunca he vuelto a probar nada igual.

4 Adoro el sonido de mis pisadas en la nieve. Para mí, un paisaje blanco es sinónimo de felicidad.

5 Este verano me estaba tomando una copa, a la orilla del río que está enfrente de la ciudad de Oporto… De repente, toda la ciudad se iluminó al anochecer. Me emocioné mucho cuando la vi así. ¡Tuve un momento espectacular!

6 Me vuelve loca preparar un nuevo destino. El último: Estambul. Llegué al amanecer, con los cantos de las mezquitas, ese olor mágico y esa belleza, el sol saliendo por el Bósforo… No me lo podía creer.

UNIDAD 9

Pista 20

El síndrome de Stendhal es una situación anímica que se caracteriza por la experimentación de emociones o sensaciones muy intensas tras observar obras artísticas de gran belleza. Dichas emociones pueden sobrecargar a la persona y alterar considerablemente su estado de salud, sintiendo en algunos casos taquicardia, sudoración, sofocación, tensión emocional, agotamiento y mareo.

El nombre de este síndrome se debe al novelista francés Stendhal, seudónimo de Henri-Marie Beyle, conocido por novelas como *Rojo y negro*, un autor de gran sensibilidad que sufrió una alteración al viajar a Florencia en 1817, donde mientras recorría la ciudad italiana, admirando cúpulas, frescos, fachadas…, se comenzó a sentir muy mal al llegar a la iglesia de Santa Croce, describiendo las sensaciones como irregularidad del ritmo cardiaco, miedo, mareo y emociones elevadas de pasión. Al acudir a un médico, que no hizo otra cosa más que tomarle el pulso y mirarle a los ojos, fue diagnosticado con un padecimiento de sobredosis de belleza. […]

Ya en 1989 una psiquiatra italiana, la doctora Graziella Magheri[ni], después de llevar más de dos décadas trabajando en el Hospital de Santa Maria Nuova, en Florencia, describió más de un centenar de casos similares al que sufrió Stendhal en turistas y visitantes de la ciudad.

Aunque todas las personas hemos reaccionado alguna vez de manera emotiva ante expresiones artísticas, como el hecho de que se nos erice el vello de los brazos escuchando una canción, o derramando lágrimas viendo una película romántica, faltarían más síntomas para considerar que se trata del síndrome de Stendhal.

El síndrome de Stendhal se describe científicamente como una reacción psicosomática y corporal provocada por la saturación que produce la sobrecontemplación de la belleza en un corto espacio de tiempo. En algunos casos, en los más severos, además se presentan síntomas como vértigo, desvanecimiento, ansiedad, amnesia, paranoia, crisis de pánico e incluso alucinaciones.

Extraído de "El síndrome de STENDHAL: la enfermedad de la belleza (síndrome del viajero)". The Dreamer (*https://youtu.be/XYUdcfHz0Y4*)

Pista 21

Escucha esta conversación entre dos amigos que preparan sus vacaciones. Indica si los enunciados se refieren a Vicente, a Andrea o a ninguno de los dos. Tienes 20 segundos para leer los enunciados.

Mujer (M): Hola, Vicente. ¿Qué querías decirme del Camino de Santiago? Lo haré en vacaciones, pero no sé cuándo ni cómo.

Hombre (H): Quería darte algunos consejos, Andrea, para evitar los errores que yo cometí.

M: Pero el Camino no es una carrera, ¿no? Nada es obligatorio, cada uno lo hace según viene, ¿no?

H: Bueno, tampoco es una excursión y algunas cosas conviene saberlas. Lo más importante es el peso de la mochila. A no ser que vayas en invierno, con un par de camisetas y dos pantalones bastaría.

M: Pensaba llevarme un saco de dormir.

H: Sí, pero en el caso de que vayas en verano, mejor es un saco sábana, que es más ligero y ocupa menos espacio; excepto si quieres dormir al raso, porque entonces tendrás que llevarte el saco.

M: ¿Y qué me dices del gasto para una semana de Camino?

H: Salvo que quieras dormir en albergues públicos, más baratos pero con habitación para compartir con mucha gente, pueden ser entre 30 y 40 euros al día, comiendo en bares. Salvo que quieras hacerte bocadillos, lo más fácil es pedirte un menú de peregrino en un restaurante, unos 10 euros.

M: Me preocupan mucho los pies: seguro que me salen ampollas.

H: Llévate unas zapatillas de deporte con una buena suela y transpirables, a condición de que estén usadas, claro. Si tienes que comprártelas, empieza a ponértelas un mes antes.

M: Sí, y también voy a ir andando al trabajo todos los días para hacer ejercicio: unos doce kilómetros ida y vuelta.

H: Bueno, a no ser que estés muy preparado físicamente, es mejor tomarse el Camino con calma. Yo tenía un plan para ir haciendo mis 11 etapas hasta Santiago de Compostela, pero fui adaptándolo a mi cansancio o mi fuerza según transcurría el día.

M: Vale, pero si estamos acostumbrados al ejercicio físico, será mejor para los pies.

H: Otra cosa muy útil es una linterna frontal, siempre y cuando pienses salir cada día muy temprano a caminar; si no, no la lleves.

M: Entendido. Lo principal es olvidarse del "por si acaso", porque cada gramo cuenta.

UNIDAD 10

Pista 22

Maite (M): ¿Te ha gustado el ejercicio sobre la historia contrafactual de la clase de hoy? A mí no mucho, porque no tengo mucha imaginación.

Raúl (R): Bueno, no se trataba tanto de fantasear como de reconocer cuál es la circunstancia clave que explica las consecuencias de un hecho histórico.

M: Sí, ya sé, plantear situaciones hipotéticas, algo que hacemos a menudo en mi terapia de grupo; pero hoy no estaba muy motivada…

R: Pues a mí, como lector de ciencia ficción, me ha encantado; hace tiempo que las historias alternas son el elemento básico de mis lecturas.

M: Sí, pero por muchas especulaciones que hagamos y por muchos mundos paralelos que creemos… la historia siempre se repite.

R: ¿Quieres seguir con esta "discusión académica", o lo dejamos para otro día? Yo es que creo que distintos eventos históricos hacen una historia diferente y jugar con ellos puede darnos otra perspectiva.

Pista 23

Vas a escuchar a seis personas diferentes hablando de varias series de televisión. Relaciona los enunciados con cada persona. Tienes 20 segundos para leer los enunciados.

PERSONA 1

Lo que más me gusta de *El Ministerio del Tiempo* es que mientras te entretienes, puedes aprender un montón de la historia de España de una forma un poco más amena. ¡Ojalá hubiera existido cuando yo estudiaba en el colegio! Además, me encanta cómo sitúa a personajes históricos en un contexto más actual. La verdad es que la idea es muy original.

PERSONA 2

El éxito de *Cuéntame* se debe a que millones de españoles se han visto reflejados en ella y han recordado cómo eran sus vidas o la de sus familias hace años. Mi madre se emocionaba al oír en la serie los mismos programas de radio que ella escuchaba de joven, al ver los mismos libros que usaba en el colegio o al ver una decoración similar a la que había en su casa.

PERSONA 3

Aunque pienso que en la serie la situación parece mejor de lo que era en la vida real, la serie *Las chicas del cable* muestra cómo las mujeres querían entrar al mercado laboral y luchaban por su igualdad. Es una serie ambientada en los años veinte en Madrid. La verdad es que es una época que me hubiera gustado vivir.

PERSONA 4

A pesar de que me gustó mucho más la novela que la serie, pienso que *Patria* es una producción totalmente necesaria para que las nuevas generaciones se acerquen al conflicto vasco y al terrorismo de ETA. Afortunadamente ya no es un tema tan actual, pero sigue teniendo repercusiones en la política actual y, además, no podemos olvidar lo que pasó.

PERSONA 5

Lo que más me gustó de *La peste* fue ver lo bien que recrearon la Sevilla del siglo XVI: las calles, la ropa, la forma de hablar… ¡De verdad, me parecía que me había teletransportado a esa época! Por lo demás, me pareció interesante, porque reconozco que no tenía mucha idea de esa época.

PERSONA 6

Pues para ser una serie principalmente histórica, los diálogos en *La peste* me encantaron… Creo que recrean muy bien la forma de hablar de la época y me parece que es lo mejor de la serie. También destacaría el reparto de actores, ¡todos famosísimos y con mucha experiencia! La verdad es que es una serie que no me importaría volver a ver, sin duda.

UNIDAD 11

Pista 24

ADELA CORTINA (A): Yo me preguntaba si hay tanto rechazo al extranjero, o a determinados extranjeros sí y a determinados extranjeros no, porque cuando vienen los turistas… pues sacamos en la… en los periódicos con mucho entusiasmo: "Han venido ochenta y un millones de turistas este año". La cuestión es… para esos otros extranjeros que no vienen con dinero, sino que vienen del otro lado del Estrecho, en nuestro caso, y en Estados Unidos pues se… se pone una… una valla para los mexicanos pero también para los nicaragüenses, para los… y, sin embargo, no para los jeques árabes. Toda esta mezcla lleva a preguntarse, y en todos los países pasa: ¿pero realmente molestan los extranjeros o lo que molestan son los pobres, sean extranjeros o sean de la propia casa? Como a mí me parece que lo que molestan son los pobres y además eso es transversal porque molestan las mujeres pobres y los varones pobres y molestan los…, eee… todos ellos molestan cuando son pobres… pues me pareció que es un fenómeno universal y que había que encontrarle una… un nombre porque si no… existe y no nos damos cuenta y, sin embargo…

ENTREVISTADOR (E): Como no lo nombres…

A: … tiene mucha influencia. Afortunadamente en 2017 pues… se creó* la palabra y pertenece al *Diccionario de la Real Academia*. Ahora, mi empeño es el de intentar que se universalice y esté en los diccionarios de todas las lenguas del mundo, porque la única manera de darse cuenta de que algo existe, la única manera no…, pero una de las maneras de darse cuenta de que algo existe es ponerle un nombre.

E: ¿Y qué tiene el pobre para que se le tenga rechazo?

A: Claro, la pobreza se invisibiliza… era por lo que era importante que también por lo menos hubiera una palabra para este tipo de fobia, que es igual que… que las otras… Nos gusta estar con los que son como nosotros, etcétera, que esa sería la raíz de la xenofobia, con los que hablan como nosotros… porque a lo largo de la formación del cerebro, en la… el período de la evolución, nos fuimos haciendo con los de nuestro propio grupo frente a los de los grupos extranjeros, etcétera, pero luego hay un paso más, que a mí me parece muy importante, y es que los seres humanos somos lo que se llama animales "reciprocadores": estamos dispuestos a dar con tal de recibir. […] Y vivimos en la sociedad del intercambio, del contrato, del pacto. Pero qué pasa con algunos que parece que no tienen nada interesante que dar…

E: Que ofrecer, claro.

A: … que no pueden dar nada en intercambio… Y estamos acostumbrados al "hoy por ti, mañana por mí", etcétera., y ahí los que parece que no pueden dar nada a cambio son los pobres. Por eso, la palabra "aporofobia" viene de *áporos*, que es "pobre" en griego, y *phobeo [phobos]*, que es "temor, recelo", y es el rechazo al pobre, que, a mi juicio, tiene una base cerebral y, por lo tanto, es universal, porque frente al que no puede darnos nada interesante a cambio, o eso creemos, lo que hacemos es ponernos en guardia, rechazarlo y dejarlo de lado…

Extraído de "No se rechaza al extranjero, sino al pobre. Adela Cortina, filósofa". BBVA Aprendemos Juntos
(https://youtu.be/Kc92s05D8L8)

Pista 25

La desinformación no ha empezado ahora. ¿Qué ha cambiado? Lo que ha cambiado, sobre todo, es que… eee… está en todos lados ahora mismo. Y en temas en los que pues antes no tenía tanta influencia. Antes nos podía desinformar el estado, nos podía desinformar… eee… un medio de comunicación, nos podía desinformar un poder económico, y ahora todo el mundo tiene capacidad para… eee… la desinformación. […] Eee… no es un fenómeno nuevo. Lo primero es la pérdida de credibilidad de los medios, que es real y que no la podemos negar, y si hay periodistas que siguen negando que el periodismo ha perdido… eee… ese contacto de fiabilidad con la gente, tiene un problema en ello por no haberlo visto. Por lo tanto, tenemos que ser conscientes y mejorarlo.

El segundo gran punto: todo se cuestiona ahora mismo. Desgraciadamente, los pilares de los que mis padres antes no dudaban, eee… ahora se ponen en duda, ¿no? Desde la Medicina a la Física, desde las vacunas a la tierra plana. […] El consumo de formatos que se confunden con información real. Ahora es muy fácil hacer creer que lo… que una desinformación proviene de un medio de comunicación. Hay páginas en las que tú le pones un titular y una foto y a ti te devuelve un formato que parece un medio de comunicación. Por lo tanto, ¿qué pasa? Hemos perdido ese ancla… de formato como… eee… ancla de consumo de información. Eee… seguramente os ha llegado por Whatsapp una foto de un titular y una foto sin ningún tipo de link, sin nada que identifique lo que os está llegando y eso tiene la misma apariencia que si hicieran una captura a una noticia de *El País*. Por lo tanto, hemos perdido el ancla del formato.

Las plataformas tienen… eee… unos… eee… unos patrones de consumo que no llegamos a comprender bien. No sabemos por qué una noticia es destacada en Facebook, por qué te llega una noticia que ha compartido alguien y qué no. No… no os quiero decir que no haya un porqué, sino que no lo sabemos. La gente no lo sabe, la gente no sabe por qué algo que le ha llegado en el muro tiene que ser más creíble que algo que no le ha llegado.

Y la viralización, lo que hablábamos antes, ¿no?

Es un problema poliédrico. Siempre hablamos que la desinformación tiene tres razones: el dinero, la ideología o hacer el mal directamente.

Extraído de YouTube "ExcepticosEnElPub" - *Maldita Educa: Maldito Escepticismo* - Julio Montes y Rocío Pérez

Pista 26

Bruno (B): Sí, eee… bueno, conversé con… con algunas personas de… de WhatsApp para… para la nota que… que está apareciendo en el diario, y el tema es que es un poco más complicado de controlar eee… en comparación con una red social, porque, si, como bien explicaban, una red social, lo… como… lo que tú publicas termina eee… digamos, siendo eee…puesto a… a disposición de todo el público que… que forma parte de esa red social o, en todo caso, de todos los que te siguen, de todos los que son tus contactos, porque tiene digamos varios niveles de amistad, por decirle alguna… por decirlo de alguna manera. Eee… con WhatsApp es distinto, porque eee… ahí tú tienes una relación directa con tus contactos, tú no… no es que le das tu teléfono a cualquier persona y al darle el teléfono a una persona automáticamente formas parte de… con esta plataforma, formas parte de una… digamos… de una vía de comunicación un poco más directa. Y si a eso tú le sumas el hecho de que eee… el sistema encripta los mensajes de punta a punta, es decir, que eee… el sistema ve que se está transfiriendo información entre el usuario A y el usuario B, a determinada hora, desde determinados lugares, etcétera, etcétera, pero no puede ver el contenido. Los únicos que pueden ver el … el contenido son los que están involucrados en la conversación, que pueden ser dos personas o pueden ser los integrantes de un grupo. Entonces se hace más complicado porque

lo lógico sería: oye, si están compartiendo tantas *fake news* por… por… por WhatsApp, ¿por qué WhatsApp no las identifica y simplemente anula sus envíos? No lo puede hacer porque no sabe qué están enviando, no sé si me dejo entender.

Adriana (A): Claro, claro.

B: Es bastante más complicado. Entonces, ¿qué les queda… qué les ha quedado a ellos? Utilizar esto que tu mencionabas, lo de ponerle una etiquetita en… en la esquina superior izquierda de cada mensaje. Si es que tú no has sido el autor original, por decirlo de alguna manera, o la persona que publicó por primera vez una foto o un audio o lo que sea, y simplemente estás revi… reenviando algo que tú has eee… recibido, va a aparecer el reenviado, ¿no? Una flechita y "reenviado". Entonces eee… lo que ellos han hecho es empezar a… a hacer más difícil el proceso de reenviar contenido. Entonces, me comentaban que en el 2018 pre… permitían que tú pudieras reenviar un contenido hasta a veinte chats distintos, incluyendo grupos o personas, o sea, podías reenviarlo veinte veces.

A: Ajá.

B: Se dieron cuenta [de] que eso era un poco complicado porque, si bien, aguantaba un poco la situación de ir difundiendo eee… contenido, no vamos a decir las noticias falsas, sino contenido en general, eee… este, no era tan efectivo; entonces en el 2019 eee… decidieron reducir eee… o ajustar un poco ese… ese límite y lo bajaron hasta cinco. Entonces si tú te has dado cuenta solamente…, si tú quieres reenviar un meme, por ejemplo, solamente se lo puedes reenviar a cinco contactos o entre ellos, de repente, alguno… a algunos grupos, pero solamente lo puedes reenviar cinco veces, no puedes hacerlo más.

Extraído del pódcast "Tenemos que hablar" - Ariana Lira y Bruño Ortiz *(https://elcomercio.pe/podcast/tenemos-que-hblar/podcast-politica-spotify-tecnologia-elecciones-2021-whatsapp-lanza-campana-para-prevenir-las-fake-news-noticia/)*

UNIDAD 12

Pista 27

1 en cuerpo y alma; **2** entre pecho y espalda; **3** uña y carne; **4** blanco y negro; **5** coser y cantar.

Pista 28

Entrevistadora (E): Bienvenidos a nuestro programa semanal "Más que palabras". Hoy contamos con la presencia de María Ferreira, que a lo largo de su carrera ha sido profesora de Lingüística en prestigiosas universidades y una experta usuaria del diccionario REDES. María, ¿puede contarnos por qué es un diccionario tan especial?

María (M): Sí, claro. En pocas palabras, REDES es el primer diccionario combinatorio con estas características en cualquier lengua del mundo. Así, los diccionarios combinatorios del inglés constituyen listas de combinaciones frecuentes, pero, frente a REDES, carecen de explicaciones y de razonamientos.

E: Entonces, ¿ese es el elemento diferenciador del resto de diccionarios?

M: No solo, ya que REDES se diferencia de los demás diccionarios en dos aspectos: por una parte, no define las palabras; por otra, casi todas las informaciones que proporciona están ausentes en los demás diccionarios. Este quizá sea el aspecto que resulta más sorprendente de esta información: no aparece en los diccionarios, pero a la vez es absolutamente esencial para el conocimiento del idioma, tanto el que corresponde a un hablante nativo como el que intenta adquirir el que lo estudia como segunda lengua.

E: María, ¿podría darnos algunos ejemplos que ayuden a nuestros oyentes a entenderlo?

M: Sí, claro. Si nos fijamos en la palabra "limpiamente", vemos que es una forma de cortar, seccionar, dividir o robar, pero, curiosamente, no de fregar o barrer. Asimismo, cuando hablamos de "derrumbarse" no solo lo hacen las casas o los rascacielos, sino que se derrumban los sueños, las esperanzas, las ilusiones, los planes… Este conocimiento es fundamental para aquellas personas interesadas en la lengua.

E: La verdad es que es muy curioso y ciertamente interesante para los profesionales de la lengua.

M: Bueno, no solo… REDES se dirige a todos los hablantes, tengan o no alguna relación profesional con la lengua española. Aunque no cabe duda de que esta obra resultará especialmente útil para estudiantes y profesores extranjeros de español, los traductores, periodistas y escritores… y, claro está, para lingüistas como yo.

E: No tenemos más tiempo… Pero María, ha sido un placer contar con su presencia en el programa. Una reconocida profesional y conocedora en profundidad de este maravilloso diccionario.

M: Gracias a ustedes por invitarme.

Pista 29

En el mundo hay realidades desagradables: las palabras que las nombran se contagian de ese carácter. Por eso las sustituimos por otras que no hieren nuestra sensibilidad. Los eufemismos son esas formas inocuas, embellecidas… La palabra eufemismo significa lisa y llanamente "expresión agradable". Es fácil reconocer en ella dos raíces griegas: *eu*, que es "bueno", "agradable", y *pheme*, que significa "habla". Siempre ha habido eufemismos y siempre los habrá. Este es un procedimiento que existe desde que los seres humanos empezamos a comunicarnos con palabras. Por eso abundan los eufemismos tanto en el habla popular como en la culta, lo mismo en la lengua antigua que en la actual. Lo que va variando son las realidades de las que no queremos hablar o, por lo menos, de las que no queremos hablar directamente. [...]

Por eso tenemos cierto pudor a hablar del despido, a decir directamente que a alguien le echan del trabajo. Por ejemplo, en España, no sé si también en otros países, se habla a veces de "bajas incentivadas" y se dice esto para evitar reconocer que una empresa te va a despedir y, a continuación, te va a indemnizar, como es tu derecho. Normalmente un incentivo es algo bueno, es algo deseable. De esa forma, embellecemos, dulcificamos la expresión. Los hechos son los mismos, pero se nos pintan de una manera un poquito más amable. [...]

En el ámbito de la economía vas a encontrar multitud de eufemismos. Los gobiernos y las empresas suelen resistirse a admitir que estamos en medio de una crisis económica. Por eso, para referirse a estas situaciones, prefieren expresiones eufemísticas como "desaceleración económica". O qué decir de los "beneficios negativos" con los que nos regalan los oídos los gestores de empresas para evitar reconocer que han tenido pérdidas. Los eufemismos pueden aparecer también en lugar de interjecciones malsonantes. Por ejemplo, a los niños les dejamos decir "mecachis", "jolines" o "jobar". Estas expresiones ocupan el lugar de otras más groseras, que solo son aceptables, hasta cierto punto, cuidado, en boca de personas adultas. [...]

A la larga el eufemismo se acaba contagiando de la fealdad de la cosa que nombra y entonces hay que buscarle un repuesto. Se van creando así cadenas de eufemismos que van caducando con el paso de los años. [...]

¿Qué realidades son las que están prohibidas? Eso ya es un problema cultural y va cambiando de unos países a otros, de unas culturas a otras, depende de las épocas, de las generaciones, de las clases sociales... El eufemismo es simplemente una reacción lingüística ante esa prohibición. Y por eso,

nuestro vocabulario, nuestra forma de hablar, se va amoldando a esas prohibiciones cambiantes. Esas realidades prohibidas son nuestros tabúes. El sustantivo "tabú" es un préstamo polinesio y, eso en la lengua de la isla de Tonga, significa "sagrado" y al mismo tiempo "prohibido". [...]

Los tabúes van cambiando a medida que cambian las sociedades. En el mundo occidental el sexo tenía este papel hasta hace poco, pero hoy se va hablando cada vez más abiertamente de él. En cambio, van surgiendo otras parcelas que resultan innombrables, como todo lo relacionado con la vejez. Piensa en la cadena eufemística que hemos ido creando con expresiones como "viejo", "anciano", después "tercera edad", "mayor"... Vamos cambiando el término cada cierto número de años porque no nos suena bien hablar de esta realidad.

Extraído de "Eufemismos y tabúes". Blog de Lengua
(*https://youtu.be/azalBkkBykk*)

Pista 30

El caso es que, cuando yo era pequeña, a mi madre le gustaba nadar hasta la boya, hasta la boya que separa el límite entre donde pueden llegar los bañistas y... y donde no, que era una boya que para mí, cuando era pequeña, la veía lejos, lejos, lejos, lejos... y que tenía esta forma un poco como de osito, ¿no? Era una... eran unas boyas rojas... ¡es que ahora son distintas!..., eee... que tenían cinturita y luego les salía una cabeza redonda y encima de la cabeza les salían dos... dos orejitas que... que, cuando conseguíamos llegar a la boya, eee... yo me agarraba a una de ellas, ¿no?, como para descansar, y... y veía por un lado la inmensidad del mar, y... y por otro... y por otro, la playa, ¿no? Yo prefería mirar a la playa, que me daba como más seguridad; y... y siempre que íbamos nadando hasta la boya, mi madre se ponía a cantar, cantaba boleros, cantaba:

Reloj, no marques las horas, que voy a enloquecer...

Y así íbamos nadando, y yo creo que mi madre cantaba boleros porque... porque su abuelo, que fue su padre, eee... viajó siempre a América eee... a... a vender libros, ¿no? Y en... en el barco compartía viaje con... con los teatreros, de ida o de vuelta, ellos... los que venían para acá o los que iban para allá... Y yo estoy segura de

que... de que mi... mi bisabuelo tenía que escuchar... Eee... no sé si antes he dicho "abuelo", era mi bisabuelo: mi bisabuelo tenía que escuchar eee... estos boleros cuando... cuando volvía de casa. Y... y me da que... que este moverse del disco de los tocadiscos antiguos y este sonido, por un lado tiene el sonido del mar, por otro... por otro lado tiene esta parte de flotar... El caso es que mi madre iba cantando boleros y yo ahora cada vez que nado y me acuerdo de ella, pues también me da por... por cantar boleros.

Y cuando yo era pequeña, pues íbamos nadando y nadando y nadando esa distancia, que a mí se me hacía interminable hasta la boya, y cuando llegábamos a la boya, ya digo que me agarraba a una de las orejitas de... de... de la boya a esperar, a esperar porque [a] mi madre siempre cuando llegaba ahí, le gustaba bucear hasta el fondo; y la playa de Altea es una playa de piedras, pero el fondo, que ahí está la magia del fondo, es un fondo de arena. Entonces mi madre, como una prueba de que había bajado al fondo, siempre bajaba y me traía arena del fondo... Pero el tema es que cuando mi madre desaparecía debajo del agua, yo... yo veía su forma, como la forma de su cuerpo... como se... como se difumina y se pierde el cuerpo, ¿no?, y se va haciendo más pequeño y pequeño y pequeño... Y yo allí agarrada a la boya y, a veces, viendo la inmensidad del mar, pensaba cómo sería si ella no volviera a salir... Pero siempre salía y salía con la arena mojada, ¿no? Porque no era arena de playa... no... era arena mojada. Y entonces me dejaba la... la arena en mi manita pequeña y yo la apretaba con muchísima fuerza para llevarme la arena a la playa, la prueba de que mi madre había llegado al fondo. Y entonces volvíamos; ella volvía cantando, yo volvía con la mano apretada, apretada, apretada. Y cuando llegábamos a la playa, y yo abría la mano, siempre me pasaba lo mismo, que no me quedaba ningún grano de arena en la mano. Y ahora, ahora que hace tiempo que mi madre se fue al fondo de la vida, cada vez que me acuerdo de esos granos de arena pienso que... que quizá me recordaban que, como un reloj, la vida marca las horas, y que hay momentos que realmente son únicos.

Extraído de el pódcast *Te cuento a gotas*, sección "Relatos Polaroid, una gota de Mar del Rey" (*https://mardelrey.com/category/podcast/*)

UNIDAD 1

A DIME TU NOMBRE

1 **1** característica diferenciadora; **2** valor e importancia; **3** se recibe de los progenitores; **4** Descubrirá / Revelará; **5** traten con la importancia que merecen; **6** instruidos / formados; **7** hijos / retoños / vástagos.

2a **1 Posible respuesta:** La solución es libre, pero algunos de los nombres españoles más comunes son Antonio, Manuel o José, para hombres, y María y Carmen, para mujeres. **2** Respuesta libre.

2c **1** nombre de pila; **2** cuajar; **3** insólito; **4** regentar; **5** ancestral; **6** tirar de; **7** misiva; **8** liarse a.

2d **Posibles respuestas: 1** La tradición comenzó hace aproximadamente un siglo. **2** Los nombres salen de un Martirologio Romano, una compilación de nombres de mártires cristianos, es decir, personas que murieron defendiendo sus creencias. **3** No era obligatoria, ya que hay varios habitantes del pueblo, como Julián o María Inés, que tienen nombres "normales". **4** Es "uno de los raros" porque tiene un nombre común. **5** En la actualidad, la tradición ya no se sigue, porque la gente no quiere llamar la atención debido a sus nombres (no quiere que le tiren piedras).

3a **1** b; **2** a.

3b **1** Apodo (derivado, probablemente, de su pelo); **2** Seudónimo; **3** Seudónimo (se cambió el nombre a Pablo Neruda, de manera legal, en 1946); **4** Apodo; **5** Apodo (probablemente por su estatura: «Chapo» está relacionado con «chaparro»); **6** Seudónimo.

4 **Mayúsculas:** nombres propios, siglas, marcas, apellidos, seudónimos, apodos, apellidos con artículo, épocas y acontecimientos históricos; **Minúsculas:** días de la semana, nombres de religiones, apellidos con preposición, gentilicios, idiomas, notas musicales, meses del año.

5a **1** e; **2** c; **3** b; **4** a; **5** g; **6** d; **7** f.

5b **1** celestina; **2** judas; **3** adonis; **4** quijote; **5** rodríguez; **6** donjuán; **7** lazarillo.

6a **1** f; **2** e; **3** a; **4** c; **5** d; **6** b.

6b **1** no había ni el Tato; **2** son de los tiempos / del año de Maricastaña; **3** por el interés, te quiero Andrés; **4** tiene más cuento que Calleja; **5** donde dije digo, digo Diego; **6** estaba / andaba como Pedro por su casa.

7 Respuesta libre.

B NAMING, EL NOMBRE DE MARCA PERFECTO

8 **1** V ("De la observación cotidiana de estas situaciones nació una gran idea, la de añadir al dulce un simple palo"); **2** V ("Tanta ha sido su fama que el nombre de la marca se ha convertido en el genérico para referirse a este dulce"); **3** F ("Enric Bernat pudo convencer al genial Salvador Dalí para que diseñara el logotipo de la marca. Eso sí, hubo de pagar una tarifa millonaria para conseguirlo"); **4** F ("El nombre del caramelo se acabó por concretar en 1961, gracias al anuncio que la empresa emitía en las ondas radiofónicas: «Chupa un dulce caramelo, chupa chupa chupa un Chups»"); **5** V ("El último aporte,

y quizás el más relevante, fue colocar el logotipo en la parte superior del envoltorio, lo que favoreció su visibilidad y dotó al producto de una personalidad propia"); **6** F ("Tan famoso se hizo este producto que en 1969 […] Bernat debió pensar que la gran inversión merecía la pena. Andaba ya dándole vueltas a la expansión internacional de su marca").

9 Respuesta libre.

10a **1** g; **2** a; **3** f; **4** j; **5** h; **6** i; **7** c; **8** b; **9** d; **10** e.

10b **1** sencillo; **2** valor de la marca; **3** sugerente; **4** atemporal; **5** connotaciones; **6** exclusivo; **7** evocador; **8** coherente; **9** competencia; **10** líder en el sector.

11a **1** ~~recordable~~ descriptivo; **2** ~~pronunciable~~ recordable; **3** ~~corto~~ pronunciable; **4** ~~original~~ evocador; **5** ~~descriptivo~~ original; **6** ~~evocador~~ corto.

11b **1** evocador; **2** descriptivo; **3** original; **4** recordable; **5** corto; **6** pronunciable.

12a **1** c; **2** b; **3** b; **4** c; **5** a; **6** b; **7** a; **8** c.

12b **1** Este estudio de diseño gráfico es el mejor, resuelven **cualquier situación** de tu marca. **2** Si piensas en tu marca, **cualquier logo** no te servirá. **3** El diseñador del logo de Chupa Chups no era un **diseñador cualquiera**. **4** Es difícil que **cualquiera** pueda crear un logo tan diferente al resto. / Los nombres que te han propuesto me gustan, **cualquiera** podría valer.

13 **1** d; **2** c; **3** e; **4** b; **5** a. El 3e es el acierto en *Naming*.

14 Respuesta libre.

C UNIDOS POR EL HUMOR

15a **Expresar frecuencia:** semanalmente, mensualmente, ocasionalmente, diariamente. **Intensificar la frase completa:** realmente, verdaderamente, ciertamente. **Expresar emoción o valoración:** tristemente, desafortunadamente, desgraciadamente, felizmente. **Expresar necesidad y obligación:** obligatoriamente, inevitablemente, forzosamente.

15b **1** diariamente; **2** Ciertamente; **3** Inevitablemente; **4** obligatoriamente; **5** realmente; **6** Desgraciadamente.

15c **1** diaria*mente*; **2** cierta*mente*; **3** inevitable*mente*; **4** obligatoria*mente*; **5** real*mente*; **6** desgraciada*mente*.

16a **1** crisis; **2** rescates; **3** recortes; **4** rebaja; **5** desahucios; **6** subidas.

16b **1** b; **2** a; **3** b; **4** c; **5** b; **6** a; **7** c; **8** c.

16c **1** b; **2** d; **3** a; **4** h; **5** g; **6** c; **7** f; **8** e.

17 Respuesta libre.

18a **Anécdota 1: 1** lo pasé fatal; **2** de repente; **3** Pues verás; **4** En fin; **5** resulta que. Orden: C, B, E, A, D. **Anécdota 2: 6** De pronto; **7** Estaba muerta de vergüenza; **8** Y bueno; **9** Total, que; **10** Pues nada; **11** Entonces; **12** ¡qué corte! Orden: D, C, A, E, B. **Anécdota 3: 13** Pues nada; **14** estaba muerta de vergüenza; **15** Y bueno; **16** le dio la risa; **17** estaba estudiando en la universidad. Orden: E, A, D, B, C.

18b **Posibles respuestas: 1** Pues verás, mi mujer y yo acogimos a una estudiante de intercambio. La estudiante era alemana y todo iba bien, era una chica encantadora. Total, que una mañana pidió "cava" para desayunar. Como te puedes imaginar, nosotros no comprendíamos nada y estábamos extrañados.

Lógicamente nosotros le dijimos que "no" y de pronto, ella se levantó y cogió un bote del armario. Resulta que "kaba" en alemán significa Cola Cao, ¡qué risa! **2** Mi marido es americano y todavía no habla muy bien español. Y bueno, un día estaba hablando con mi padre y él le preguntó cuántos católicos había en su estado natal. Entonces mi marido me miró muy extrañado y se dirigió a mí en inglés. De repente me dijo: "¿Por qué tu padre quiere saber cuántos gatos hay en Nueva Jersey?". Les traduje el malentendido y todos nos reímos un montón. En fin, mi marido nunca olvidará cómo se dice "cat" en español.

18c Respuesta libre.

EN ACCIÓN

19 **1** e; **2** b; **3** d; **4** f; **5** c; **6** a.

20 **1** haya; **2** tenga; **3** hay, puedes; **4** debe; **5** haya; **6** sea; **7** debe; **8** es, es.

UNIDAD 2

A GRANDES MISTERIOS

1a **Enigma:** interrogante, misterio. **Especulación:** suposición, hipótesis. **Rastro:** evidencia, huella. **Expolio:** robo, saqueo. **Desconcertante:** sorprendente, increíble. **Con intención:** premeditadamente, a propósito. **Repentinamente:** súbitamente, inesperadamente. **Por casualidad:** casualmente, accidentalmente.

1b **1** enigma; **2** hipótesis; **3** especulaciones; **4** rastro; **5** expoliado; **6** pruebas.

2a **Posible respuesta:** Para mí, un gran misterio es una incógnita casi siempre relacionada con la ciencia, con fenómenos de los que no sabemos casi nada, porque las teorías que han elaborado los científicos aún no han podido resolver esos enigmas. Por ejemplo, la posibilidad de viajar en el tiempo, algo que la física intenta explicar al margen de las especulaciones que hay sobre testimonios de viajeros "reales". De los misterios propuestos, el que me parece más inquietante es el D, el del manuscrito, porque una falsificación me parece demasiado trabajo y… ¿para qué tanta molestia?

2b **1** D; **2** C; **3** A; **4** B.

3a **1** b; **2** a; **3** e; **4** c; **5** f; **6** d.

3b **1** Habrá sido; **2** Habrá pasado; **3** habrá tenido; **4** habrá comido; **5** habrán encontrado; **6** habrá hecho.

4 **1** a; **2** c; **3** b; **4** c; **5** c; **6** c; **7** c; **8** b.

5 **1** Habrá habido; **2** Habrán descubierto; **3** Se le habrá olvidado; **4** Habrá desaparecido; **5** se habrán perdido; **6** habrán propuesto.

6 **1** habremos previsto; **2** habrá dicho; **3** Habrán tenido; **4** Habrán reabierto; **5** habrá descubierto; **6** se habrá metido; **7** habrá escrito; **8** Habrán pospuesto.

7 **A** Estará; se le habrá roto. **B** habrá entrado; Estará.

B RELATOS E INTRIGAS

8a **1** d; **2** c; **3** a; **4** b.

8b **Situación inicial:** fragmentos d y c. **Acción:** fragmento a. **Situación final:** fragmento b.

8c **Posibles respuestas: 1** Igual eran dos amantes que tenían una relación sentimental. **2** Vivirán en ciudades o lugares diferentes. **3** La mujer habrá tenido un accidente y por eso estará en casa. **4** El hombre habrá pensado que la mujer ya no lo quería.

8d **Posible respuesta:** Me había acostumbrado tanto a verlos todos los días, eran mi única distracción camino del trabajo, que un día me propuse investigar. Me bajé en la estación donde ellos se encontraban y pregunté en la oficina de venta de billetes. Nadie había visto nunca al hombre… Nadie los había visto compartiendo su pasión durante unos minutos y nadie había visto cómo la mujer volvía a subir al tren. Así que probé con mis compañeros de vagón: ellos compartían su rutina conmigo y seguro que alguien más los había visto. Para mi sorpresa, ellos tampoco conocían la historia. ¡Qué extraño! ¿Era yo el único que me fijaba en esas cosas? Desde ese momento, encontrar a la pareja y saber qué había pasado con ellos se convirtió en mi obsesión. Dedicaba todo mi tiempo libre a dar vueltas por la estación, hablé con detectives, pero nada… Hasta que un día decidí ir a una comisaría en Buenos Aires para denunciar su desaparición. Cuando les conté la historia y les di la descripción física de la pareja, un policía me enseñó una foto. ¡Sí! ¡Eran ellos! Por fin iba a saber dónde estaban… El policía me dijo entonces que esa pareja había sido asesinada hacía más de cinco años, y que todavía no habían encontrado al asesino.

9a **1** b; **2** c; **3** a.

9b **1** F ("Para esto yo hablo con el periodista, con Mónica, con Neus, con quien sea y entonces hacemos lo que se llama una selección Negra y Criminal"); **2** V ("hay como varias preguntas, digamos, que tendríamos que contestar. ¿Este es un caso… eh… este es un caso para "Negra y Criminal"? Es decir, ¿es un caso dramatizable?"); **3** F ("a veces, en crímenes no resueltos el porqué la policía no ha llegado a encontrar nunca, nunca al asesino"); **4** F ("la complejidad que ha tenido la policía a la hora de investigarlo y a la hora de resolverlo, o incluso, a veces, en crímenes no resueltos, el porqué la policía no ha llegado a encontrar nunca, nunca al asesino"); **5** V ("Y luego también sobre el tema de la viralidad, aquellos casos que [a] la gente [le] gusta, y que quieren escuchar una y otra vez en la radio"); **6** F ("no buscamos que te identifiques con el asesino, pero sí esta especie de cosa un poco a la Truman Capote, *A sangre fría,* de meterte en la piel…").

9c Respuesta libre.

10 **1** c; **2** f; **3** a; **4** b; **5** d; **6** e.

11 **1** nos gustaba; **2** nos gustó; **3** le mereció la pena; **4** le merecía la pena; **5** encontraba; **6** encontré; **7** les encantó; **8** les encantaba.

C PENSAMIENTO DIVERGENTE

12 **1** revelar; **2** espontánea; **3** inconformismo; **4** aplicar; **5** clave; **6** deteriorarse; **7** Carece.

13a **1** El milagro; **2** Familia numerosa; **3** Venta con trampa; **4** Arriba y abajo.

13b Posibles respuestas: 1 Fue al río en invierno, cuando el agua estaba congelada, y caminó por encima del hielo. **2** Son cuatro chicos y tres chicas. La única opción de que Juan tenga el mismo número de hermanos y hermanas y de que, al mismo tiempo, María tenga el doble de hermanos que de hermanas es esa distribución: María tiene dos hermanas (ella es la tercera chica) y cuatro hermanos (incluido Juan); Juan tiene tres hermanas (incluida María) y tres hermanos (sin incluir a Juan). **3** El loro era sordo, por lo que no había oído nada y, por lo tanto, tampoco había repetido nada. **4** El hombre sufre de enanismo y no llega a darle al botón del décimo piso para subir, pero sí al del séptimo.

13c Respuesta libre.

14 1 b ("Pensamiento lateral o pensamiento transversal"); **2** c ("Por lo tanto, cuando tenemos un problema, igual puede ser más importante centrarnos en lo que nos preguntan que en agobiarnos por saber la respuesta… Si nos centramos en los interrogantes quizás encontremos mejor la resolución del problema"); **3** c ("La lógica no es una única lógica, la lógica tiene procedimientos diferentes de llevar a la lógica"); **4** a ("No, no, no tienen por qué ser tan divergentes…"); **5** c ("… bueno, la creatividad también se entrena… la creatividad se enseña, se trabaja, se entrena"); **6** c ("… pero cuando la creatividad cobra todo su peso es cuando es lógico, y lógico es lo que es útil socialmente").

15a 1 b; **2** d; **3** c; **4** a.

15b 1 lo; **2** lo que, lo; **3** lo; **4** lo de; **5** lo de; **6** el; **7** lo que, lo que; **8** el, el.

15c 1 Es tan ingenioso que a veces lo imposible con él parece posible. **2** Lo de algunos futbolistas o deportistas de élite no es arrogancia ni nada por el estilo; es la mentalidad que se necesita para conseguir lo que quieres. **3** Mi hijo me ha dicho que no le gustaría tener un hermano porque se comería lo que le gusta a él. **4** Esto es lo más curioso que nos ha pasado, María. **5** Cuando eres un niño, todo lo interesante está prohibido: los videojuegos, la televisión, el chocolate… **6** Cuando mis padres adoptaron el gato, me quedé embobado. En ese momento me parecía que era lo más bonito que había visto nunca.

16a 1 d; **2** b; **3** a; **4** f; **5** c; **6** e.

16b 1 romper una lanza a favor de alguien; **2** fomentar; **3** adepto; **4** hacerse notar; **5** evadirse; **6** inventiva; **7** estrechar lazos; **8** incontestable.

EN ACCIÓN

17a 1 Se sabe ("¿Qué habrá pasado? Llevan reunidos más de una hora"); **2** Se supone ("¿Nos traicionarán?"); **3** Se sabe ("Las grabaciones me las entregó Jose justo ayer"); **4** Se supone ("Probablemente Jose ha hecho una copia"); **5** Se sabe ("Los documentos son una falsificación"); **6** Se sabe ("Hay algo raro en su comportamiento"); **7** Se sabe ("Nunca me he fiado de ellos"). **8** Se supone ("¿Lo de que son expareja? Algún cotilleo hay por ahí").

17b Posible respuesta: Son expareja, ¿no lo sabíais? Los jefes habrán considerado que su relación puede perjudicar a la investigación. Los despedirán. Seguro que le toca a Carmen.

18 Respuesta libre.

UNIDAD 3

A VIVIR AL MÁXIMO

1a 1 b; **2** e; **3** f; **4** g; **5** c; **6** h; **7** d; **8** a.

1b 1 perseguir mi sueño; **2** lanzarme a la piscina; **3** seguí los pasos; **4** rondándome la cabeza; **5** hacerlo a las bravas; **6** ven la vida pasar; **7** tirar de los ahorros; **8** poner toda la carne en el asador.

1c Respuesta libre.

2 Viajar: viajaron; viajara / viajase; viajaras / viajases; viajara / viajase; viajáramos / viajásemos; viajarais / viajaseis; viajaran / viajasen. **Conocer:** conocieron; conociera / conociese; conocieras / conocieses; conociera / conociese; conociéramos / conociésemos; conocierais / conocieseis; conocieran / conociesen. **Vivir:** vivieron; viviera / viviese; vivieras / vivieses; viviera / viviese; viviéramos / viviésemos; vivierais / vivieseis; vivieran / viviesen. **Ser:** fueron; fuera / fuese; fueras / fueses; fuera / fuese; fuéramos / fuésemos; fuerais / fueseis; fueran / fuesen. **Tener:** tuvieron; tuviera / tuviese; tuvieras / tuvieses; tuviera / tuviese; tuviéramos / tuviésemos; tuvierais / tuvieseis; tuvieran / tuviesen. **Hacer:** hicieron; hiciera / hiciese; hicieras / hicieses; hiciera / hiciese; hiciéramos / hiciésemos; hicierais / hicieseis; hicieran / hiciesen.

3 1 c; **2** d; **3** b; **4** b; **5** a.

4 1 critique; **2** entendiera / entendiese; **3** diera / diese; **4** visitara / visitase; **5** sea; **6** dejara / dejase; **7** fuera / fuese; **8** trabaje.

5 Respuesta libre.

6 1 F ("El segundo ingrediente que iba a mi mochila era el afán de superación. El querer hacerlo cada vez mejor; o por lo menos superarme"); **2** V ("Para hacer 14 montañas de 8000 metros hice 26 expediciones en 10 años); **3** V ("«Y si no cambio algo, si no lo hago mejor, si no entreno más, si no soy capaz de darme cuenta qué es lo que ha fallado en esta expedición, no voy a aprender». Pues eso es el afán de superación"); **4** F ("que nos lo tenemos que creer que somos capaces de hacer"); **5** F (menciona cuatro: la ambición, el afán de superación, el hambre por el éxito y la pasión); **6** V ("Y la parte más importante de la mochila creo que tiene que ir cargada de una cosa que creo que es imprescindible: es la pasión").

7a 1 superará; **2** compraran; **3** estudiaras; **4** se lanzará; **5** hablará.

7b 1 hablara; **2** superará; **3** estudiaras; **4** comprarán; **5** se lanzara; **6** superara; **7** compraran; **8** hablará.

B LA NATURALEZA NOS HABLA

8a 1 autóctono; **2** feroz; **3** noble; **4** nocturno; **5** callejero; **6** altruista; **7** voraz; **8** gregario.

8b 1 voraces; **2** nobles; **3** callejeros; **4** nocturno; **5** altruistas; **6** gregario; **7** autóctonas **8** feroces.

8c 1 gregario; **2** altruista; **3** nocturno; **4** voraz; **5** noble; **6** feroz; **7** autóctono; **8** callejero.

9a 1 e; **2** d; **3** a; **4** g; **5** h; **6** f; **7** c, **8** b.

9b 1 A caballo regalado no le mires el diente. **2** El burro delante para que no se espante. **3** Muerto el perro, se acabó la rabia.

4 La curiosidad mató al gato. **5** Cuando el gato no está, los ratones bailan. **6** Más vale pájaro en mano que ciento volando. **7** Perro ladrador, poco mordedor. **8** No se hizo la miel para la boca del asno.

9c Respuesta libre.

10a **1** Sacaré mejores notas si me dejáis adoptar un perro. **2** Si separásemos a un elefante de su manada, se moriría de pena. **3** Si vamos al zoológico, podremos ver muchos animales. **4** Nunca abandonaría a mi mascota si tuviera una. **5** Si fuéramos más civilizados, no tendríamos animales en cautiverio. **6** Aumentará el número de osos en las montañas si cuidamos el medioambiente. **7** Si me encontrara un gato callejero, lo recogería y le daría de comer. **8** Los animales tendrían más derechos si cambiasen las leyes.

10b **Condiciones posibles o probables:** 1, 3 y 6. **Condiciones hipotéticas o improbables:** 2, 4, 5, 7 y 8.

10c **1** rompieran / rompiesen, invitaría (poco probable, van a casarse); **2** llama, coge (probable, dijo que hablarían hoy); **3** comería, vendieran / vendiesen (poco probable fuera de España); **4** encuentro, saludo / saludaré (es probable que vaya a la fiesta, porque son amigos); **5** tocara / tocase, iría (poco probable, la lotería).

10d Respuesta libre.

11 **1** glaciar; **2** pantano; **3** cascada; **4** monte; **5** llanura; **6** laguna; **7** cordillera; **8** golfo.

12a **1** Emisiones de CO_2; **2** Calentamiento oceánico; **3** Aumento del nivel del mar; **4** Impacto sobre el clima; **5** Desaparición de especies; **6** Menos agua dulce.

12b **1** F ("El derretimiento de los glaciares, fenómeno que se **acentuó** durante el siglo XX…"); **2** F ("La actividad humana es **la mayor culpable** con la emisión de dióxido de carbono y otros gases responsables del calentamiento terrestre…"); **3** V ("El deshielo glaciar en los polos está **ralentizando** las corrientes oceánicas"); **4** F ("…la sucesión de episodios meteorológicos **cada vez más extremos** en todo el globo"); **5** V ("…**menos capacidad** para generar energía hidroeléctrica…").

12c Respuesta libre.

C LA VIDA SE ABRE PASO

13 **1** bichos; destructor; **2** tenaz; se acomoda; inaudita; **3** Soporta; abrirse paso; **4** levantar la cabeza; sobrevivir.

14 Respuesta libre.

15 **1** b; **2** a; **3** a; **4** b; **5** a; **6** b; **7** b; **8** a.

16a **Posibles respuestas: 1** se ha vuelto / se volvió; **2** hacernos / hacerse; **3** se quedaron / se han quedado; **4** se ha puesto / se puso.

16b **1** ponerse; **2** quedarse; **3** hacerse; **4** volverse.

16c **Estar:** Se ha puesto muy contento con la noticia. (destaca la transitoriedad: "está muy contento") / Se ha quedado viuda con 37 años. (destaca el resultado: "está viuda"). **Ser:** Se ha hecho vegetariano y cocinero. (destaca la voluntariedad: "es vegetariano y cocinero") / Se ha vuelto más egoísta que nunca. (destaca la pasividad: "es egoísta").

17a **1** b; **2** a; **3** b; **4** a; **5** a; **6** b.

17b **Posibles respuestas: 1** se ha hecho / se hizo de oro; **2** nos pusimos / hemos puesto morados; **3** me quedé en blanco; **4** se hizo / hacía el loco; **5** quedarse en paro; **6** se pusieran en forma; **7** se pone a dieta; **8** me quedaría a gusto.

17c Respuesta libre.

18 **1** a ("Me he quedado en paro"); **2** b ("¿no crees que nos hemos vuelto muy vagos?"); **3** a ("deseaba llevar una vida diferente"); **4** c ("Yo intento no quedarme ciega o muda…"); **5** a ("nuestros hijos se han vuelto unos tiranos […] Me quedo atónito con sus exigencias"); **6** c ("Me gustaría que usted pudiera ayudarme a centrarme en la vida y a levantar la cabeza nuevamente").

19 Respuesta libre.

EN ACCIÓN

20a **1** Raúl; **2** Lola; **3** Sandra; **4** Ana; **5** Carlos; **6** Jorge.

20b **a** 2; **b** 3; **c** 1; **d** 6; **e** 5; **f** 4.

21 Respuesta libre.

UNIDAD 4

A PERSONAS QUE DEJAN HUELLA

1a **1** g; **2** h; **3** b; **4** f; **5** d; **6** a; e; c.

1b **1** rebobinaba; **2** abundan / abunden; **3** el recreo; **4** miserable; **5** huella dejó; **6** machacaron; **7** evocar; **8** el fiera.

2a **1** c; **2** d; **3** b; **4** g; **5** j; **6** e; **7** i; **8** h; **9** a; **10** f.

2b **1** Educación infantil; **2** Educación primaria; **3** Bachillerato; **4** Educación superior; **5** Etapa educativa obligatoria que va generalmente de los 6 años a los 12 años; **6** Etapa educativa voluntaria que prepara para el acceso a la universidad; **7** Última etapa educativa, voluntaria, que engloba la enseñanza universitaria y ciertos cursos de formación profesional; **8** Grado; **9** Doctorado.

2c Respuesta libre.

3a **1** b; **2** a; **3** a; **4** b; **5** a.

3b **1** tener; **2** sacar / haber sacado; **3** poder; **4** haberme matriculado; **5** haber admitido; **6** ser.

3c **Posibles respuestas: 1** Un niño le dice a su madre que está triste porque ha suspendido el examen. **2** Una persona le dice a otra que se ha quemado tomando el sol en la playa. **3** Alguien ha tomado una decisión precipitada y se queja del resultado. **4** Una persona ha llamado para reservar en un restaurante pero no quedaban mesas libres. **5** Alguien estaba enamorado de una chica, pero ella ha encontrado otra pareja. **6** Alguien se queja de que le duele la tripa después de haber comido.

4 **1** Pedro ("pegó la vuelta a todos mis esquemas, rompió con ese patrón de profesor acomodado que tanto se repetía…"); **2** Pedro (Rubén: "Supongo que mi mayor meta en la vida es llegar a ser tan buen docente como mis alumnos creen que soy"; José: "Hoy es colega…"; Rosa: "… luego pasó a ser mi compañero de departamento…"); **3** Rosa ("me hizo ver que hay que estar en constante aprendizaje…"); **4** José ("… la historia está para disfrutarla…"); **5** Rubén ("Porque no nos equivoquemos, aunque hablemos de educación, estamos hablando de relaciones interpersonales. Ese vínculo único que se establece dentro del aula y que va más allá…"); **6** Rosa ("… enganchar y conectar a tu audiencia…"); **7** Pedro ("… me marcó de forma significativa, pero no lo hizo en el sentido esperado. Todo lo contrario"); **8** Rosa (Pedro: "Verónica…Y finalmente, tuve otro profesor…"; Rubén: "… tengo muchos modelos de referencia…"; José: "Me han marcado muchos"); **9** Rubén ("Me gustaría hacer también una pequeña referencia a los alumnos…porque de todos ellos también aprendo"); **10** Pedro ("Consiguió que con cada clase y pregunta que lanzaba al aire fuera transformándome y encontrándome a mí mismo").

B HUIR DE MITOS

5a **1** D; **2** C; **3** A; **4** B.

5b **Posible respuesta:** La falta de referentes femeninos en disciplinas de la ciencia se debe a la ocultación de sus nombres y trabajos y esto dificulta la profesión de niñas y mujeres con vocación o interés por la tecnología.

6 **1** F ("es el espacio donde las mujeres inspiran por medio de investigación, de divulgación y de… tecnólogas, programadoras…"); **2** V ("Bueno, pues Talent Woman es una línea de Talent Network"); **3** F ("lo que siempre queremos hacer hincapié es que no se hable como… más de la brecha de género, los datos que ya conocemos, sino que las mujeres, desde su profesionalismo"); **4** V ("y, bueno, claro que se les tiene que dar ahora un espacio importante pues, como sabrán, somos apenas el 27 % que nos dedicamos a estas áreas"); **5** V ("las líderes, las *speakers*, es verdad que son mujeres, pero está abierto a la sociedad"); **6** V ("las mujeres, desde su profesionalismo, su perspectiva, platiquen su historia, lo que se dedican… porque, ahora, escuchas a una científica de la NASA y hay un público lleno de niñas y de niños… algo en que se inspiran…").

7 Respuesta libre.

8 **Posibles respuestas: 1** Los estereotipos y roles de género son un obstáculo para la realización de las mujeres en el ámbito tecnológico o científico. Son muchos los prejuicios y se subestima la capacidad femenina para las ciencias. **2** Muchas mujeres son discriminadas en sus trabajos por la maternidad. El machismo sigue presente en la sociedad.

9 **1** a; **2** b; **3** b; **4** a; **5** a; **6** b; **7** a; **8** a.

10 **Posibles respuestas: 1** Cuando alguien ha estado todo el día durmiendo y no ha hecho nada de lo que tenía que hacer. **2** Cuando alguien llega más tarde de lo esperado. **3** Cuando pasa algo malo o indeseado. **4** Cuando en un grupo nadie se atreve a empezar o sostener una conversación. **5** Cuando alguien dice algo que no viene al caso. **6** En forma de reproche, cuando algo sale mal.

11 **1** haya sido; **2** hayan apartado; **3** hayamos perdido; **4** hayáis roto; **5** me haya dedicado; **6** hayas seguido.

12 **1** hayan vivido; **2** hayáis terminado; **3** hayas enviado; **4** haya sido; **5** haya perdido; **6** hayamos resuelto; **7** hayas hecho; **8** hayan comprado.

13 Respuesta libre.

C SI ME SIGUES, TE SIGO

14a **1** idílico; **2** estrategia; **3** diferenciar; **4** interacción; **5** esquemas; **6** valor; **7** cuestión; **8** brecha; **9** categoría; **10** campaña.

14b **A** 2; **B** 4; **C** 1; **D** 3.

15a **1** dimensión; **2** un bello rostro; **3** de carne y hueso; **4** apelar (apelando); **5** faceta; **6** jugar a favor.

15b **1** faceta; **2** han desbancado; **3** de carne y hueso; **4** apelan; **5** un bello rostro; **6** perfil.

16 **1** Lo; me lo; **2** les; **3** se la; **4** La; **5** Les; **6** se lo; **7** Se lo; **8** se la / las.

17 **1** incorrecto: subirlo (objeto directo); **2** incorrecto: le (objeto indirecto); **3** correcto; **4** incorrecto: Les (objeto indirecto, plural); **5** correcto; **6** incorrecto: le (objeto indirecto); **7** correcto; **8** correcto, aunque es un caso de leísmo de persona. Lo más correcto sería usar "lo".

18 Respuesta libre.

EN ACCIÓN

19 **1** c; **2** a; **3** d; **4** e; **5** b.

20a Respuesta libre.

20b Respuesta libre.

UNIDAD 5

A LA AVENTURA HUMANA

1a **1** b; **2** d; **3** f; **4** e; **5** a; **6** c.

1b **1** gustos literarios; **2** hojeo las páginas; **3** hábito lector; **4** novela gráfica; **5** escribir una reseña; **6** recomiendan una lectura.

1c Respuesta libre.

2 **1** ánimo / desánimo; **2** olvido / evocación; **3** pasado / porvenir; **4** desinterés / empeño; **5** fugacidad / duración; **6** escapar / afrontar; **7** suposición / comprobación; **8** acelerar / detener.

3 **1** Carla ("Nunca dejo un libro sin terminar, nunca. […] Aun si el libro me parece aburrido y tedioso, lo termino hasta la última hoja"); **2** Luciano ("o si son libros más bien de una lectura pasajera, pasatista… este… libros de investigaciones periodísticas, libros de biografías, no sé, casos policiales… Si quiero comprarme un libro más de fotografía o arquitectura, que me gustan, ahí sí me los compro en papel"); **3** Luciano ("Yo, si no me enganché al tercer o cuarto capítulo, habitualmente los cuelgo, los dejo"); **4** Carla ("Lo que me llama la atención es el modo en que los escritores relatan sus historias, más que las historias en sí mismas"); **5** Luciano ("Si quiero comprarme un libro más de fotografía o arquitectura, que me gustan, ahí sí me los compro en papel"); **6** Carla ("No soy amante de los libros digitales"); **7** ambos (Carla: "El tipo de literatura que más me enamora es el que está arraigado en hechos históricos y geográficos reales"; Luciano: "libros de investigaciones periodísticas, libros de biografías, no sé, casos policiales… […] de fotografía o arquitectura"); **8** Luciano ("No me acuerdo exactamente cómo es que decía Borges, pero si el libro… si empezaste a leer el libro y el libro no es para vos, entonces el libro tenés que dejarlo").

4a Respuesta libre.

4b Respuesta libre.

5a 1 Me puse / he puesto a leer; 2 tiene que pensar; 3 debe de ser; 4 Podéis leer; 5 va a recitar; 6 Volviste / Has vuelto a comprar; 7 siguen pensando; 8 se echó a reír.

5b 1 *ponerse a* + infinitivo; 2 *ir a* + infinitivo; 3 *volver a* + infinitivo; 4 *echarse a* + infinitivo; 5 *seguir* + gerundio; 6 *tener que* + infinitivo; 7 *deber de* + infinitivo; 8 *poder* + infinitivo.

6 1 a; 2 a; 3 a; 4 b; 5 a; 6 a; 7 a; 8 b.

7 1 Me puse a hojear<u>la</u>. 2 Voy a regalár<u>sela</u>. / <u>Se la</u> voy a regalar. 3 Tenemos que invitar<u>la</u> a la fiesta. / <u>La</u> tenemos que invitar a la fiesta. 4 ¡Has dejado de comer<u>lo</u>! / ¡<u>Lo</u> has dejado de comer! 5 Acabamos de enviár<u>selo</u> / <u>Se lo</u> acabamos de enviar. 6 Volví a prestár<u>selo</u>. / <u>Se lo</u> volví a prestar. 7 Conseguí terminar<u>la</u> a tiempo. / <u>La</u> conseguí terminar a tiempo. 8 No se atreven a hacer<u>lo</u>.

B ROMANTICISMO A JUICIO

8a 1 perder peso; 2 ser un moñas; 3 costar la vida; 4 piropo; 5 sonrojo; 6 dar pudor.

8b 1 un sieso; 2 me cuesta la vida; 3 piropos; 4 me daba pudor; 5 llevar la procesión por dentro.

9 1 No es posible sustituirlo; 2 Quienes; 3 quien; 4 quienes; 5 No es posible sustituirlo; 6 quien; 7 quien; 8 No es posible sustituirlos.

10 1 El chico del que / de quien me he enamorado vive en otra ciudad. 2 La verdad es que me cuesta comprender a las personas que creen en el amor para toda la vida. 3 El chico de la *app* con el que / con quien llevo hablando un mes me ha hecho *ghosting*. 4 He hecho *match* con una chica a la que / a quien le encanta viajar e ir a festivales de música. 5 Laura es la chica a la que / a quien acabo de conocer. 6 El chico del que / de quien os he hablado me acaba de enviar un audio.

11a 1 que; 2 con quien; 3 que; 4 que; 5 a las que / a quienes; 6 con la que / con quien; 7 con la que / con quien; 8 que; 9 en quien; 10 a la que / a quien.

11b Respuesta libre.

12 1 b; 2 b; 3 c; 4 b; 5 a; 6 c; 7 a; 8 b; 9 a; 10 c; 11 a; 12 c; 13 a; 14 c.

C ¿Y ESE ACENTO?, ¿DE DÓNDE ES?

13a 1 b ("…algo que ha crecido de manera exponencial con internet"); 2 b ("…un español inteligible para cualquier hispanohablante y libre de localismos"); 3 c ("Disney solo utilizaba acentos y palabras locales para enfatizar el carácter de ciertos personajes"); 4 a ("Las protestas llegaron desde el propio director a los espectadores españoles"); 5 b ("…Todos tenemos acentos… y no hay que darle más vueltas"); 6 c ("El acento dominante, el que se escucha con frecuencia en los medios, es el que se considera neutral").

13b Respuesta libre.

14a 1 Alicia Borrachero: ninguno (es hablante distinguidora, no sesea, y es yeísta, pero no de yeísmo fricativo); 2 Jorge Drexler: seseo (*Sánchez, conocido, decir, hace, dice, dice, canción, décimas, décimas, vergüenza, decir, entonces, décimas*) y yeísmo fricativo (*aquellos, tuyos, llamaba, yo, yo*); 3 Alfonso Cuarón: seseo (*específicas, sucede, acción, necesidades, escenas, necesitaban, empezar, conocen, inicia, alianzas, competencia, información, diciendo*); 4 Ana Guerra: seseo (*decir, haciendo, canciones*).

14b 1 Madrid (España); 2 Montevideo (Uruguay); 3 Ciudad de México (México); 4 Tenerife (España)

15 1 a; 2 b; 3 a; 4 c; 5 b; 6 c.

16a 1 a (el uso del indicativo suele indicar información nueva, pero en este caso Alan ya ha expresado que lo conoce, por lo que Bárbara está destacando dicha información); 2 a (el uso del subjuntivo indica que Sara interpreta que la información que está dando es conocida por su interlocutor; el uso del pretérito perfecto compuesto indica que la acción ha ocurrido); 3 b (uso del indicativo, lo que indica que Paula interpreta que la información que está dando es nueva para María); 4 b (uso del imperfecto de subjuntivo, que indica poca probabilidad o imposibilidad).

16b 1 granizaba; 2 te fueras / fueses; 3 tengas; 4 es; 5 tocara / tocase; 6 sea / soy; 7 diga; 8 me encanta.

16c **Posibles respuestas:** 1 Silvia: Oye, Juana, ¿por qué no usas una *app* de citas para encontrar novio? Juana: Porque no sé usarlas. Y aunque supiera cómo funcionan, no las usaría, porque me parecen muy impersonales; 2 Ivana: Pues a mí no me gusta nada leer libros, me parece muy aburrido. Es mucho más fácil ver una peli. Lourdes: Aunque no te guste leer, deberías hacerlo, porque los libros te hacen ser más imaginativa y escribir sin faltas ortográficas; 3 Néstor: Ah, pero ¿no hablas alemán? Alguien me había dicho que sí que lo hablabas… Elisa: ¡Qué va! Aunque viví en Alemania unos meses, no fue tanto tiempo como para aprender alemán.

EN ACCIÓN

17 Respuesta libre.

18a **Posibles respuestas:** 1 Atribuir a una persona la responsabilidad de un delito, una falta o una acción reprobable. 2 Que indica desprecio, falta de aprecio o consideración hacia algo o alguien. 3 Insistir en algo tenazmente. 4 Resentimiento o disconformidad con algo o alguien. 5 Dar forma a una idea o concepto. 6 Sentimiento de desengaño o descontento. 7 Destruir o hacer trozos algo. 8 Ausencia o privación de algo.

18b 1 d; 2 e; 3 b; 4 g; 5 a; 6 h; 7 c; 8 f.

UNIDAD 6

A LA BELLEZA DE LO IMPERFECTO

1a 1 c; 2 a; 3 b; 4 f; 5 d; 6 e.

1b Respuesta libre.

2a 1 F ("… consiste en apreciar la belleza que tienen nuestras propias cicatrices reconociéndolas como parte de nuestra esencia…"); 2 V ("… diametralmente opuesto a la forma occidental…"); 3 F ("… la fractura, tanto anímica como material"); 4 V ("Aprender esta filosofía de vida es un proceso lento que requiere de paciencia"); 5 V ("Aférrate a lo que amas… enfocarte en lo que amas… puede ser un *hobby*…"); 6 V ("El Kintsugi es más fácil de alcanzar si se tiene la ayuda de otros…").

2b **1** resiliencia; **2** enfocarse; **3** vivencias; **4** emular; **5** diametralmente; **6** obstáculo; **7** aferrarse; **8** perseverante.

2c **1** te enfoques; **2** diametralmente; **3** resiliencia; **4** emular; **5** perseverantes; **6** vivencias; **7** obstáculos; **8** se aferra.

2d Respuesta libre.

3 frágil - fragilidad; incierto - incertidumbre; generoso - generosidad; válido - validez; creativo - creatividad; apto - aptitud; sincero - sinceridad; joven - juventud; niño - niñez; tímido - timidez; sensible - sensibilidad; maduro - madurez.

4a **1** diría; **2** harían; **3** tendríamos; **4** podría; **5** pondrías; **6** vendríais; **7** saldría; **8** querría; **9** habría; **10** sabrían; **11** valdríamos; **12** cabrían.

4b **1** podrías; **2** habría entrado; **3** diría; **4** dejarías; **5** habrías llegado; **6** deberías; **7** habrías roto; **8** pasarías; **9** sería; **10** ambas son posibles, dependiendo del marco temporal que no se especifica.

4c **1** hacer peticiones educadas; **2** expresar hipótesis / suposición; **3** suavizar una opinión; **4** expresar hipótesis / suposición; **5** expresar hipótesis / suposición; **6** aconsejar / sugerir; **7** expresar hipótesis / suposición; **8** expresar hipótesis / suposición; **9** expresar hipótesis / suposición; **10** expresar hipótesis / suposición.

4d **Posible respuesta: 1** Yo creo que la pareja acabaría en la casa porque desearían saber más sobre sus antepasados y habrían estado investigando su árbol genealógico. En algún momento, habrían descubierto que sus abuelos tenían una casa antigua en las montañas y quizás habrían encontrado un mapa con instrucciones para llegar a un tesoro. Querrían encontrarlo y saber qué era lo que sus abuelos habían escondido hace tanto tiempo. **2** Desde mi punto de vista, la isla sería una isla tranquila, así que los habitantes estarían viviendo su vida normal: unos estarían nadando en la playa, otros trabajando… Por la arquitectura de las casas, la isla quizás estaría en el Caribe. Al escuchar y ver el volcán, reaccionarían de diferentes maneras: unos correrían hacia el mar, otros irían a buscar a sus seres queridos y seguro que alguno se acercaría al volcán a verlo más de cerca. ¡Yo, seguramente, habría salido corriendo!

5a **1** a; **2** a; **3** b; **4** c; **5** b; **6** a; **7** c; **8** b.

5b **1** fritas; **2** ambas son correctas; **3** impresos; **4** provista; **5** ambas son correctas; **6** impreso.

B **SEGUNDA MANO**

6a **1** sofisticación; **2** perchero; **3** vasija; **4** versátil; **5** acogedor; **6** artesanal; **7** ornamental; **8** truco.

6b **1** ornamental; **2** sofisticación; **3** versátil; **4** truco; **5** perchero; **6** vasija; **7** acogedor; **8** artesanal.

7 **Posible respuesta: 1** ¿Que (Javier) no tiene más que cuántos? **2** ¿Que (Amaya) se ha mudado a dónde? **3** ¿Que (Joseba) va a casarse / se va a casar con quién? **4** ¿Que la mesa es de qué / dónde? **5** ¿Que para aprobar (ese examen) hay que estudiar más de cuánto? **6** ¿Que vienen en qué / cómo?

8a **1** c; **2** a; **3** g; **4** b; **5** h; **6** e; **7** d; **8** f.

8b **1** está en auge; **2** Me da corte; **3** ganga; **4** me timaron; **5** le ha costado un triunfo; **6** Eres una manitas; **7** pega; **8** me dejé una pasta; **9** se han revalorizado.

9a **1** a; **2** b; **3** a; **4** a.

9b **1** más que; **2** más de; **3** más de; **4** más que.

C **MÚSICA DE OTRAS ÉPOCAS**

10 **1** c; **2** b; **3** c; **4** b; **5** a.

11a **1** a; **2** a; **3** c; **4** c; **5** b; **6** b.

11b **1** El joven se enamora de la chica al verla por primera vez. **2** La guerra reclama al joven, que tiene que separarse de ella. **3** Ella se compromete a esperarlo y casarse con él. **4** Un soldado amigo del joven le notifica la muerte del amado. **5** La chica recibe las últimas palabras de amor en una carta.

12a Ay de mí, Llorona, Llorona / Llorona, llévame al río, / tápame con tu rebozo, Llorona, / porque me muero de frío.
Salías de un templo un día, Llorona, / cuando al pasar yo te vi, / hermoso huipil llevabas, Llorona, / que la Virgen te creí.

12b Respuesta libre.

13 **1** Aunque la crítica no le ha favorecido nunca, sus fans crecen cada día; **2** Aunque no tiene una gran voz, su estilo es inconfundible; **3** Aunque es música de los 70, suena muy actual; **4** Aunque es poco conocida, lleva cantando una década; **5** Aunque su música es una mezcla de estilos, el sonido es puramente español. **6** Aunque la banda se separó, han seguido su carrera en solitario.

14 **Matiz objetivo: 1** a; **2** a; **3** b; **4** a; **5** b; **6** a. **Matiz subjetivo: 1** b; **2** b; **3** a; **4** b; **5** a; **6** b.

15 **1** f; **2** e; **3** g; **4** a; **5** c; **6** h; **7** b; **8** d.

16 **Posibles respuestas: Contraargumentación de los pros: 1** A pesar de poder trabajar en lo que te gusta, el tiempo que pasas con tu familia o amigos es mínimo. **2** Por mucho mundo y gente que conozcas, a veces te sientes muy solo. **3** Pese a no tener un horario estricto, no puedes dejar de ser puntual en citas, reuniones y ensayos. **Contraargumentación de los contras: 1** Aunque tienes que dedicar todo tu tiempo a las actuaciones, el tiempo libre lo disfrutas más intensamente. **2** Por muchos compromisos que tengas que atender, siempre encuentras el momento de evadirte de ellos sin horarios que cumplir. **3** A pesar de que sabemos que el éxito no es estable, tienes la suerte de disfrutarlo cuando está.

EN ACCIÓN

17a Respuesta libre.

17b Respuesta libre.

UNIDAD 7

A **¡MENUDA MANÍA!**

1a **1** V ("Todos tenemos nuestras manías, nuestras creencias e incluso alguna superstición…"); **2** F ("…es algo innato al ser humano…"); **3** F ("… algo tan simple… puede convertirse en un problema… cuando esto se repite… con mucha frecuencia y te causa angustia…"); **4** V ("… lleva arraigada una creencia… influenciada a veces por la religión, la educación o la cultura del territorio."); **5** V ("… la lista de superticiones sería tan larga como el *Quijote*, o interminable…").

1b Se mencionan las supersticiones 1, 3, 5, 7 y 9.

1c Buena suerte: tocar madera, lanzar arroz a los recién casados, pisar un excremento, comer 12 uvas en Nochevieja; **Mala suerte:** levantarse con el pie izquierdo, cruzarse con un gato negro, abrir un paraguas en un sitio cerrado, pasar por debajo de una escalera, romper un espejo, derramar la sal.

1d Respuesta libre.

1e Respuesta libre.

2a 1 en fin; **2** Por fin; **3** Por fin; **4** En fin; **5** En fin; **6** por fin.

3a 1 c; **2** a; **3** f; **4** e; **5** b; **6** d.

3b 1 salgo; **2** veía; **3** sonase / sonara; **4** salgas; **5** se pone; **6** pudiese / pudiera; **7** se aseguraba; **8** se haga.

3c Posibles respuestas: 1 En cuanto cené, lavé los platos. **2** Tan pronto como acaban las vacaciones, se deprime. **3** Apenas me hiciera rico, acabaría con la pobreza. **4** En el momento en que me levanto, miro Twitter. **5** Cuando cumpla 18 años, se sacará el carné de conducir. **6** En cuanto llegaba al trabajo, encendía el ordenador.

4a 1 Ideas; **2** Objetivos; **3** Esquema / Estructura; **4** Documentación previa; **5** Desarrollo de cada parte de la historia; **6** Revisión de arranque y final del pódcast; **7** Revisión de guion completo; **8** Ponle título a tu pódcast.

4b 1 confeccionar; **2** exhaustivo; **3** enganchar; **4** quedarse seco; **5** abordar; **6** pauta.

B LA BUENA SUERTE

5a 1 rodearse de personas optimistas; **2** someterse a vivir situaciones diferentes; **3** esforzarse en conseguir nuestros objetivos.

5b 1 rodearse de personas optimistas - relacionarse con gente positiva; **2** someterse a vivir situaciones diferentes - estar abierto/a a nuevas experiencias; **3** esforzarse en conseguir nuestros objetivos - apostar por aquello que queremos.

5c Respuesta libre.

6a 1 Intenta confiar en que todo período de crisis es temporal. **2** No insistas en que tienes mala suerte y cambia las cosas. **3** No te conformes con observar cómo pasa el tiempo sin hacer algo verdaderamente significativo. **4** Si no sigues tu propia intuición, quizás te arrepientas de las decisiones tomadas. **5** Preocúpate por cómo interpretas lo que pasa, no por lo que sucede. **6** Es más probable que la suerte te visite si no te limitas a vivir en tu zona de confort.

6b Respuesta libre.

7a 1 a; **2** f; **3** d; **4** b; **5** g; **6** e; **7** h; **8** c.

7c A aleatoriedad, azar, casualidad; **B** esfuerzo, decisión, percepción, acción, consciencia, actitud.

8a 1 casualidad; **2** enfrentarnos a; **3** secreto; **4** ganarse; **5** azar; **6** afortunadas.

8b Respuesta libre.

9a 1 c; **2** f; **3** d; **4** e; **5** a; **6** b; **7** g.

9b 1 echemos a suertes; **2** tuvo un golpe de suerte; **3** es un suertudo; **4** nacen con estrella; **5** tentar a la suerte; **6** elegirlo al azar.

10a Respuesta libre.

10b 1 volver a; en la que; **2** quedar con; a la que; **3** en la que; **4** trabajara / trabajase en; en los que / para los que; **5** con el que; **6** enfrentarme a; por la que.

10c Respuesta libre.

11 1 en la que; **2** con los que; **3** de las que; **4** al que; **5** en el que; **6** De la que; **7** a la que; **8** por lo que.

12 Posibles respuestas: 2 Es un objeto **por el que** sale agua (grifo). **3** Es un objeto **con el que** atraer la suerte (amuleto trébol de cuatro hojas). **4** Es un recipiente **en el que** podemos cocinar (cacerola). **5** Es una superficie **en la que** puedes escribir con tiza (pizarra). **6** Es una acción hecha con la mano **con la que** deseamos suerte (gesto de cruzar los dedos, que es casi universal, pero que en algunas culturas simboliza otra cosa muy distinta).

C LLÁMAME LOCO

13a 1 c; **2** b; **3** f; **4** a; **5** e; **6** d.

13b 1 no tiene precio; **2** estar encorsetado; **3** dieron tablas; **4** tirar la toalla; **5** hay buen rollo; **6** venirse abajo.

13c Respuesta libre.

14a 1 c; **2** a; **3** b; **4** c; **5** a; **6** b.

14b Respuesta libre.

15 1 para que; parara / parase; **2** para que; saliera / saliese; **3** para que; puedan; **4** para que; se fijara / se fijase; **5** para; comprobar; **6** para que; cambiara / cambiase; **7** para; tener; **8** para; atraer; **9** para; perder; **10** para que; aumentara / aumentase.

16 Posibles respuestas: Va a cambiar de trabajo con el objetivo de contentar a su familia. / Fueron al médico a fin de que les hicieran una revisión. / Habló con su jefa para que le subiera el salario. / Quiere apuntarse a un curso de francés a fin de tener más oportunidades laborales. / Cambié mi alimentación para tener un estilo de vida diferente. / Van a tomarse un año sabático para conocer otras culturas. / Llevaba un amuleto en el cuello con el objetivo de atraer la buena suerte. / Queremos hacer una fiesta para celebrar la buena noticia.

17 Respuesta libre.

18a Respuesta libre.

18b Respuesta libre.

EN ACCIÓN

19 1 B; **2** D; **3** C; **4** A.

20 1 d; **2** e; **3** g; **4** a; **5** h; **6** b.

UNIDAD 8

A RINCONES CON DUENDE

1a 1 con duende; **2** parajes; **3** mediterráneo; **4** de la Biosfera; **5** obligada; **6** arquitectónico; **7** panorámica; **8** espectáculo.

1b 1 increíbles parajes; **2** visita obligada; **3** bosque mediterráneo; **4** conjunto arquitectónico; **5** rincón con duende; **6** imponente espectáculo; **7** vistas panorámicas; **8** reservas de la Biosfera.

2a Posibles respuestas: A catarata impresionante; vegetación exuberante; paraje asombroso; prodigio de la naturaleza; **B** monumento espectacular; bien conservado; magníficos edificios; visita obligada; **C** extensas playas; paraíso tropical; biodiversidad marina; aguas cristalinas.

2b 1 C; 2 A; 3 B.

3a 1 La Plaza de España de Sevilla fue diseñada por el arquitecto Aníbal González. 2 La cascada fue bautizada como "Salto Ángel" en honor del piloto norteamericano Jimmy Ángel. 3 La primera guía turística de la historia fue escrita por un peregrino francés. 4 El Parque Nacional de Canaima fue declarado Patrimonio de la Humanidad por la Unesco.

3b 1 La Catedral de Santiago de Compostela ya <u>está restaurada</u> y se puede visitar como antes. 2 La ciudad maya de Chichén Itzá, en Yucatán (México), <u>está</u> bien <u>conservada</u>, y por eso es uno de los lugares más turísticos del país.

4 1 a; 2 a; 3 b; 4 a; 5 b; 6 a.

5 Posible respuesta:

Estimado equipo de redacción:

Me complace poder colaborar en la elaboración de su guía y les envío un borrador a partir del contenido de la audioguía. Otras informaciones me han ayudado mucho para comprender el interés de estos dos monumentos escultóricos. También mi interés por las relaciones entre el arte y la vida, un tema que sus guías siempre explican muy bien. Este es mi resumen:

Entre los monumentos o rincones de interés para el visitante, encontramos en Málaga dos esculturas muy relacionadas con la vida de sus gentes en tiempos pasados: El cenachero y El biznaguero. Ambos representan modos de vida prácticamente desaparecidos, si no totalmente, pero con un gran significado para los malagueños, además de representar una tradición del lugar que visitamos: la venta de pescado, un medio de vida popular, y la fabricación y venta de ramos de flores, concretamente de la flor de jazmín, con la que se hace el típico ramo malagueño, la biznaga. Ambas esculturas fueron creadas por el escultor Jaime Pimentel, a mediados del siglo XX.

Para poder ampliar este texto, me gustaría contar con algún vídeo para observar mejor los detalles y sería muy oportuno poder viajar hasta Málaga y visitar estos monumentos yo misma, incluyéndome en cualquiera de los *tours* que se realizan.

A la espera de su respuesta, atentamente,

Megan Brown

6a Respuesta libre.

6b Respuesta libre.

6c Posibles respuestas: 1 Mira, esta es la foto de Monte Perdido. El viaje a Huesca fue maravilloso. Fui solo y la ruta era preciosa. Me encantó el camino que hice por el valle porque, aunque era otoño, hizo buen tiempo y había una luz espectacular. Disfruté mucho de la caminata, llena de lagos. Se siente la inmensidad del paisaje. **2** Y esta otra foto me trae recuerdos imborrables. Es en Costa Rica, un país con la naturaleza más sorprendente y los parajes más deslumbrantes. Aquí estoy bañándome en una poza de aguas cristalinas. El agua no estaba fría y estar casi debajo de la cascada fue una pasada. Te rodeaba la selva tropical y podías sentir su exuberancia. **3** Y la última foto que vemos es esta: la playa de un pueblo de Cantabria. Siempre que la veo

me transmite la paz que sentí en ese momento. Desde ese punto se divisaba la costa y las praderas verdes sobre los acantilados. El mar estaba muy tranquilo y tenía un azul intenso. Allí vi un atardecer espléndido y cargué las pilas para mucho tiempo.

B LA MAGIA DE LOS RITOS

7a 1 adaptarme; 2 suelo; 3 habituado; 4 solía.

7b Respuesta libre.

8a 1 las velas; 2 cercano; 3 un árbol; 4 íntima; 5 la unión; 6 acción; 7 una ofrenda; 8 los platos.

8b 1 ceremonia íntima; familiares cercanos; 2 sopla las velas; 3 presentar ofrendas; 4 probar los platos; 5 sellar la unión; plantaron un árbol.

9a 1 C; 2 B; 3 A.

9b Posibles respuestas: Feria de las Flores: ofrenda, orquídea, desfile, colorido, clavel. **Noche de San Juan:** hoguera, llamas, solsticio, fuego, prender, quemar, playa. **Día de Muertos:** ofrenda, altar, calavera, orquídea, fallecimiento, alma, colorido, cruces, clavel, difunto.

9c 1 b; 2 c; 3 c; 4 a; 5 b; 6 a; 7 b.

9d Respuesta libre.

10a 1 d; 2 a; 3 b; 4 f; 5 c, 6 e.

10b Posibles respuestas: 1 ¿Quéééé? ¡Qué locura! **2** ¿Cóóóóómo? ¿Cómo están permitidas estas cosas hoy en día? **3** ¡Qué sorpresa! ¡No teníais que haberos molestado, de verdad! **4** ¿Dóóóónde? ¡Esto no me lo pierdo! **5** ¿Quéééé? ¿Qué me estás contando? ¿Cómo se atreve?

C DIME QUÉ ELIGES, Y TE DIRÉ CÓMO ERES

11a Posibles respuestas: Manuel: mayoría de respuestas B (prefiere las actividades al aire libre y le entusiasman las vacaciones en las que pueda practicar su gran pasión. El deporte le apasiona); **Marina:** mayoría de respuestas A (es una persona sociable que siempre quiere estar con amigos o con gente o personas conocidas y no le gusta estar sola); **Janick:** mayoría de respuestas C (le gusta la cultura o el arte y actividades en las que puede aprender algo).

11b 1 d; 2 a; 3 g; 4 f; 5 c; 6 i; 7 h; 8 b; 9 e.

11c Manuel: A; **Marina:** C; **Janick:** B.

12 1 a; 2 a; 3 b; 4 b; 5 a; 6 a.

13 Respuesta libre.

14a 1 d; 2 e; 3 f; 4 a; 5 c; 6 b.

14b 1 a ti; A mí; 2 tú; Yo; 3 tú; Yo; 4 A ti; A mí; 5 a ti; A mí.

15a 1 despertar; 2 que vuelva; 3 que se diga; 4 ver; 5 que me pidiera / que me pidiese; 6 que visitáramos / que visitásemos; 7 ir; 8 que hubiera / que hubiese.

15b 1 Nos asustamos mucho cuando subimos a la montaña rusa / Nos asustamos mucho al subir a la montaña rusa. 2 Me volvía loco cuando olía el aroma del cocido de mi padre / Me volvía/ volví loco al oler el aroma del cocido de mi padre. 3 Lorena se ilusionó cuando abrió su primera clínica / Lorena se ilusionó al abrir su primera clínica. 4 Se agobian sobremanera cuando piensan en los exámenes finales / Se agobian sobremanera al pensar en los exámenes finales. **5** Mi sobrina se entusiasma cuando ve vídeos en el móvil / Mi sobrina se entusiasma al ver vídeos en el móvil.

16a 1 improbables; 2 comienzo; 3 provisorio; 4 borrador; 5 soporífero; 6 miembro; 7 repensar; 8 ajustes; 9 captarán; 10 escala.

16b 1 c; 2 a; 3 d; 4 b.

16c 1 repiense; 2 soporíferos; 3 captar; 4 ponernos manos a la obra; 5 miembros 6 la guinda fue; 7 improbable; 8 borrador.

EN ACCIÓN

17a 1 descubrir; 2 regiones; 3 tensiones; 4 encanto; 5 naturales; 6 rincón; 7 vibrante; 8 rurales; 9 me enamoré; 10 se encontraba; 11 visible; 12 espiritual; 13 adrenalina; 14 imprevisibles; 15 paisajes; 16 prados; 17 intenso; 18 acantilados.

17b Respuesta libre.

UNIDAD 9

A AVIVAR LA MEMORIA

1a 1 avivan; 2 embravecido; 3 sumergirnos; 4 inabarcable; 5 relegado; 6 apresar; 7 repentino; 8 remotos; 9 catalizaría; 10 deliberada.

1b 1 repentino; 2 apresar; 3 embravecido; 4 catalizar; 5 sumergirnos; 6 deliberada; 7 avivar; 8 remotas.

2a **Posibles respuestas:** 1 tener buenas aptitudes para algo; 2 mirar algo por encima, de forma superficial; 3 no escuchar ni prestar atención a lo que dice otra persona; 4 tener problemas de audición; 5 decir las cosas con delicadeza y empatía; 6 escuchar a los demás sin que se den cuenta; 7 decir a otra persona lo que quiere escuchar; 8 ignorar algo, dejarlo pasar.

2b 1 Esta vez voy a hacer la vista gorda; pero me temo que si vuelve a pasar, tendré que informar al resto del equipo. 2 La verdad es que no soporto a Ricardo; siempre está regalando los oídos a los demás en lugar de dar su verdadera opinión. 3 Martina es de las personas más chismosas que conozco; siempre está con el oído puesto. 4 A pesar de saber que me ofendería, Gustavo no tuvo nada de tacto y me dijo las cosas de forma un poco brusca.

3 1 b; 2 f; 3 d; 4 c; 5 e; 6 a.

4 1 a; 2 c; 3 b; 4 b; 5 b; 6 c.

5 Respuesta libre.

6 **Posibles respuestas:** 1 Nico ganó bastante dinero con esa inversión porque tiene buen olfato para los negocios. 2 Dada la discapacidad auditiva con la que nació, Aitor aprendió a leer los labios desde pequeño. 3 Debido a que tiene una gran intuición, mi amiga Matilde siempre sabe cuándo me pasa algo. 4 Muchas personas con movilidad reducida tienen problemas para desplazarse, ya que las ciudades no se han diseñado pensando en ellas. 5 Julio perdió la visión en el ojo derecho puesto que sufrió un accidente de tráfico.

7 1 aún; 2 correcto; 3 correcto; 4 aun; 5 aún; 6 correcto; 7 aun; 8 correcto.

8 1 Aun; 2 aún; 3 aún; 4 aun; 5 aun; 6 Aún.

B LA BELLEZA

9a 1 suscitar; 2 rendirse a algo; 3 abarcar; 4 indescriptible; 5 deleitarse; 6 nostalgia; 7 desprender; 8 estímulos; 9 manifestaciones; 10 detractores.

9b 1 indescriptible; 2 detractor; 3 abarca; 4 nostalgia; 5 me rendí a; 6 se deleitaban con el; 7 desprende; 8 suscitó.

10c 1 V ("… se caracteriza por la experimentación de emociones o sensaciones muy intensas tras **observar obras artísticas** de gran belleza"); 2 F ("… **sintiendo en algunos casos** taquicardia, sudoración, sofocación, tensión emocional, agotamiento y mareo"); 3 F ("El nombre de este síndrome se debe al novelista francés Stendhal, **seudónimo** de Henri-Marie Beyle"); 4 F ("… que **no hizo otra cosa más que** tomarle el pulso y mirarle a los ojos…"); 5 V ("… en 1989… descubrió más de un centenar de casos similares…"); 6 V ("… faltarían más síntomas para considerar que se trata del síndrome de Stendhal"); 7 V ("… reacción psicosomática y corporal provocada por la saturación que produce la **sobrecontemplación** de la belleza en un **corto espacio de tiempo**"); 8 F ("En algunos casos, en los más **severos**…").

Posibles respuestas: 2 Los mareos, el vértigo y la taquicardia **a veces** indican que se está sufriendo el síndrome de Stendhal. **3** El nombre del síndrome viene del **seudónimo** de Henri-Marie Beyle. **4** Para su diagnóstico, Stendhal fue sometido a una exploración médica **muy superficial**. **8** Algunos de los síntomas **más graves o severos** de la enfermedad son amnesia, paranoia o alucinaciones.

10b Respuesta libre.

11a **Posibles respuestas:** 1 Significan que los hijos suelen heredar o poseer algunas de las características, gustos o aptitudes de sus padres. 2 No podemos aplicárselas porque, a diferencia de otros compositores, no había músicos en su familia cercana. 3 Debussy entró en contacto con la música a los siete años de edad, gracias a su tía, que le pagó unas clases de piano. 4 Se le otorgó el mayor galardón musical para compositores jóvenes de Francia que incluía en su premio una estancia en la capital de Italia. 5 Hay influencias en ambas direcciones: Debussy leía mucho y utilizaba poemas como inspiración; al mismo tiempo, la música de Debussy ha servido de inspiración para escritores y poetas posteriores. 6 Su legado principal es haber sido el padre o la primera figura importante del impresionismo musical.

11b Respuesta libre.

11c Respuesta libre.

12a **Argumentativos:** de hecho, es más, en efecto. **De contraste:** no obstante, sin embargo. **De consecuencia:** de ahí (que), así que. **De adición:** asimismo. **De aclaración:** es decir. **De ejemplificación:** en concreto, así.

12b **Posibles respuestas: Argumentativos:** efectivamente. **De contraste:** pero, en cambio. **De consecuencia:** por eso, por (lo) tanto, entonces. **De adición:** además, igualmente. **De aclaración:** esto es, o sea. **De ejemplificación:** a saber.

13a 1 b; 2 f; 3 e; 4 g; 5 c; 6 h; 7 d; 8 a.

13b 1 Los autores de la generación del 98 estaban muy preocupados por España; de hecho, les influyó mucho la pérdida de las últimas colonias españolas. **2** Mi amiga Letizia desprende una energía positiva muy potente; por tanto, muchas personas quieren estar a su lado. **3** Nos conocimos en el Museo Nacional Thyssen-Bornemisza; en concreto, coincidimos enfrente de un cuadro de Dalí que tiene un título larguísimo. **4** El concierto que dio Rosalía estuvo bastante guay; ahora bien, no sé si volvería a pagar ese precio por verla de nuevo. **5** El público se entregó por completo a los versos de Benjamín Prado; en otras palabras, todos se deleitaron con su recital de poesía. **6** No te niego que el arte no tenga una utilidad clara en la sociedad; no obstante, no todo tiene por qué ser útil: a veces, ser bello es suficiente.

13c Posibles respuestas: 1 La información del pódcast parece creíble; sin embargo, me parece que no es suficiente para considerarlo un síndrome. **2** Me encanta la música del Romanticismo; en concreto, Francisco de Tárrega me fascina. **3** Uno de mis escritores favoritos es Mario Benedetti; asimismo, Juan Rulfo me fascina. **4** *Niñas en el mar* de Joaquín Sorolla me recuerda a mi infancia, de ahí que me provocase mucha nostalgia. **5** Creo que la iluminación del cuadro, en otras palabras, los colores que usó Sorolla para dar la impresión de luz.

14a A 1 por eso; **2** es decir; **3** no obstante; **4** en concreto; **5** de ahí que; **6** Además; **7** Ahora bien; **8** es más. **B 1** en otras palabras; **2** de forma que; **3** por ejemplo; **4** Asimismo; **5** No obstante; **6** De hecho. **C 1** en cambio; **2** o sea; **3** En realidad; **4** en concreto; **5** por eso; **6** Del mismo modo; **7** de ahí que.

14b 1 No mencionado; **2** Brandon; **3** No mencionado; **4** Milan; **5** Zorana.

14c Respuesta libre.

C METEOSENSIBLES

15a 1 chaparrón; **2** helada; **3** relámpago; **4** nublado; **5** viento; **6** congelado; **7** granizar; **8** soleado.

15b 1 viento; **2** congelado; **3** tormenta; **4** helada; **5** chaparrón; **6** soleado; **7** niebla; **8** granizada.

16a Respuesta libre.

16b Posibles respuestas: 9 Me gusta que llueva intensamente, porque eso significa que es una zona tropical y me encanta la lluvia con calor. No me gusta un clima con mucha lluvia en un invierno frío, porque no puedes hacer nada, excepto disfrutar de la chimenea de tu casa si tienes. **10** No me gusta que haya siete meses de invierno, porque eso me aburre o me deprime, pero tampoco me gusta un verano largo y excesivamente caluroso, prefiero las estaciones intermedias de la primavera o el otoño, las temperaturas son más agradables y a mí eso me sienta mucho mejor.

17a Respuesta libre.

17b Posible respuesta: Me gusta cuando el día está nublado porque siento mucha calma. / No me gusta que haga mucho sol porque me pongo de mal humor y favorece mis jaquecas. / Que nieve muchísimo me pone de buen humor porque cambia el paisaje y me sorprende. / Cuando las temperaturas son muy altas, me muestro irritable porque el calor me agota. / Si llueve todo el día, me pongo hiperactiva porque la lluvia me da mucha energía. / No soporto que haga un frío intenso porque soy muy friolero y caigo en depresión.

18 1 conducir; **2** provoque; **3** producen; **4** me pone; **5** predisponen; **6** genere.

19a 1 d; **2** h; **3** a; **4** e; **5** f; **6** b; **7** g; **8** c.

19b Respuesta libre.

20 Posibles respuestas: 1 está por las nubes - Últimamente el nivel de vida ha subido mucho, todo está carísimo. **2** Sabe y huele a rayos - ¿Crees que esta comida está buena? Sabe y huele fatal. **3** está en las nubes - Cris siempre está distraída; no hay manera de que te preste atención. **4** es un sol - No se lo tengas en cuenta; Adriana es una persona encantadora y no ha sido su intención ofenderte. **5** me empapé como un pollo - La lluvia me pilló sin paraguas y me mojé completamente. **6** romper el hielo - Por fin quedé con Germán, pero nos costó muchísimo iniciar la conversación.

21 Posibles respuestas: 1 si; si lloviera; **2** siempre y cuando haga; Para ir el viernes, es necesario un día con buen tiempo; **3** siempre que; subjuntivo; **4** con tal de que venga; **5** a condición de que; subjuntivo; Para aceptar el trabajo, tenía que ser en Caracas; **6** subjuntivo; **7** salvo si; indicativo; **8** excepto si; **9** Salvo que haga; **10** excepto que; subjuntivo; **11** subjuntivo; Lo único que puede arruinar la cosecha es el granizo; **12** indicativo; por si (acaso) nevara.

22 1 a; **2** b; **3** b; **4** c; **5** a; **6** c.

23 1 levantes; **2** encontrara; **3** (correcto); **4** estudies; **5** opinen / opinaran; **6** quieres; **7** sea; **8** (correcto).

24 Vicente: 2 ("A no ser que vayas en invierno, con un par de camisetas y dos pantalones bastaría"); **3** ("mejor es un saco sábana, que es más ligero y ocupa menos espacio; excepto si quieres dormir al raso, porque entonces tendrás que llevarte el saco"); **4** ("Salvo que quieras dormir en albergues públicos, más baratos pero con habitación para compartir con mucha gente, pueden ser entre 30 y 40 euros al día, comiendo en bares"). **Andrea: 1** ("¿Qué querías decirme del Camino de Santiago? Lo haré en vacaciones, pero no sé cuándo ni cómo"); **6** ("Entendido. Lo principal es olvidarse del "por si acaso", porque cada gramo cuenta…"). **Ninguno: 5** (HOMBRE: "Llévate unas zapatillas de deporte con una buena suela y transpirables, a condición de que estén usadas, claro. Si tienes que comprártelas, empieza a ponértelas un mes antes").

EN ACCIÓN

25 1 La rana - croar; **2** El pájaro - piar; **3** El caballo - relinchar; **4** La oveja - balar; **5** El gato - maullar; **6** La abeja - zumbar; **7** La vaca - mugir; **8** El león - rugir.

UNIDAD 10

A CUALQUIER TIEMPO PASADO FUE ANTERIOR

1a 1 acertar; **2** disputa; **3** deliberadamente; **4** esgrima; **5** afeitarse; **6** mutilar; **7** precolombina; **8** rebanar.

1b 1 deliberadamente; **2** rebanar; **3** esgrima; **4** acertar; **5** precolombina; **6** afeitarse; **7** mutilado; **8** disputas.

2a 1 b; **2** c; **3** c; **4** a; **5** b; **6** a; **7** b; **8** c; **9** a; **10** c.

2b Respuesta libre.

3a 1 g; 2 e; 3 h; 4 c; 5 f; 6 b; 7 d; 8 a.

3b 1 naciera / naciese; empezó; 2 era; viniera / viniese; 3 ganara / ganase; tenga; 4 fue; pintara / pintase; 5 construyó; se inspirara / se inspirase.

3c **Posibles respuestas:** 1 Probablemente fue Gaudí quien diseñó la Sagrada Familia. 2 Quizás entraran en el 411, pero yo creo que fue en el 711. 3 Seguramente fueron los mayas los que construyeron Chichén Itzá. 4 Posiblemente se independizó en 1968. 5 Tal vez Frida Kahlo estuviera casada con León Trotski, pero yo creo que estuvo casada con Diego Rivera. 6 Quizá fuera Fernando de Aragón el que sufragó los gastos del viaje de Colón, pero yo diría que fue Isabel de Castilla.

4a **Posibles respuestas:** 1 El espectáculo de salsa es en el teatro nacional. 2 La Alhambra está en Granada. 3 La boda de mi prima es en la catedral. 4 La Casa Rosada está en Buenos Aires. 5 La playa de la Concha está en San Sebastián. 6 La reunión de vecinos es en el cuarto piso. 7 El discurso del alcalde es en el ayuntamiento. 8 La Real Academia Española está en Madrid.

4b 1 estuviera / estuviese; 2 fueran / fuesen / eran; 3 estuvieran / estuviesen; 4 fue / era; 5 estuvieran / estuviesen; 6 estuviera / estuviese; 7 fue; 8 fuera / fuese / fue; 9 fueran / fuesen; 10 estuviera / estuviese / estuvo.

5a **Posibles respuestas:** 1 ¡Hala, no me digas! No tenía ni idea. 2 ¡Hala, qué bien! Me alegro mucho por ti. 3 Pues a estudiar todos los días en verano, hala. 4 No seas perezoso… Hala, vístete y nos vamos.

5b 1 C (mostrar represalias); 2 (animar o apremiar a hacer algo); 3 A (animar o apremiar a hacer algo); 4 B (expresar sorpresa o admiración); 5 C (mostrar represalias); 6 B (expresar sorpresa o admiración).

5c Respuesta libre.

B ¿QUÉ HUBIERA PASADO SI…?

6a 1 historia contrafactual; 2 imaginación; 3 fantasear; 4 circunstancia clave; 5 situaciones hipotéticas; 6 historias alternas; 7 especulaciones; 8 mundos paralelos; 9 discusión académica; 10 eventos históricos.

6b Respuesta libre.

7a 1 c; 2 a; 3 d; 4 b.

7b **Posibles respuestas:** 1 Si el arquitecto hubiera diseñado el puente pensando en la utilidad además de en la estética; 2 el puente hubiese conservado su belleza; 3 internet sería otra cosa muy distinta y maravillosa; 4 nadie usaría tan inocentemente las redes sociales; 5 Si la justicia no estuviera tan alejada de los problemas sociales reales; 6 Si hubiéramos avanzado en educación para la igualdad; 7 el país no habría perdido el talento y la creatividad tan necesarios; 8 Muchos jóvenes no buscarían su futuro en el extranjero.

8a 1 hubieran / hubiesen dado; 2 hubiera / hubiese conseguido; 3 hubiéramos / hubiésemos comprado; 4 Hubiera / Hubiese sido; 5 hubieras / hubieses casado; 6 hubierais / hubieseis pedido; 7 hubiera / hubiese decidido; 8 hubiera / hubiese roto.

8b 1 No le gustó nada el regalo. ¡Hubiera / Hubiese sido mejor comprarle un libro! 2 Sería mejor si lo hubiera / hubiese decidido hace unos meses. 3 Si no hubiera / hubiesc roto su promesa, no habría sido feliz. 4 No sabía que te hubieras / hubieses casado tan joven. 5 Si pudiera, estaría viviendo en Canadá si hubiera / hubiese conseguido el empleo en el periódico. 6 ¿Te imaginas si hubiéramos / hubiésemos comprado esa casa? Tendríamos un problema.

9 1 Sentí mucho que no hubieras / hubieses podido venir a mi fiesta. 2 Si hubieras / hubieses querido, nos habríamos / hubiéramos / hubiésemos ido juntos de vacaciones. 3 Te pedí que nos avisarais / avisaseis cuando hubierais / hubieseis llegado a casa. 4 Aunque hubieran / hubiesen tenido dinero, no se habrían / hubieran / hubiesen comprado ese coche. 5 Me sorprendió que hubiera / hubiese vivido solo tanto tiempo. 6 Seguro que habría / hubiera / hubiese hecho otras cosas si hubiera / hubiese tenido más tiempo. 7 No creí que la crisis económica hubiera / hubiese terminado ya. 8 Me fastidió que lo hubiera / hubiese hecho sin consultar.

10 **Posibles respuestas:** 1 Si me hubiera / hubiese levantado temprano, no hubiera / hubiese / habría perdido el tren. 2 Si hubiera / hubiese tenido el carné de conducir, me hubiera / hubiese / habría quedado con el coche. 3 Hubiera / Hubiese / Habría aprobado el examen si no hubiera / hubiese ido al cine. 4 Si hubiera / hubiese ahorrado más dinero, hubiera / hubiese / habría alquilado el piso grande. 5 Si no hubiera / hubiese aceptado ese trabajo, hubiera / hubiese / habría disfrutado más de mis hijos. 6 No hubiera / hubiese / habría conocido a mi pareja si no hubiera / hubiese ido a la boda de mis amigos.

11a 1 h; 2 c; 3 e; 4 b; 5 a; 6 g. Sobran d y f.

11b 1 F ("Decidir no es más que el hecho de descartar"); 2 V ("Y descartar siempre resulta doloroso, porque supone dejar de disfrutar o descubrir lo que contenía un camino alternativo"); 3 V ("«¿Qué habría pasado si hubiera escogido Medicina en lugar de Biología? […]»"; Y entonces comenzará a inventar una vida paralela […] Lo contrario, obviamente, también puede aplicarse: «Si no hubiese escogido Biología, no habría ido a estudiar a tal ciudad […]»"); 4 F ("«De no haber descubierto Einstein la teoría de la relatividad, otra persona la hubiese formulado»"); 5 F ("Parrado sobrevivió. «Es así de simple», dice, «si yo hubiera escogido el otro asiento, ahora no estaría aquí»"); 6 V ("Que las condiciones sociales, políticas y económicas de Alemania fueron las determinantes. La persona, en este caso Hitler, se convierte en anécdota de algo que, igualmente, tenía que suceder").

12 Respuesta libre.

C CON MUCHA HISTORIA

13 1 mientras que; 2 mientras; 3 Mientras tanto; 4 mientras; 5 Mientras que; 6 mientras; 7 Mientras tanto; 8 mientras que.

14 Respuesta libre.

15 **Posibles respuestas:** 1 Arturo compra mucha ropa nueva mientras que yo prefiero comprar en *apps* de segunda mano. 2 Mientras vosotros vais de compras, nosotras vamos a tomar algo. 3 Yo no puedo vivir sin mis vaqueros, mientras que mi padre no tiene ninguno. 4 Adriana estudiaba moda en Nueva

York. Mientras tanto, lanzó su primera colección. **5** Mientras Sergio compra ropa *online*, David hace yoga en casa. **6** A Marta no le importa lo que piensen los demás, mientras que a Pilar le preocupa mucho su aspecto.

16a **1** indispensable; **2** versátil; **3** sofisticado; **4** afianzar; **5** hegemonía; **6** confeccionar; **7** teñir; **8** tejido; **9** remendar; **10** sastre.

16b **1** teñir; **2** remendaba; **3** indispensable; **4** confecciona; **5** sastre; **6** versátil; **7** hegemonía; **8** tejidos.

17 **1** a; **2** b; **3** c; **4** c; **5** b; **6** a; **7** b; **8** a; **9** b; **10** a; **11** b; **12** a; **13** c; **14** c.

EN ACCIÓN

18a **Persona 1:** B; **Persona 2:** J; **Persona 3:** D; **Persona 4:** G; **Persona 5:** E; **Persona 6:** I.

18b Respuesta libre.

UNIDAD 11

A ETIQUETAS

1a **1** neologismo; etiqueta; **2** fobia; temor; **3** odio; antipatía; **4** replantearse; cuestionar; **5** no estar de acuerdo; discrepar.

1b **1** etiqueta; **2** discrepemos; **3** fobia; **4** reconsiderar; **5** neologismos; **6** odio; **7** no coincido; **8** temor.

2a **1** g; **2** d; **3** f; **4** e; **5** a; **6** h; **7** c; **8** b.

2b Respuesta libre.

3a **Posibles respuestas:** **1** Aporofobia = aporo (pobre) + fobia (rechazo); **2** En inglés, "aporophobia"; **3** Xenofobia: odio o rechazo al extranjero; **4** Dos ideas relacionadas: que solemos llamar xenofobia o racismo al desprecio y rechazo a inmigrantes o refugiados porque son pobres, no por su condición de extranjeros, y que a las cosas hay que ponerles nombre para hacerlas visibles cuando no lo son.

3b **1** Yo me preguntaba; **2** (esto) lleva a preguntarse; **3** A mí me parece que; **4** a mi juicio.

4 **1** <u>Yo diría que</u> la antipatía que provocan sus declaraciones *es* generalizada. (A: Indicativo; B: Damos una opinión afirmativa). **2** <u>No creía (posible) que</u> estas personas tan cercanas a mí *estuvieran* sufriendo discriminación. (A: Subjuntivo; B: Valoramos un hecho o negamos una opinión). **3** <u>Me resulta increíble que</u> en esas cirsunstancias *haya* gente tan solidaria y hospitalaria. (A: Subjuntivo; B: Valoramos un hecho u opinión). **4** <u>Parece obvio que</u> no *voy* a hacerte cambiar de opinión, pero míralo desde este otro punto de vista. (A: Indicativo; B: Expresamos certeza). **5** <u>Considero que</u> *hay* que tener en cuenta otros factores para comprender del todo ese tipo de comportamientos. (A: Indicativo; B: Damos una opinión afirmativa). **6** <u>Que</u> el miedo a envejecer uno mismo *pueda* producir el rechazo de los que ya son viejos <u>me parece terrible</u>. (A: Subjuntivo; B: Valoramos un hecho u opinión).

5 **Posibles respuestas:** **1** debe / deberá / debería; **2** se acaban / se acabarán / se acabarían; **3** invitar; **4** venga / haya venido / viniera; **5** sufra / haya sufrido / sufriera; **6** critique / haya criticado / criticara; **7** pueden / podrán / podrían; **8** esté / haya estado / estuviera.

6 Respuesta libre.

7 Respuesta libre.

8a **1** Nos quedamos en la superficie de las situaciones sin darnos la oportunidad de aprender y crecer. **2** Hace que nos formemos opiniones subjetivas de las personas y no nos demos la oportunidad de conocerlas o ser más comprensivos con ellas. **3** Daña la autoestima de las personas "etiquetadas". **4** Incrementa las probabilidades de que no avance, se frustre más y se sienta peor.

8b Respuesta libre.

B COMER CON LOS OJOS

9a **1** más de la cuenta; **2** apariencia; **3** canasto; **4** desperdiciar; **5** fecha de caducidad; **6** rechazar; **7** la rareza; **8** minorista.

9b **1** fecha de caducidad; **2** desperdiciar; **3** minoristas; **4** canastos; **5** rarezas / apariencias; **6** más de la cuenta.

9c Respuesta libre.

10a **1** F ("Una pista inequívoca la ofrecen los diminutivos, esas cositas (en gramática, sufijos) que se añaden a las palabras para cambiar significados y añadir connotaciones"); **2** F ("el más común es -ito / -ita (casita, llavecita), también el que menos marca; pero con él conviven muchos otros que sí son claros signos de pertenencia al habla de una zona específica"); **3** V; **4** V; **5** V; **6** F ("Pues bien, es común que el español de España emplee más esos enlaces que el americano. Los viejecitos de España son viejitos en América y las fiestitas de México son fiestecitas en España"); **7** V; **8** V.

10b **a** puebluco; **b** ahorita; **c** cafecico; **d** casita; **e** cansadiño; **f** siestecina; **g** cervecilla.

11 **1** cochazo; **2** islucha; **3** manazas; **4** dramones; Pobrecilla; **5** un portazo; **6** altota; **7** cochecito; **8** una puertecita.

12 **1** un fotón / una fotaza; **2** un perrazo; ese pisito; **3** gordito; **4** un besazo; **5** un padrazo; **6** un pisazo; **7** un cafetito; **8** un callejón.

C ¿UNA IMAGEN VALE MÁS QUE MIL PALABRAS?

13a **1** captura (de pantalla); **2** destacada; **3** muro; **4** credibilidad; **5** poliédrica; **6** pilares.

13b **1** V ("La desinformación no ha empezado ahora... no es un fenómeno nuevo"); **2** F ("...y ahora todo el mundo tiene capacidad para la desinformación"); **3** V ("...la pérdida de credibilidad de los medios, que es real y que no la podemos negar..."); **4** V ("Ahora es muy fácil hacer creer que una desinformación proviene de un medio de comunicación... hemos perdido el ancla del formato"); **5** F ("No quiero decir que no haya un porqué, sino que no lo sabemos"); **6** F ("la gente no sabe por qué algo que le ha llegado en el muro tiene que ser más creíble que algo que no le ha llegado").

13c **Posibles respuestas:** **2** La capacidad de desinformar ya no está limitada a instituciones poderosas, sino que ahora todo el mundo es capaz de desinformar, por culpa de las redes sociales. **5** El contenido que nos llega en las redes sociales sí tiene razón de ser, aunque no la conozcamos o seamos conscientes de cuál es. **6** Los usuarios de las redes sociales no tienen claro si la veracidad o credibilidad de una noticia está relacionada con su visibilidad.

14a 1 involucrada; **2** circulación; **3** imaginarios; **4** contrastada; **5** viralizarse; **6** *ex profeso*; **7** incentivar; **8** algoritmo.

14b 1 involucrada; **2** avivar el discurso del odio; **3** alfabetización mediática; **4** contrastar; **5** herramientas de verificación; **6** imaginarios; **7** desmentir un bulo; **8** *ex profeso*; **9** se incentive; **10** organización sin ánimo de lucro.

15a Respuesta libre.

15b **Posibles respuestas**: **1** En las redes sociales lo ve todo el mundo, el público; por WhatsApp solo tus contactos o aquellos a los que se lo mandes ("…una red social, lo que tú publicas termina eh… digamos, siendo puesto a disposición de todo el público que forma parte de esa red social… Con WhatsApp es distinto, porque ahí tú tienes una relación directa con tus contactos"); **2** Porque solo los que envían y reciben los mensajes saben lo que se dice en ellos ("…el sistema encripta los mensajes de punta a punta… no puede ver el contenido"); **3** Pone una etiqueta en los mensajes en la que avisa de que se ha reenviado en varias ocasiones ("…lo de ponerle una etiquetita en la esquina superior izquierda de cada mensaje… una flechita y «reenviado»…"); **4** En 2018 se podían reenviar mensajes hasta a veinte contactos o grupos; a partir de 2019 tan solo a cinco contactos o grupos. El límite de veinte y la etiqueta no eran suficiente ("en el 2018 permitían que tú pudieras reenviar un contenido hasta a veinte chats distintos… no era tan efectivo; entonces en el 2019 decidieron reducir o ajustar un poco ese… ese límite y lo bajaron hasta cinco").

16a 1 d; **2** g; **3** f; **4** e; **5** h; **6** b; **7** a; **8** c.

16b **Posibles respuestas: 1** ¡Cuidado con lo que subes a las redes! Sé prudente, sobre todo, con fotos de menores. **2** ¡Cuidado con decir nada! Me enfadaré contigo si se lo cuentas. **3** ¡No te fíes de todo lo que ves en internet! Hay muchos bulos circulando. **4** ¡Presta atención a las fotos que te envían! Pueden estar modificadas con algún programa. **5** ¡Ojo con dar mi número sin mi permiso! Como lo hagas no te hablo más.

17 1 debe / debería; **2** compartir; **3** se envían; **4** tengas; **5** sea; **6** necesita / necesitaría; **7** elimine; **8** utilizar.

18a 1 Qué hacer para que no te la cuelen. **2** ¿Quién publica la oferta? **3** El aspecto de las webs. **4** Testimonios falsos. **5** Acude a un asesor financiero. **6** Denuncia si has sido víctima.

18b **Posibles respuestas: 1** ¿Qué opinas de que comprobemos quién publica la oferta? / ¿Opinas que comprobar quién publica la oferta es recomendable? **2** ¿Consideras que analizar la página web es una buena recomendación? / ¿Qué te parece lo de analizar la página web? **3** ¿Qué te parece lo de los testimonios falsos? / ¿Qué piensas de que usen testimonios falsos? **4** ¿Qué te parece lo del asesor financiero? / ¿Qué te parece lo de que consultemos a un asesor financiero? **5** ¿Qué te parece lo de la denuncia?

EN ACCIÓN

19a **Posibles respuestas: 1** delgada, rubia, seria…; **2** alegre, belludo, joven…; **4** deportista, morena, fuerte…; **4** tranquilo, sin afeitar, sonriente…

19b **Posible respuesta:** Elijo las fotos 2 y 4 porque ambos chicos tienen una expresión de simpatía, están sonrientes y parecen ser personas empáticas.

19c **Posibles respuestas: 1** orejona - guapa; **2** calvorota - simpático; **3** culona - ágil; **4** narizotas - sonriente.

20 Respuesta libre.

UNIDAD 12

A NO SOLO DE GRAMÁTICA VIVEN LAS LENGUAS

1 1 b; **2** a; **3** c; **4** b; **5** a; **6** c.

2 1 módico; **2** intempestivas; **3** empedernido; **4** sequía; **5** silencio; **6** disgusto; **7** discusión; **8** prestar.

3 1 infernal; **2** garrafal; **3** torrenciales; **4** adquisitivo; **5** intermitente; **6** radiante; **7** cruda; **8** baratas; **9** intachable; **10** ciega.

4a 1 la salud; la paciencia; **2** en marcha; la batuta; **3** rechazo; el pésame; **4** intermitente; precario; **5** clave; dorada.

4b Respuesta libre.

5a **Posibles respuestas: 1** al azar (la cara y la cruz son los dos lados de la moneda); **2** llevarse mal, tener mala relación; **3** de verdad; **4** muy fácil, sencillo; **5** en buenas condiciones, sin problemas; **6** hacer algo rápidamente, de inmediato.

5b 1 f; **2** b; **3** h; **4** e; **5** a; **6** d; **7** c; **8** g.

5c 1 uña y carne; **2** blanco y negro; **3** en cuerpo y alma; **4** contra viento y marea; **5** entre pecho y espalda; **6** ni voz ni voto.

5d 1 en cuerpo y alma; **2** entre pecho y espalda; **3** uña y carne; **4** blanco y negro; **5** coser y cantar.

6 1 F ("a lo largo de su carrera ha sido profesora de Lingüística en prestigiosas universidades y una experta usuario del diccionario REDES"); **2** V ("Así, los diccionarios combinatorios del inglés constituyen listas de combinaciones frecuentes"); **3** F ("ya que REDES se diferencia de los demás diccionarios en dos aspectos: por una parte, no define las palabras"); **4** V ("es absolutamente esencial para el conocimiento del idioma, tanto el que corresponde a un hablante nativo como el que intenta adquirir el que lo estudia como segunda lengua"); **5** F ("cuando hablamos de "derrumbarse" no solo lo hacen las casas o los rascacielos, sino que se derrumban los sueños, las esperanzas, las ilusiones, los planes…"); **6** F ("REDES se dirige a todos los hablantes, tengan o no alguna relación profesional con la lengua española").

B LA LENGUA Y SUS MATICES

7a 1 mandar; **2** sostener; **3** elocuencia; **4** manía; **5** tenso; **6** rígido; **7** bufete; **8** clon.

7b 1 elocuencia; **2** manía; **3** rígidas; **4** bufete; **5** mandar; **6** clon; **7** sostiene; **8** tensa.

8a 1 a; **2** a; **3** c; **4** b; **5** b; **6** c; **7** a; **8** c; **9** c; **10** a; **11** b; **12** a; **13** c; **14** b.

8b 1 habitual; **2** reproche; **3** palabras; **4** generan; **5** aplauso; **6** empezar; **7** reemplazar **8** excusas; **9** implícito; **10** logran; **11** pares; **12** alejan.

8c **Posibles respuestas: 1** No parece haber diferencia; la RAE da "habitual" como definición de "usual". **2** En algunos contextos, una recriminación se hace como respuesta a una crítica; un reproche, por lo general, no. **3** "Vocablo" solo es sinónimo de "palabra" en dos acepciones; "palabra" tiene muchos más significados que "vocablo". **4** "Generar" puede tener un matiz de causa que "crear" no suele tener. **5** "Ovación" implica un aplauso colectivo y ruidoso. **6** No parece haber diferencia; la RAE los usa en sus respectivas definiciones. **7** No parece haber diferencia; la RAE los usa en sus respectivas definiciones. **8** Por lo general, una excusa no suele ser real o muy válida, mientras que una justificación suele aceptarse como tal. **9** "Tácito" parece tener un uso más extendido en el ámbito gramatical, aunque a nivel semántico sean similares. **10** No parece haber diferencia; la RAE los usa en sus respectivas definiciones. **11** "Pareja" suele implicar algún tipo de relación entre ambos miembros; concretamente, en el caso de seres humanos, relación sentimental. **12** "Separar" puede implicar la creación de grupos de elementos, mientras que "alejar" solo hace referencia a un distanciamiento en el espacio.

9a **1** eufemismo; **2** palabra tabú.

9b **1** La palabra viene del griego y significa "expresión agradable". **2** Los eufemismos se han utilizado desde que los seres humanos aprendieron a hablar. **3** Existen eufemismos en todos los registros o niveles de lengua. **4** Se mencionan los siguientes ámbitos: *trabajo (baja incentivada), economía (desaceleración económica), palabras malsonantes (jobar), vejez (tercera edad)*. **5** El eufemismo caduca a la larga, porque se contagia de la fealdad de la palabra a la que sustituye y hay que buscar nuevos eufemismos constantemente. **6** La palabra proviene de las lenguas polinesias y significa, al mismo tiempo, "sagrado" y "prohibido".

10a **1** carceleros; **2** barrenderos; **3** basureros; **4** prestamistas; **5** inspectores de Hacienda; **6** cocinero; **7** gerente; **8** camarero; **9** mecánicos; **10** jardineros; **11** peluqueros; **12** dentistas.

10b Respuesta libre.

11a **1** d; **2** b; **3** e; **4** f; **5** a; **6** c.

11b **Posible respuesta:** Mi preferida es la frase que dice "Dormir temprano para soñarte más tiempo". Me parece que es muy romántica y que utiliza elementos o ideas comunes y diarios, lo que la hace más natural. Además, es inesperado: cuando leí "Dormir temprano" al inicio de la frase yo, por lo menos, no creía que fuese a terminar de esa forma.

11c **Paronomasia:** 1 (verde - verte), 3 (plan b - plan "ve"); **Rima:** 5 (ambición - corazón), 6 (detente - presente); **Paralelismo:** 2, 4.

C ESCRIBIR UN CUADRO

12 **Posible respuesta:** "Pintar con palabras", porque cuando describimos usamos las palabras como si fueran los colores o detalles necesarios para pintar o dibujar (narrar) una escena. Si describimos hablando, el lienzo es el aire; si lo hacemos escribiendo, es el papel en blanco.

13a **1** La descripción es un tipo de texto (oral o escrito) que pretende que el receptor sepa cómo es algo sin necesidad de verlo. **2** Es objetiva cuando se describe algo sin introducir opiniones o sentimientos de la persona que describe. **3** Y es subjetiva si a los rasgos objetivos del elemento descrito se añaden valoraciones, opiniones o sentimientos personales del que describe. **4** La descripción usa metáforas y comparaciones que sirven para destacar, subrayar o enfatizar determinados rasgos.

13b **Posibles respuestas: Objetiva: 1** Sonia toma el sol […] sobre la tumbona de lona que es verde y de alquiler. **2** Lucio pliega el periódico en cuatro y lo mete dentro de la cesta […]. **Subjetiva: 1** [Lucio] No está molesto *sino que más bien vive molesto* (valoración del autor). **2** Lucio le toca el hombro [a Martita] *como quien enseña el camino* (valoración del autor). **Metáfora:** En la acción, sus gafas oscuras intentan *suicidarse* pero él se anticipó ágilmente. (intentan suicidarse = se caen).

14 **1** boca abajo; **2** escruta; **3** berreando; **4** críos; **5** de un modo eléctrico; **6** blanquecinas; **7** al unísono; **8** gacha; **9** arremeter; **10** ráfaga.

15a **Posible respuesta:** Playa, mar, arena, olas, orilla, calor, sol, luz, sombrilla, toalla, gafas de sol, bañador, brisa, ponerse moreno, tomar el sol, castillo de arena, agua salada, marea alta, marea baja, fondo marino, rocas, piedras, boya, conchas, estrella de mar, peces, erizos, algas, nadar, bucear, tumbarse, bañistas, placer…

15b Respuesta libre.

16a **Posibles respuestas: 1** arena; **2** fondo; **3** camino; **4** playa; **5** mano; **6** grito; **7** viento; **8** carcajada.

16b **Posibles respuestas: Vida:** playa-felicidad; grito-enfado; camino-dificultad… **Amor:** viento-intranquilidad; carcajada-diversión; mano-compañía… **Muerte:** fondo-invisibilidad… **Tiempo:** arena-fragilidad…

17a Respuesta libre.

17b **1** ríos; La vida es un río; **2** fuego; El amor es un tirano; **3** camino; La vida es un camino.

17c **Posible respuesta:** "La vida es un camino", porque el autor dice: "Lucio le toca el hombro [a Martita] como quien enseña el camino, y "el camino" podría ser un sinónimo-metáfora de "la vida". El autor nos dibuja a un personaje, Lucio narcisista y prepotente, que exige la atención de todo el mundo (hacia sus apetencias y humor) y que parece saberlo todo, capaz de ser el guía perfecto de su hija en la vida.

17d **Posible respuesta:** La vida es nadar un mar. La muerte es el fondo de la vida. El amor es mi ancla en tu arena. El tiempo es la arena que sacudes de tus manos.

18 **1** eran; **2** ambos: "es muy indecisa" (matiz permanente, clasificador: le caracteriza la indecisión) / "está muy indecisa" (matiz temporal, resultativo: en este momento, ante estas circunstancias… se muestra indecisa); **3** es; **4** está; **5** está; **6** Estuvo; **7** era; **8** es; **9** ambos: "es muy obediente" (carácter visto como permanente, definitorio de su personalidad) / "está muy obediente" (temporal, resultativo: en este momento, a partir de esta situación); **10** ambos: "fuera tan cariñoso por puro interés" (permanente, caracterización: es cariñoso de manera interesada) / "estuviera tan cariñoso por puro interés" (transitorio, comenta un cambio de su carácter a cambio de algo).

19a **1** correcto; **2** está en la esquina; **3** correcto; **4** es en la sala; **5** correcto; **6** es de ladrillo.

19b **1** verde (estar) - inexperto; **2** violento (estar) - incómodo; **3** negro (estar) - enfadado; **4** atento (ser) - cortés; atento (estar) - observador; **5** delicado (ser) - cuidadoso; delicado (estar) enfermo; **6** cerrado (ser) - introvertido.

20a **1** c ("Eran unas boyas rojas… ¡es que ahora son distintas!…, eee… que tenían cinturita y luego les salía una cabeza redonda y encima de la cabeza les salían dos… dos orejitas que… que, cuando conseguíamos llegar, a la boya, yo me agarraba a una de ellas, ¿no? como para descansar […] Y cuando yo era pequeña, pues íbamos nadando y nadando y nadando esa distancia, que a mí se me hacía interminable hasta la boya, y cuando llegábamos a la boya, ya digo que me agarraba a una de las orejitas de… de… de la boya a esperar"); **2** b ("y siempre que íbamos nadando hasta la boya, mi madre se ponía a cantar, cantaba boleros, cantaba: «Reloj, no marques las horas, que voy a enloquecer…». Y así íbamos nadando"); **3** a ("Y yo creo que mi madre cantaba boleros porque… porque su abuelo, que fue su padre, eee… viajó siempre a América eee… a… a vender libros, ¿no?, y en… en el barco compartía viaje con… con los teatreros, de ida o de vuelta, ellos… los que venían para acá o los que iban para allá… Y yo estoy segura de que… de que mi… mi bisabuelo tenía que escuchar… no sé si antes he dicho "abuelo", era mi bisabuelo…, mi bisabuelo tenía que escuchar eee… estos boleros cuando… cuando volvía de casa"); **4** b ("Entonces mi madre, como una prueba de que había bajado al fondo, siempre bajaba y me traía arena del fondo"); **5** c ("y yo ahí agarrada a la boya y, a veces, viendo la inmensidad del mar, pensaba cómo sería si ella no volviera a salir, pero siempre salía"); **6** b ("me dejaba la… la arena en mi manita pequeña y yo la apretaba con muchísima fuerza para llevarme la arena a la playa, la prueba de que mi madre había llegado al fondo […], yo volvía con la mano apretada, apretada, apretada y cuando llegábamos a la playa, y yo abría la mano, siempre me pasaba lo mismo: que no me quedaba ningún grano de arena en la mano").

20b **Posibles respuestas: 1** Están juntas en la playa, disfrutando de un día de verano. Están nadando y jugando en el mar. **2** El mar está tranquilo y es un día caluroso. **3** Son madre e hija y la niña está segura con su madre. Las dos están felices. **4** La niña es pequeña y valiente. La madre tampoco es timorata, es decidida y también alegre y cariñosa.

20c **Posible respuesta:** La muerte es el fondo del mar (vida), porque dice al final de su relato que hace tiempo que su madre "se fue al fondo de la vida" y que recuerda a menudo esos momentos únicos que vivió con ella.

21 Respuesta libre.

EN ACCIÓN

22a **1** b; **2** a; **3** b; **4** c; **5** b; **6** c.

22b Respuesta libre.

22c **1** e; **2** d; **3** a; **4** b; **5** f; **6** c.

Primera edición, 2022

Produce: SGEL Libros
Avda. Valdelaparra, 29
28108 Alcobendas (Madrid)

Director editorial: Javier Lahuerta
Coordinación editorial: Jaime Corpas
Edición: Yolanda Prieto
Corrección: Belén Cabal

Diseño de cubierta e interior: Verónica Sosa
Fotografía de cubierta y comienzos de unidad: José Luis Santalla
Maquetación: Leticia Delgado

Ilustraciones: Shutterstock.

Fotografías: GTRESONLINE: pág. 47 foto de Pau Donés; pág. 55 fotos de Alicia Borrachero, Jorge Drexler y Ana Guerra. RAQUEL LLAMAS FERNÁNDEZ: pág. 76 foto "La oca". SHUTTERSTOCK: resto de fotografías, de las cuales, solo para uso de contenido editorial: pág. 10 foto de Chupa Chups (Roman Samokhin / Shutterstock.com); págs. 14-15 iconos de Facebook, Twitter y WhatsApp (rvlsoft Shutterstock.com); pág. 25 foto de padre e hija (Tran Qui Thinh / Shutterstock.com); pág. 26 imagen de teléfono móvil (Tran Qui Thinh / Shutterstock); pág. 27 foto inferior izquierda (OlegRi / Shutterstock.com); pág. 55 foto de Alfonso Cuarón; pág. 63 foto de Lila Downs (miguelca / Shutterstock.com); pág. 75 (Nicolas Economou / Shutterstock.com); pág. 94 fotos de Cuenca (Igor Plotnikov / Shutterstock.com) y El Guernica (tichr / Shutterstock.com); pág. 102 foto de Rafa Nadal (Natursports / Shutterstock.com).

Para cumplir con la función educativa del libro, se han utilizado algunas imágenes procedentes de internet: pág. 7 foto de Huerta de Rey; pág. 9 foto de Saturnino Calleja; pág. 43 fotos de Lorena Fernández y Margaret Hamilton; pág. 94 fotos de Paseo a orillas del mar; pág. 110 fotos de series *La peste, Patria, Las chicas del cable, El Ministerio del Tiempo y Cuéntame cómo pasó*; pág. 127 fotos de Acción Poética; pág. 130 fotos de Jorge Manrique, Quevedo y Antonio Machado.

Audio: CARGO MUSIC

ISBN: 978-84-16782-97-0

Depósito legal: M-13136-2022
Printed en Spain – Impreso en España
Impresión: Gómez Aparicio Grupo Gráfico